놀랍고도 섬세한 레고® 테크닉

Incredible LEGO® Technic
by Paweł "Sariel" Kmieć

Copyright © 2015 by Paweł "Sariel" Kmieć.
Title of English-language original: Incredible LEGO Technic, ISBN 978-1-59327-587-7, published by No Starch Press.
Korean-language edition copyright © 2017 by Insight Press. All right reserved.
The Korean edition was published by arrangement with No Starch Press through Agency-One, Seoul.

이 책의 한국어판 저작권은 에이전시 원을 통해 저작권자와의 독점 계약으로 인사이트에 있습니다.
저작권법에 의해 한국 내에서 보호를 받는 저작물이므로 무단전재와 무단복제를 금합니다.

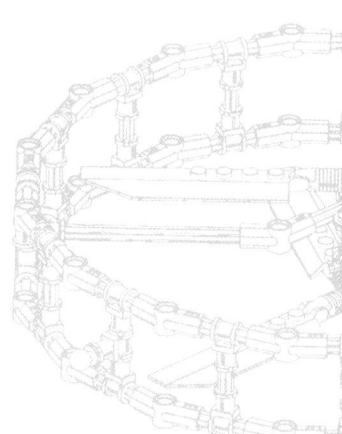

놀랍고도 섬세한 레고® 테크닉: 기계 동작 메커니즘이 살아 있는 창작의 세계

초판 1쇄 발행 2017년 1월 31일 **지은이** 파베우 사리엘 크미에치 **옮긴이** 김규성 **펴낸이** 한기성 **펴낸곳** 인사이트 **편집** 조은별 **본문 디자인** 윤영준 **제작·관리** 박미경 **용지** 월드페이퍼 **출력·인쇄** 현문인쇄 **후가공** 이지앤비 **제본** 자현제책 **등록번호** 제10-2313호 **등록 일자** 2002년 2월 19일 **주소** 서울시 마포구 잔다리로 119 석우빌딩 3층 **전화** 02-322-5143 **팩스** 02-3143-5579 **블로그** http://blog. insightbook.co.kr **이메일** insight@insightbook.co.kr **ISBN** 978-89-6626-199-4 책값은 뒤표지에 있습니다. 잘못 만들어진 책은 바꾸어 드립니다. 이 책의 정오표는 http://www.insightbook.co.kr에서 확인하실 수 있습니다. 이 도서의 국립중앙도서관 출판예정도서목록(CIP)은 서지정보유통지원시스템 홈페이지(http://seoji.nl.go.kr)와 국가자료공동목록시스템(http://www.nl.go.kr/kolisnet)에서 이용하실 수 있습니다.(CIP제어번호: CIP2016030313)

• 이 책에 수록된 주석은 모두 옮긴이의 주석입니다.

놀랍고도 섬세한 레고® 테크닉
기계 동작 메커니즘이 살아 있는 창작의 세계

파베우 "사리엘" 크미에치 지음
김규성 옮김

차례

추천의 글 ·············· 006
옮긴이의 글 ·············· 007
머리말 ·············· 008
감사의 글 ·············· 009

1 농기계 ·············· **010**
DT-75 트랙터 ·············· 012
홀머 테라 도스 T3 ·············· 016
란쯔 불독 핫 벌브 트랙터 ·············· 020
우르수스 C-360-3P ·············· 022

2 항공기 ·············· **024**
배트 ·············· 026
록히드 SR-71 블랙 버드 ·············· 028
SA-2 삼손 전투 헬기 ·············· 032
스핏파이어 ·············· 036
T-47 에어스피더 '레벨 스노우스피더' ·············· 040

3 자동차 ·············· **042**
사륜구동 SUV Mk2 ·············· 044
빅풋 II ·············· 048
CVT 트로피 트럭 ·············· 050
이글 웨스레이크 T1G ·············· 052
허머 H1 왜건 ·············· 056
지프 허리케인 ·············· 060

랜드로버 디펜더 110 ·············· 064
맥라렌 MP4/4 ·············· 072
메르세데스-벤츠 540K 스페셜 로드스터 ·············· 076
몬스터 트럭 ·············· 080
모건 3 휠러 ·············· 082
텀블러 ·············· 086
폭스바겐 제타 ·············· 088

4 건설 장비 ·············· **092**
굴절 홀러 6×6 ·············· 094
캐터필러 7495 HF ·············· 096
캐터필러 D9T ·············· 098
데마그 AC50-1 ·············· 102
JCB JS220 ·············· 106
립벨 HS 855 HD ·············· 112
립벨 L 580 ·············· 114
립벨 LTM 1050-3.1 ·············· 116
립벨 PR 764 리트로닉 ·············· 120
샌드빅 LH 517L ·············· 122
샌드빅 PF300 ·············· 124
조렉스 굴삭기 ·············· 126

5 다양한 주제의 작품들 ·············· **130**
편조기 ·············· 132
다 빈치 비행 기계 ·············· 136

천마 오토마타 ········· 140	랜드 레이더 ········· 212
타치코마 ········· 142	프리노스 레이트울프 ········· 214
테크노메카 ········· 146	스타크래프트 시즈 탱크 ········· 218
	스틸즈킨 인드릭 ········· 222
6 모터사이클 ········· **152**	백호 T1H1 ········· 224
혼다 CBR1000RR 렙솔 ········· 154	
가와사키 발칸 800 ········· 158	**9 트럭** ········· **228**
	아메리칸 트럭 ········· 230
7 슈퍼카 ········· **162**	덤프 트럭 10×4 ········· 234
부가티 베이론 16.4 그랜드 스포츠 ········· 164	카마즈 다카르 랠리 트럭 ········· 236
페라리 458 스파이더 ········· 168	켄워스 953 오일필드 트럭 ········· 238
포드 머스탱 셸비 GT500 ········· 172	켄워스 W900L 덤프 트럭 ········· 240
코닉세그 CCX ········· 176	KZKT-7428 루세치 ········· 242
람보르기니 아벤타도르 ········· 180	만 후크 리프트 트럭 ········· 244
람보르기니 가야르도 ········· 184	만 TGS 6×4 시멘트 트럭 ········· 248
람보르기니 미우라 조타 ········· 186	피터빌트 379 플랫톱 ········· 252
맥라렌 MP4-12C ········· 188	스카니아 R 4×2 하이라인 ········· 254
머슬 카 ········· 190	견인 트럭 XL ········· 258
파가니 존다 ········· 192	
포르쉐 911 (997) 터보 카브리올레 PDK ········· 196	**10 선박** ········· **262**
뱀파이어 GT ········· 200	연안 지원함 ········· 264
	스탠 터그 4011 SL 가봉 ········· 266
8 무한궤도 차량 ········· **202**	소금쟁이 ········· 270
교량 설치 차량 ········· 204	
K2 흑표 전차 ········· 208	창작가 ········· 272
	작품 정보 ········· 277

추천의 글

레고 블록은 굉장한 모델을 만들거나 심지어 예술 작품을 만들 때도 사용할 수 있는 훌륭한 표현 매개체지만, 레고 블록으로 만든 작품들은 대부분 정적인 경향이 있습니다. 하지만 1977년에 처음 소개되었던 레고 테크닉 시스템으로 인해 레고에 대한 이런 고정관념이 바뀌게 되었습니다. 테크닉 시스템은 고정된 채 움직이지 못하는 레고 세상의 모형들을 움직이게 해주었고, 기계적인 부품을 이용하여 멋진 동작을 할 수 있도록 만들었습니다.

성공한 레고 제품들이 그랬듯이, 테크닉 시스템 역시 레고 그룹의 공식 디자인을 그저 재조립하는 수준에 만족하지 못했던 뛰어난 창작가들로부터 큰 환영을 받았습니다. 그리하여 오늘날의 창작가들은 수십 년의 역사를 지닌 작은 블록 조각을 가지고 조립 설명서에 구애받지 않으면서 실제 모델과 구분하기 어려울 만큼 놀랍고 굉장한 테크닉 작품들을 만들고 있습니다.

이처럼 대단한 창작가 중 한 명인 파베우(Paweł)가 그의 첫 번째 책이었던 『레고 테크닉 창작 가이드』를 집필 중이라는 소식을 들었을 때, 수년 동안 만들었던 그의 뛰어난 테크닉 작품들을 너무도 잘 알고 있었기에 그의 작품들로 채워진 사진집도 만날 수 있다면 좋겠다라는 생각했습니다. 파베우는 이번에 두 번째 책을 출간하면서 이런 저의 바람을 이루어 주었을 뿐 아니라 세계적 수준의 다른 테크닉 창작가들에게도 동참하기를 부탁하여 그들과 함께 다양하고 놀라운 스타일과 주제의 작품을 선보였습니다. 또한 그간의 활동이 혼자만이 아닌 동호회 차원의 성과였음을 기념할 수 있도록 하였습니다.

지난 몇 년간 '테크닉브릭스닷컴(TechnicBRICKs.com)' 홈페이지에서 혼자 눈여겨보았던 수많은 작품들을 이렇게 멋진 책에서 한꺼번에 감상할 수 있다는 데 감사할 따름입니다. 이 책에 수록된 고화질의 사진과 3D 이미지들은 정말 아름다워서 이미 알고 있던 작품임에도 불구하고 완전히 새로운 눈으로 바라보게 됩니다. 요컨대, 제가 그랬듯 여러분에게도 이 책이 항상 책장 한편에 놓아두고 싶은 그런 레고 테크닉 서적이 되었으면 합니다.

2014년 리스본
'테크닉브릭스닷컴'의 편집장
페르난도 "콘샤스" 코레이아

옮긴이의 글

두 해 전 2월, 폴란드에서 날아온 메일 한 통을 받았습니다. 세계적인 레고 테크닉 창작가, 사리엘(Sariel)이 보낸 메일이었습니다. 그는 세계 유수의 창작가들이 만든 레고 테크닉 창작품들을 소개하는 책을 기획하고 있었습니다. 그러던 중 저의 작품 중 하나인 '백호'를 책에 싣고 싶다며 관련 자료와 원고를 요청해 왔습니다.

평소 좋아하는 레고 창작가들과 책 속에서나마 어깨를 견주고 함께 할 수 있다는 기쁨에 그의 요청을 흔쾌히 수락하였고, 많은 서신 왕래 끝에 책에 들어갈 사진을 선정하고 인터뷰 원고를 완성하였습니다. 사리엘은 이와 같은 방법으로 세계 곳곳에 흩어져 있는 36명의 창작가들의 작품을 한데 모아 『놀랍고도 섬세한 레고 테크닉(Incredible Lego Technic)』이란 책을 대중에 공개하였습니다.

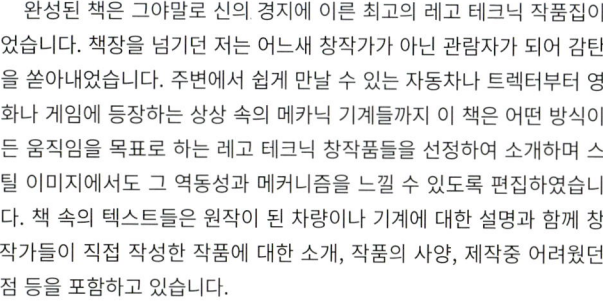

완성된 책은 그야말로 신의 경지에 이른 최고의 레고 테크닉 작품집이었습니다. 책장을 넘기던 저는 어느새 창작가가 아닌 관람자가 되어 감탄을 쏟아내었습니다. 주변에서 쉽게 만날 수 있는 자동차나 트렉터부터 영화나 게임에 등장하는 상상 속의 메카닉 기계들까지 이 책은 어떤 방식이든 움직임을 목표로 하는 레고 테크닉 창작품들을 선정하여 소개하며 스틸 이미지에서도 그 역동성과 메커니즘을 느낄 수 있도록 편집하였습니다. 책 속의 텍스트들은 원작이 된 차량이나 기계에 대한 설명과 함께 창작가들이 직접 작성한 작품에 대한 소개, 작품의 사양, 제작중 어려웠던 점 등을 포함하고 있습니다.

『놀랍고도 섬세한 레고 테크닉』은 레고를 좋아하는 분들은 물론이고, 평소 움직이는 모형을 만들거나 수집하기를 좋아하는 분들에게도 아끼는 장서가 될 것입니다. 레고이기에 가능한 단순화된 디자인과 재치있게 묘사된 디테일들은 해당 차량이나 기계를 좋아하는 동호인들에게 또 다른 볼거리를 제공할 것입니다. 특히 실제 모델과 흡사하게 구동하는 작품들의 메커니즘은 구동 원리를 궁금해 하는 미래의 공학도들에게 좋은 학습 예제가 될 것입니다.

혹시 레고 테크닉 창작에 도전해 보고 싶지만 『놀랍고도 섬세한 레고 테크닉』의 어마어마한 작품들 앞에 엄두가 안 나시나요? 그런 걱정은 접어 두어도 좋습니다. 사리엘은 이 책에 앞서 『레고 테크닉 창작 가이드』라는 테크닉 창작 원리를 집대성한 책을 미리 출간해 두었고, 테크닉 백과사전이라 볼 수 있는 공민식 님이 한국어로 번역해 놓았습니다. 이 책과 함께 차근차근 창작의 정석을 밟아 나간다면 나만의 레고 테크닉 창작품 만들기는 멀지 않은 꿈이 될 것입니다.

자, 그럼 『놀랍고도 섬세한 레고 테크닉』의 열정으로 가슴을 채우고 머리에는 『레고 테크닉 창작 가이드』의 냉철한 이성으로 무장해 봅시다. 테크닉 창작의 바다를 헤쳐나가는 모험에 요긴한 무기가 될 것입니다. 부디 이 두 권의 책을 통해 우리나라에도 테크닉 창작을 즐기는 사람들이 보다 많아지기를 바라봅니다.

끝으로 레고 문화에 대한 비전을 갖고 꾸준히 관련 서적을 출간해 주시는 인사이트 출판사 관계자 여러분께 한국의 창작가들을 대신하여 감사를 드립니다. 그리고 번역 기간 내내 아빠 없는 아이처럼 자란 사랑하는 나의 아들 태양과 동료 창작가이자 내 인생의 반려자 혜진에게 고마운 마음을 전합니다.

— 김규성 (gyuta, gyuta97@naver.com)

머리말

지금 여러분이 읽고 있는 이 책은 한 사람이 아닌 여러 사람들이 함께 노력해서 만든 결과물입니다. 제가 한 일은 이 책에 실을 작품들을 선택하고 성심성의껏 설명한 것뿐, 이 프로젝트에 기꺼이 동참해준 여러 창작가들이 없었다면 아미 이 책은 세상에 나오지 못했을 것입니다.

단지 이 책을 위해 작품을 다시 만들거나 수십 장이 넘는 사진을 새롭게 찍어 주신 창작가 분들에게 감사를 드립니다. 이 작가들의 도움은 레고 마니아 커뮤니티에 대해 중요한 점을 시사해주고 있습니다. 보다 나은 작품을 위해 노력하는 개인들이 모인 이 커뮤니티가 어떻게 해서 경쟁보다는 상호 존중과 응원을 바탕으로 이어져 올 수 있었는지를 잘 보여줍니다. 심지어 두 명의 회원이 같은 대상을 모델로 작품을 만들었을 때조차도 서로 우열을 가리기보다는 작품으로써 감상하는 데에 중점을 둡니다. 이런 점들이 우리 커뮤니티를 특별하게 만들어 주며 이런 커뮤니티야말로 책을 만들 수 있는 원동력이 되었습니다.

책을 엮으면서 테크닉 작품의 범주에 대한 근원적인 질문이 있었는데, 결론적으로는 실제 기계의 움직임을 어떤 방식으로든 레고로 재현하는 모든 작품을 이 범주에 포함시키기로 하였습니다. 이러한 정의가 광범위하고 다소 모호했지만 저와 기술 감수를 맡은 에릭 얼브렉트에게는 이 책의 집필 의도와 어울리는 작품을 고르는 기준이 되었습니다. 우리는 이 책을 통해 레고 테크닉 제품이 방대한 레고 제품군의 거의 모든 부품과 결합할 수 있는 엄청난 가능성 갖고 있으며, 때문에 판매되고 있는 일반 레고 제품보다 레고 테크닉이 훨씬 좋다는 것을 이야기하고 싶었습니다. 여러분은 이 책에서 현대 테크닉 제품의 스타일을 좇아 오래도록 부단히 노력했던 작가들의 작품들을 만날 수 있습니다. 그러나 전혀 테크닉 같지 않은 작품들 또한 발견할 것입니다. 이를 통해 레고 블록이 발명된 후 50년 이상의 세월이 흘러 다양한 종류의 부품들이 새롭게 개발되었음에도 모든 레고 부품들이 하나의 큰 시스템 안에서 어떤 부품이건 서로 연결 가능한 하나의 구성 요소로 여전히 유지되고 있다는 것을 깨닫게 될 것입니다.

개인적으로는 이 책을 통해 저의 꿈을 이루었습니다. 저는 다른 작가들이 자신의 작품을 선보이는 데 도움을 줄 기회를 찾고 있던 중이었고 이 책이 그것을 가능케 하였습니다. 또한 에릭은 이 책을 통해 우리가 선택한 작품을 3D로 렌더링하는 비범한 재능을 펼쳐 보일 수 있었습니다.

작품 선택은 필요에 따라 주관적이며 제한적으로 이루어졌습니다. 책에 포함시키고자 했던 몇 작품은 사진이 인쇄에 적합하지 않아 제외할 수밖에 없었으며 그 밖의 다른 이유들로 보여 줄 수 없던 작품도 몇 가지가 있었습니다. 매일 새롭게 소개되는 놀라운 작품들이 셀 수 없이 많아 이 책을 마무리하는 순간에도 책에 함께 싣고 싶은 작품들이 눈에 밟힙니다. 그러나 여러분에게 이 책의 가장 큰 목표였던 레고 시스템의 가능성을 보여주고 테크닉 창작에 도전하도록 용기를 주기 위해 우리는 할 수 있는 한 최선을 다하여 작품을 선정하였습니다. 우리가 선택했던 작품들은 단지 멋지게 만들었다고 자랑하려는 것이 아니라 이 책을 읽는 분들에게 영감을 주고자 함입니다.

부디 이런 제 바람이 여러분들께 잘 전달되었으면 좋겠습니다.

— 사리엘

감사의 글

이 책은 에릭 "블랙버드" 얼브렉트가 없었다면 세상에 나올 수 없었을지도 모릅니다. 값을 매길 수 없는 그의 전문 지식은 책의 방향을 잡는 바탕이 되었고, 그래픽 이미지를 만드는 능력은 내용을 전달하는 데 많은 도움이 되었습니다.

또한 뛰어나고 재능 있는 여러 레고 테크닉 창작가들이 없었다면 이 책은 만들어지지 못했을 것이 분명합니다. 창작가들은 자신의 놀라운 작품이 공유될 수 있도록 제게 허락했으며, 어떻게든 수준 높은 비주얼을 만들기 위해 노력하였습니다. 셀 수 없이 많은 전자 우편과 마감 시한으로 시달릴 때조차도 항상 친절했고 인내심과 이해심이 많았습니다. 그렇게 많은 사람들에게 도움을 부탁하고 매번 지원을 받았던 일들은 놀랍고 특별한 경험이었습니다.

제가 이 프로젝트에 참여를 요청했던 작가들 중 "아니오."라고 대답한 사람은 단 한 명도 없었습니다. 이것이 바로 이 커뮤니티가 얼마나 긴밀하게 맺어져 있고 서로를 존중하고 있는지 알려주는 멋진 증거입니다. 이렇게 도움을 주신 모든 분들에게 감사를 표하고자 합니다. 물론, 현실적인 이유와 어쩔 수 없는 상황으로 인해 소개될 자격이 충분한 작품들 모두가 지면에 실리지는 못했습니다. 하지만 이 책을 통해 최고의 테크닉 작품들 가운데서 대표적인 작품들을 독자 여러분들에게 소개하고자 노력하였습니다.

제가 처음 계획했던 것보다 이 책을 더욱 멋지게 만드는 데 도움을 준 타일러 오트맨, 세레나 양, 라이언 비알라이, 그리고 그 외 No Starch Press 출판사 식구들에게 각별한 감사를 전합니다.

또한, 커피를 발명하여 제 시간에 집필을 마치는 데 도움을 준 그 누군가에게 감사합니다.

마지막으로 앞서 출판했던 저의 책을 재미있게 읽어 주고 지지해주었던 모든 분에게 큰 감사를 드립니다. 바로 여러분들이 제가 계속해서 책을 쓸 수 있도록 기회와 동기를 주었기 때문입니다.

농기계

012	DT-75 트랙터
016	홀머 테라 도스 T3
020	란쯔 불독 핫 벌브 트랙터
022	우르수스 C-360-3P

DT-75 트랙터

드마츠(Dmac) (2009)

작품 소개

전기 부품과 공압 부품을 조합해서 만든 이 작품은 농사일부터 불도저 작업까지 다양한 목적으로 사용할 수 있습니다. 테크닉 부품으로만 만든 것 같지만 내부에는 공기 압축기가 장착되어 있고 원격으로 공압 스위치를 조종할 수 있습니다. 작품의 크기는 비교적 작지만 여러 가지 기능으로 꽉 들어차 있습니다. 앞쪽에는 탈부착이 가능한 블레이드가 장착되어 있고 뒤쪽에는 동력 취출 장치가 달려 있습니다. 동력 취출 장치는 쟁기나 리퍼(ripper)[1]처럼 추가로 장착하는 장비에 동력을 공급하는 역할을 합니다.

참고 모델

DT-75 무한궤도 트랙터는 전 소비에트 연방의 국민 일꾼이었습니다. 이 다목적 트랙터는 다양한 장비를 추가로 장착할 수 있어서 오래도록 농부들의 사랑을 독차지하였습니다. 단순하고 투박하지만 험한 날씨에도 믿을 만한 성능을 보여주었고, 구조가 간단해서 고장 났을 때 기본적인 공구만으로 수리가 가능했습니다.

도전 과제

빨간색 부품을 찾는 것이 가장 어려웠습니다. 작품을 빨간색으로 정했기 때문에 구형 공압 실린더를 사용해야만 했으며 레고 캐슬 세트에 있는 마차 바퀴를 포함해서 많은 희귀 부품을 사방팔방 찾아다녀야만 했습니다. 작품의 무한궤도에 있는 보기륜을 만드는 데 사용된 바퀴들은 공식적으로 빨간색이 생산된 적이 없습니다. 제가 구매한 부품들은 사출 금형을 테스트하기 위해 비공식적으로 생산한 것으로 알고 있습니다. 레고 그룹은 테스트를 할 때 빨간색 플라스틱을 사용한다고 합니다. 왜냐하면 빨간색이 결함을 찾기가 수월하기 때문입니다.

[1] 리퍼(ripper)는 단단한 흙이나 연약한 암석을 파내는 갈고랑이 모양의 기계를 칭합니다

제원

길이 **36**cm
너비 **16**cm
높이 **20**cm
부품수 **~2,000**개

+ 운전석
  듀플로 부품 사용

+ 9V 전구

+ 공압 실린더
  블레이드 제어

+ 동력 취출 장치
  쟁기나 리퍼를
  동작시키는 데 사용

+ 전면 블레이드
  탈부착 가능

+ 보기륜 서스펜션
  마차 바퀴 네 개와 쇼크업소버
  (shock absorber) 하나로 구성

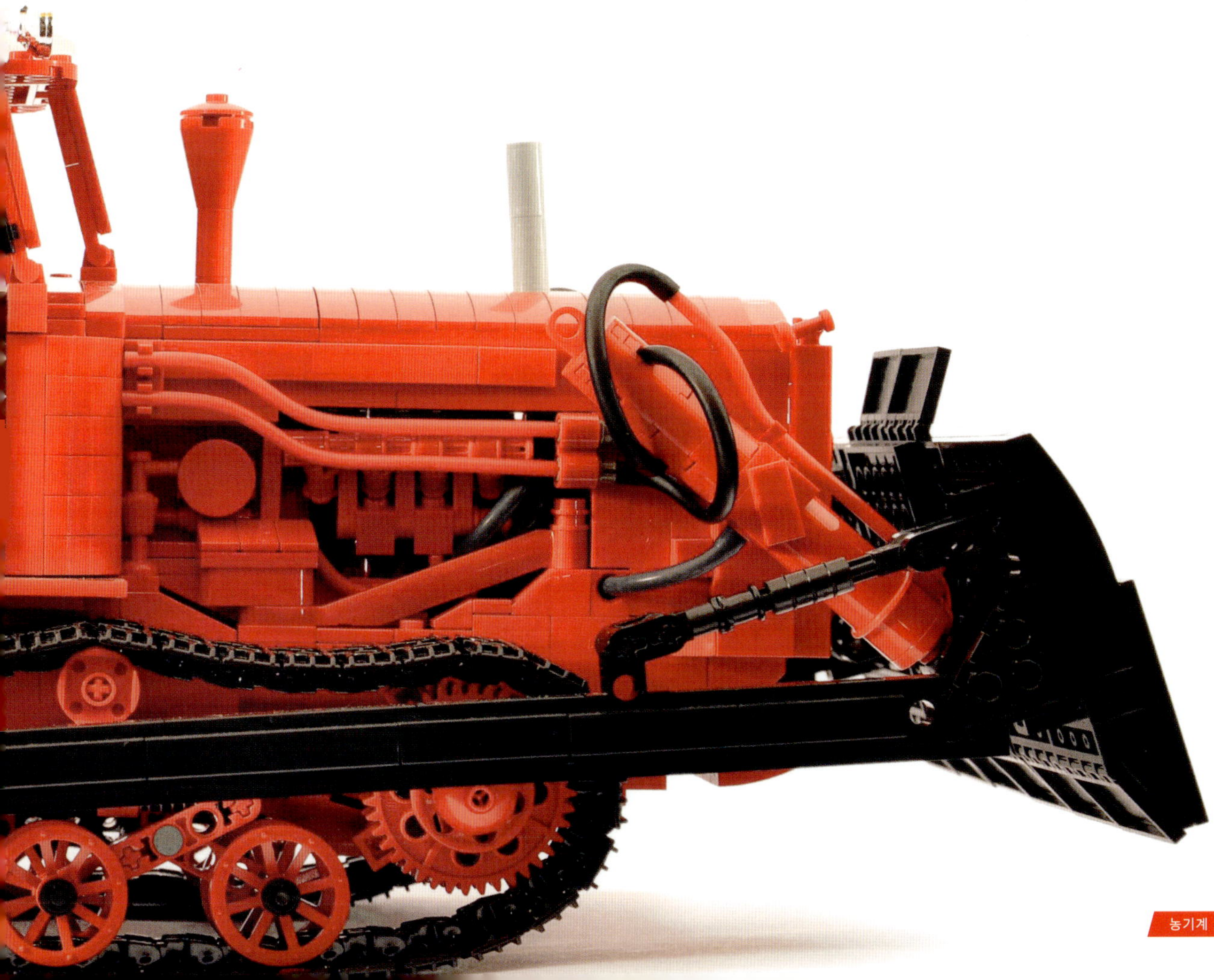

농기계 / 013

▙ 잔디 깎기 기계처럼 되감김(recoil) 시동기를 이용하여 DT-75 트랙터에 시동을 겁니다. 시동기가 우선 작은 엔진을 기동시키고, 이 엔진이 무한궤도를 움직이는 거대한 디젤 엔진을 기동시킵니다.

2 듀플로 시리즈는 2~5세 유아를 위한 제품군이고, 스칼라 시리즈는 바비 인형류의 피규어와 함께 갈아입힐 수 있는 천 재질의 옷과 다양한 소품이 들어 있는 제품군으로, 2000년 경 단종되었습니다.

+ 재미있는 사실
레고 듀플로와 스칼라 시리즈
부품을 사용하여 좌석 커버를
실제 트랙터처럼 표현했습니다.[2]

홀머 테라 도스 T3

에릭 트랙스(Eric Trax) (2013)

홀머 테라 도스 T3는 단 10분 만에 덤프 트럭을 가득 채울 정도로 많은 양의 사탕무[1]를 뽑을 수 있습니다.

제원

길이	**83**cm
너비	**22**cm
높이	**36**cm
부품수	**~6,000**개

작품 소개

이 작품은 홀머 사탕무 수확기를 참고하여 만들었으며 외관과 기능이 서로 조화롭게 균형을 이루고 있습니다. 이 수확기는 내부에 있는 11개의 모터로 동작하고, 사륜구동, 후륜 조향, 전륜 차체 굴절 조향, 속도 조절 컨베이어 벨트, 회전식 수확기 헤드, 실제 불이 들어오는 전구를 재현하였습니다. 하지만 이렇게 인상적인 기능들은 작품의 거대한 크기와 꼼꼼하게 재현한 외관에 압도되어 버립니다.

도전 과제

이 육중한 모델의 무게는 5.9kg에 달했기 때문에 차제가 가장 큰 난관이었습니다. 중량을 줄이기 위해 트러스[2] 프레임을 중심으로 본체를 만들었으며 롤러 베어링에 고정한 바퀴를 장착하였습니다. 각각의 뒷바퀴에는 거의 2kg에 달하는 하중이 실리며 그로 인해 타이어가 약간 찌그러지고 구름 저항[3]이 대폭 증가합니다. 이를 해결하기 위해 큰 타이어 안에 크기가 작은 타이어를 집어넣은 이중 타이어 구조로 바퀴를 만들었습니다.

---

1 사탕무는 온대의 중부에서 북부에 걸친 냉랭한 기후 지대에서 재배되는 명아주과에 속하는 2년생 초목으로, 사탕수수와 함께 설탕의 중요한 원료가 되며 첨채라고도 합니다.

2 트러스는 직선봉을 삼각형으로 조립한 일종의 빔(beam)으로 교량, 건축물 등의 골조 구조물로 널리 사용됩니다.

3 구름 저항은 바퀴가 굴러갈 때 구름을 방해하는 힘으로, 바퀴가 지면과 접촉하는 면이 넓어질수록 증가합니다.

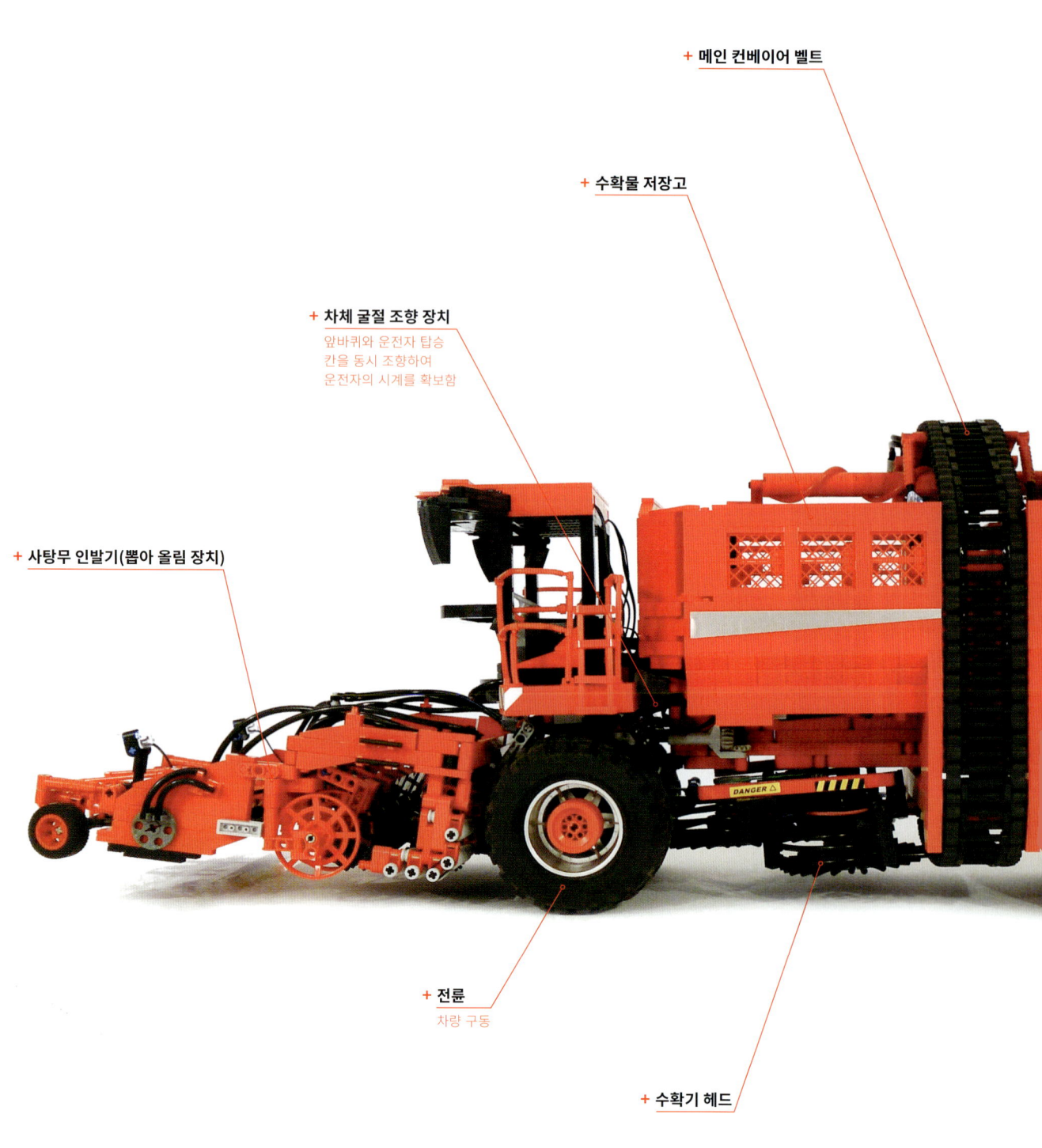

+ 메인 컨베이어 벨트

+ 수확물 저장고

+ 차체 굴절 조향 장치
앞바퀴와 운전자 탑승 칸을 동시 조향하여 운전자의 시계를 확보함

+ 사탕무 인발기(뽑아 올림 장치)

+ 전륜
차량 구동

+ 수확기 헤드

+ 하역용 컨베이어 벨트
저장고의 수확물을 퍼 올림

+ 후륜
조향 및
차량 구동

참고 모델

독일의 홀머(Holmer)사는 지난 40년간 사탕무 수확기를 생산해 왔습니다. 테라 도스 T3는 홀머사를 대표하는 3세대 기함으로 단 한 명의 운전사가 험한 지형에서 12미터 길이의 이 거대한 장비를 자유자재로 조종하면서도 대량의 사탕무를 뽑아 미리 손질할 수 있도록 설계되었습니다.

란쯔 불독 핫 벌브 트랙터

니코71(Nico71) (2012)

+ **스티어링 휠**
조향륜 조작 가능

+ **후드**
열림

+ **시트**
서스펜션 적용

+ **엔진 공압 밸브**

+ **전륜**
서스펜션 적용 및
조향 가능

+ **플라이 휠**

+ **후륜**
클러치를
통해 구동

+ **공압 공급 튜브**
엔진과 외부 압축
기를 연결

란쯔(Lanz)사는 반세기 전에 운영을 그만두었음에도 불구하고 여전히 독일 여러 지방에서는 트랙터를 가리켜 불독이라는 이름으로 부르고 있습니다.

제원	
길이	28.7 cm
너비	15.3 cm
높이	19.1 cm
부품수	~600 개

작품 소개

구식 란쯔 트랙터를 모델로 한 이 작품은 점화 시기 조절이 가능한 공압 엔진과 전륜을 실제로 조향할 수 있는 스티어링 휠, 서스펜션이 장착된 전륜 그리고 서스펜션이 적용된 시트를 가지고 있습니다. 작품에 구현된 엔진은 19세기 말에 발명되어 1950년대까지 사용했던 핫 벌브 엔진[1]의 동작 원리를 흉내 내어 만들었습니다. 간단한 구조로 디젤 엔진을 대체하기 위해 설계된 이 엔진은 전구(벌브) 모양의 점화실을 가지고 있습니다. 핫 벌브 엔진이라는 이름은 바로 여기서 유래되었습니다.

이 작품은 다음과 같이 핫 벌브 엔진의 주요 기능을 재현하였습니다. 트랙터 측면에는 플라이 휠이 달린 1기통 공압 엔진이 위치하고 있으며 이 엔진은 점화 시기를 조절할 수 있습니다. 운전자는 웜기어를 이용하여 점화 시기를 조절하면서 가장 적절한 엔진 운전 사이클의 시작 및 동작 시점을 알아 낼 수 있습니다.

이 작품의 엔진은 외부에 있는 압축기의 힘으로 동작하며 후륜에 장치된 간단한 클러치 덕분에 엔진을 공회전시킬 수 있습니다. 작품의 본체에는 회전 팬이 달린 라디에이터나 손으로 열 수 있는 보닛 등 실제 핫 벌브 트랙터의 전형적인 세부 모습이 재현되어 있습니다.

참고 모델

독일 제조 회사인 란쯔(Lanz)는 1921년부터 1960년까지 220,000대 이상의 불독을 생산하였습니다. 이 회사가 존 디어에게 매각된 후 유명한 핫 벌브 트랙터는 단종되었습니다. 단순하고 믿음직한 란쯔 트랙터는 유지 보수가 쉽고, 심지어 폐유로도 동작했습니다. 그로 인해 농부들에게 큰 인기를 얻었고 경쟁사들은 란쯔 트랙터를 모방한 제품을 만들어 냈습니다.

---

[1] 핫 벌브 엔진은 전기 불꽃 대신 연소실의 일부에 핫 벌브(hot-bulb)라는 가열 장치를 장착하고 이 부분을 가열하여 착화 폭발시키도록 하고, 이 외에는 디젤 엔진 원리와 비슷하여 일명 세미 디젤 엔진이라 부릅니다. 일반적으로 저압축비의 엔진으로 압축 압이 낮고 연료의 착화가 어렵기 때문에 시동할 때 핫 벌브를 가열해서 착화를 쉽게 합니다.

우르수스 C-360-3P

에릭 트랙스(Eric Trax) (2014)

제원
- 길이: **29**cm
- 너비: **19.6**cm
- 높이: **22.9**cm
- 부품수: **~900**개

작품 소개

실제 우르수스 트랙터를 거의 흡사하게 재현한 이 작품은 전혀 테크닉 장르의 창작품처럼 보이지 않습니다. 원격 조종으로 주행이 가능하며 푸시로드로 동작하는 진짜와 유사한 조향 장치가 장착되어 있으며 모터로 구동되는 동력 취출 장치와 추가 장비를 달아 짐을 들어 올릴 수 있는 연결대가 구현되어 있습니다. 모델 팀 스타일[1]의 본체 안에 모든 테크닉 메커니즘을 집어넣는 작업은 세 달 정도가 걸렸습니다. 또한 작품의 스케일에 맞도록 타이어를 충분히 크게 만들기 위해 8457 파워 풀러 세트에 포함된 타이어 안쪽에 직접 제작한 둥근 림을 끼워 넣어서 타이어가 납작해지는 대신 지름이 커지도록 만들었습니다.

도전 과제

작품의 본체가 작은 편이기 때문에 많은 부품들을 작품 안에 집어넣는 작업이 쉽지 않았습니다. 특히 배터리가 후드 안쪽 공간의 절반을 차지해버렸기 때문에 결국 파워 펑션 적외선 수신기 두 개 중에 하나와 조향 모터는 조종석 안쪽에 위치하게 되었습니다.

[1] 1980년대부터 1990년대까지 출시된 레고 시리즈입니다. 테크닉의 구동 요소를 포함하면서 외부 묘사의 리얼리티를 극대화한 제품군으로, 이와 비슷한 작품들을 모델 팀 스타일이라 부릅니다. 일반적으로 내부에는 기계적 구조가 있고 외형의 디테일도 훌륭한 작품을 이르는 말이지만 본문에서는 모델 팀처럼 외형의 리얼리티가 높다는 의미로 사용되었습니다.

+ **동력 취출 장치**
모터로 구동

+ **부가 장비 연결대**
짐을 들어 올림

+ **공구함**
열 수 있음

+ **파워 펑션 적외선 수신기**

+ **푸쉬로드**
조향 시스템을 작동

+ **파워 풀러 타이어**
실제 바퀴와 유사한 모양을 만들기 위해 직접 제작한 림을 이용하여 바퀴를 납작하게 찌그러트림

+ **재미있는 사실**
실제 우르수스 트랙터는 시끄러운 변속기로 유명합니다. 그 이유는 헬리컬 기어 휠을 사용하지 않고 스퍼기어[2] 휠을 사용했기 때문인데, 레고 기어 휠은 이 스퍼기어 휠과 모양이 똑같습니다.

참고 모델

우르수스 C-360 3P는 중형 트랙터로 1981년부터 1995년까지 폴란드에서 생산되었습니다. 47.5마력을 내는 단순한 직렬 3기통 엔진을 장착한 우르수스는 유지 보수가 쉬웠기 때문에 폴란드 시골 지방에서 쉽게 찾아 볼 수 있었습니다. 수많은 장비와 호환이 가능하기 때문에 심지어 작은 굴삭기처럼 사용하는 경우도 있었습니다.

[2] 스퍼기어는 평기어라고도 하며 회전 축과 나란한 방향으로 수평하게 톱니가 절삭되어 있는 기어입니다. 모양이 간단하여 공작이 쉽기 때문에 많이 사용하지만 소음이 발생하는 단점이 있습니다. 대부분의 레고 기어는 스퍼기어의 형태를 갖습니다. 이에 반해 헬리컬 기어는 회전 축에 비스듬한 방향으로 톱니가 절삭되어 있어 스퍼기어보다 톱니 물림률이 좋아 회전이 원활하고 조용합니다.

2 항공기

026	배트
028	록히드 SR-71 블랙 버드
032	SA-2 삼손 전투 헬기
036	스핏파이어
040	T-47 에어스피더 '레벨 스노우스피더'

배트
사리엘(Sariel) (2013)

+ **배터리**
기체 상단 내부에 8878 파워 펑션 충전식 배터리 박스 장착

+ **엘러본**
기체를 한쪽으로 기울이고자 할 때 두 개 중 하나를 위 혹은 아래 방향으로 움직임

+ **조종실**
앞 유리가 열리며 미니 피규어용 좌석 두 개가 들어 있음

+ **평형 브릭**
기체가 한 방향으로 기울어지면 따라서 기울어지며 엘러본을 움직임

+ **터빈**
회전 가능

+ **후크 달린 윈치**
영화 마지막 장면에서 폭탄을 나르는 데 사용

+ **로터**
두 블레이드의 회전면이 뒤쪽을 향하도록 설정하여 추력[1]을 발생시킴

작품 소개
영화 〈다크나이트 라이즈〉에 나오는 배트 비행선을 모델로 한 이 작품은 모터 하나로 작동하는 두 개의 터빈과 두 개의 벨리 로터를 재현했습니다. 자동으로 평형을 유지하는 엘러본(elevon)[2]과 두 명의 미니 피규어를 태울 수 있는 조종실, 그리고 10개의 레고 LED를 장착하고 있습니다.

이 작품은 파이프를 따라 움직이는 간단한 대차에 낚싯줄로 연결되어 있어 마치 날아다니는 것처럼 흉내낼 수 있습니다. 실제 섀시(chassis)가 없기 때문에 멋진 외관을 가지고 있으면서도 내부에 많은 기계 부품들로 가득 채울 수가 있습니다. 심지어 영화의 마지막 장면에서 중요한 역할을 하는 윈치(winch)도 달려 있습니다.

도전 과제
배트의 특이한 기체 모양은 거의 모든 작업을 복잡하고 어렵게 만들었습니다. 위쪽부터 시작하여 작품의 전반적인 형태를 만들어 가다 보니 제작 기간 내내 작품이 계속 매달려 있어야만 했습니다.

배터리, 모터, 다양한 길이의 전선 그리고 전면 터빈과 밸리 로터를 연결하는 복잡한 동력 전달 장치 등 기체에 들어가는 부품들은 정말 특이한 각도로 조립해야 했습니다. 마지막으로 작품이 적절하게 균형을 이룰 수 있도록 기체 뒤쪽에 추 역할을 하는 브릭을 추가하여 엘러본이 자동으로 평형을 잡을 수 있게 만들었습니다.

참고 모델
밸리 로터 두 개 덕분에 공중에 떠 있을 수 있는 이 2인승 중무장 비행기는 놀란 감독이 제작한 다크 나이트 3부작 클라이맥스에서 중요한 역할을 담당합니다. 영화 스태프는 아파치 헬리콥터, 해리어 제트기 그리고 V-22 오스프리 수송기로부터 영감을 받아 기체의 기본 설정을 잡았으며, 86쪽에 소개하는 텀블러와 같은 배트맨의 다른 이동 수단과 어울리는 형태로 디자인하였습니다.

---

1 추력이란 프로펠러의 회전 또는 가스분사의 반동에 의하여 생기는 추진력을 이야기합니다.
2 엘러본은 비행기의 승강타(엘리베이터)와 보조익(에일러론)을 결합시킨 장치입니다.

제원

길이	**39.9** cm
너비	**27.2** cm
높이	**17.5** cm
부품수	**~600** 개

항공기 / 027

록히드 SR-71 블랙버드

사리엘(Sariel) (2013)

제원	
길이	**72.9**cm
너비	**36.1**cm
높이	**9.9**cm
부품수	**~900**개

작품 소개

블랙버드 기체 외형의 곡선과 각도를 1:45 스케일로 세심하게 재현하였습니다. 작품의 주요 기능은 기체가 고정되어 있는 제어 마스트에서 이루어집니다. 마스트는 내부에 파워 펑션 스위치가 들어 있는 3축 조이스틱과 연결되어 있습니다. 이 조이스틱은 마스트를 움직여 기체의 진행 방향을 위아래, 왼쪽, 오른쪽으로 변경할 수 있고, 진행 방향을 고정한 채 날개를 좌우로 기울일 수 있습니다. 이 기체에는 실제로 동작하는 엘러본과 회전하는 엔진 터빈이 장착되어 있습니다. 제트 노즐에서는 빛이 나오고, 조종석에는 미니 피규어 파일럿 두 명이 탑승할 수 있습니다. 그리고 직접 만든 여러 개의 스티커들을 부착하였습니다.

도전 과제

날개를 만드는 것이 가장 어려웠습니다. 실제 날개의 모습과 최대한 흡사하게 제작하기 위해 작은 부품들을 사용해야 했으며, 날개 중앙부 표면의 주름 잡힌 모양도 재현해야 했습니다. 또한 날개에 달린 무거운 엔진을 지탱하면서도 기체에 고정될 수 있도록 날개를 튼튼하게 만들어야 했을 뿐 아니라 본체에서 엔진으로 이어지는 구동축을 날개 내부에 숨기기 위해 날개를 두껍게 만들어야 했습니다. 결국 모터로 구동되는 엘러본까지도 날개에 붙여야 했습니다.

참고 모델

최고의 정찰기로 여겨지는 SR-71 블랙버드는 1966년 처음 임무에 투입되어 1990년 중반까지 현역으로 활동하였습니다. 현재까지 이 정찰기는 유인 제트 엔진 항공기로서 1976년에 세운 최고 속도를 포함하여 여러 가지 기록을 갖고 있습니다. 지속적으로 동작하는 에프터버너(afterburner)[1]를 포함하여 독특하게 설계된 엔진을 갖고 있는 이 비행기는 최대 마하 3.3까지 속도를 낼 수 있으며 고도 26,000m 상공까지 비행할 수 있습니다.

블랙버드는 지상에 있을 때는 동체의 부품 간격이 느슨하다가 비행 중일 때는 최종 형태를 유지하는 구조로 설계되었습니다. 이런 이유로 비행기가 지상에 있을 때 동체로부터 연료가 새어 나오는 문제가 있었고, 이를 해결하기 위해 이륙 후에 공중 급유를 받았습니다. 이런 누유에 따른 위험성을 줄이기 위한 현실적인 방법으로 매우 높은 온도에서만 발화되는 연료를 특별히 개발하여 사용하였습니다.

+ 재미있는 사실

최고 속도에서는 비행기 표면의 온도가 급상승하여 동체의 길이가 몇 센티미터 늘어납니다. 이런 이유로 날개 표면의 넓은 부분에 주름 모양을 집어 넣었으며 동체의 85%에는 순수 티타늄을 사용하였습니다.

[1] 에프터버너는 제트 엔진의 터빈 뒤쪽에 설치된 연소 장치를 말합니다.

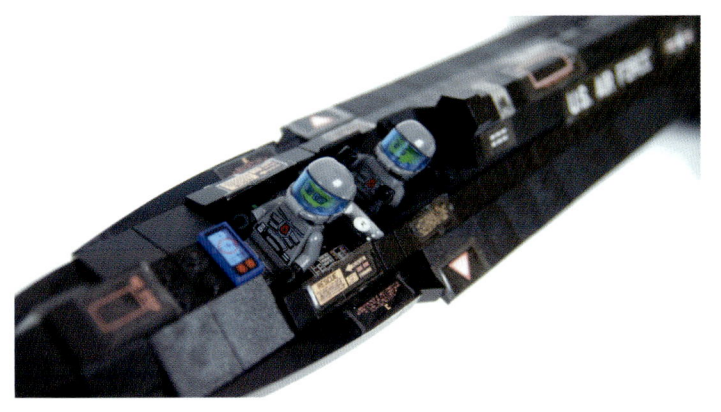

블랙버드가 3,551번의 임무를 수행하는 동안 이 비행기를 격추시키기 위해 4,000발의 미사일이 발사되었다고 합니다. 하지만 블랙버드가 너무 빨라 단 한 발도 맞추지 못했습니다. 블랙버드의 기본적인 회피 기동 전술은 위험 상황으로부터 멀리 달아나는 것이었습니다.

SA-2 삼손 전투 헬기

바르만76(Barman76) (2010)

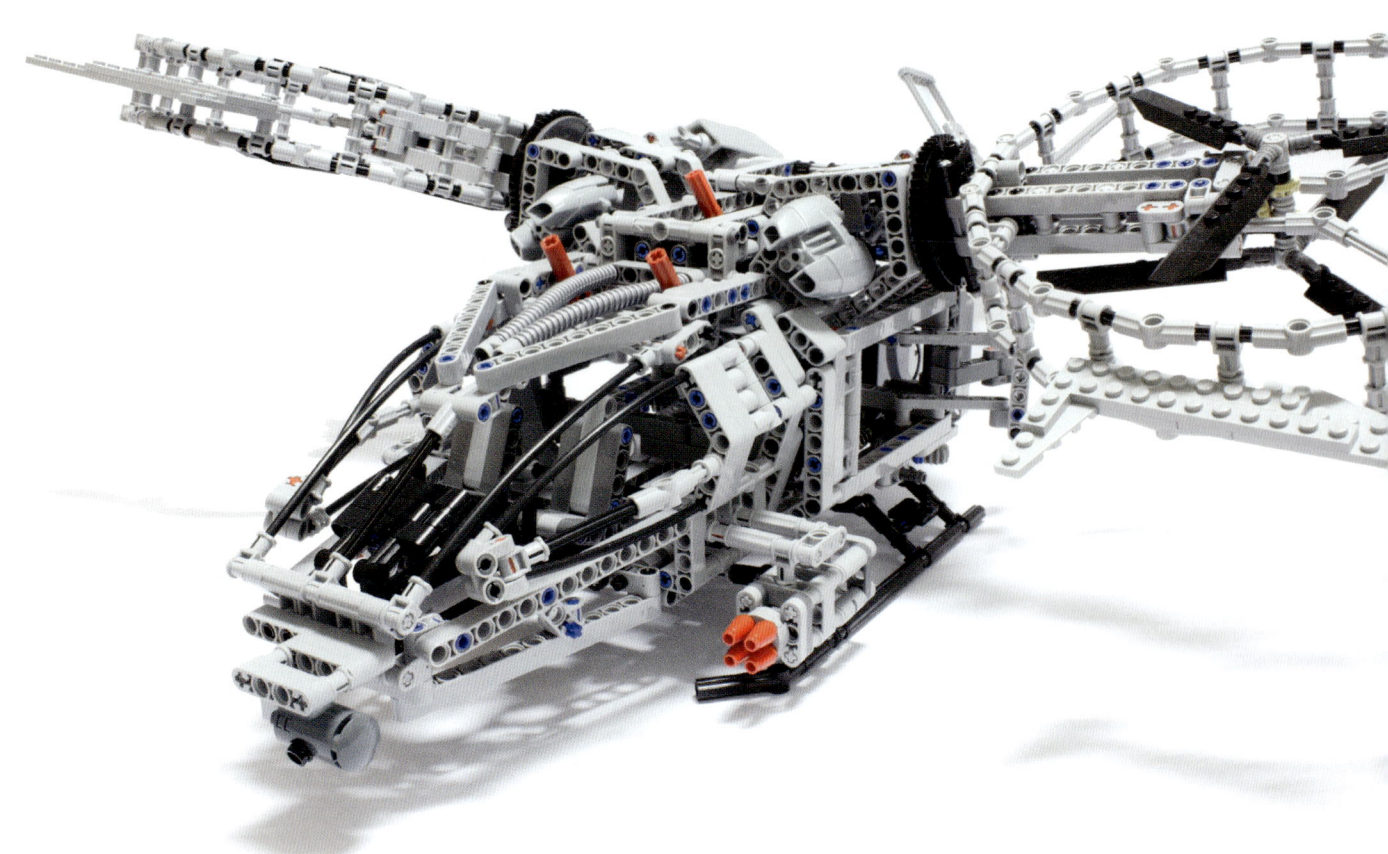

제원	
길이	**59.4**cm
너비	**64.5**cm
높이	**21.8**cm
부품수	**1,823**개

작품 소개
영화감독 제임스 카메론은 그의 영화에 등장시킬 환상적인 운송 수단을 창조하는 것으로 유명한데, 영화 〈아바타〉에서도 예외는 없었습니다. 영화에 나오는 가장 독창적인 운송 수단 중 하나는 삼손 전투 헬기였습니다. 이를 모델로 한 이 창작품은 두 개의 이중 반전 회전 로터를 가지고 있으며 2축 기계식 조이스틱을 이용하여 로터의 각도를 조종할 수 있습니다. 또한 조종석 문을 열 수 있으며 스프링으로 열리는 화물칸도 구현되어 있습니다. 작품의 일부분은 CAD로 설계했고, 완성된 작품은 정말 거대합니다.

도전 과제
로터를 움직이는 메커니즘이 가장 큰 도전 과제였습니다. 두 개의 반전 로터를 구동시키는 구조가 복잡했기 때문입니다. 결국 로터가 너무 무겁다보니 로터가 처지지 않도록 측면에 지지대를 만들어야 했습니다.

참고 모델
SA-2 삼손 전투 헬기는 트윈 터빈에 덕트가 있는 로터 방식을 채택하고 있으며 향후 블랙 호크 헬기를 대체하여 병력을 수송하고 전시 상황에서 보급품을 공수하는 임무를 수행할 예정입니다.

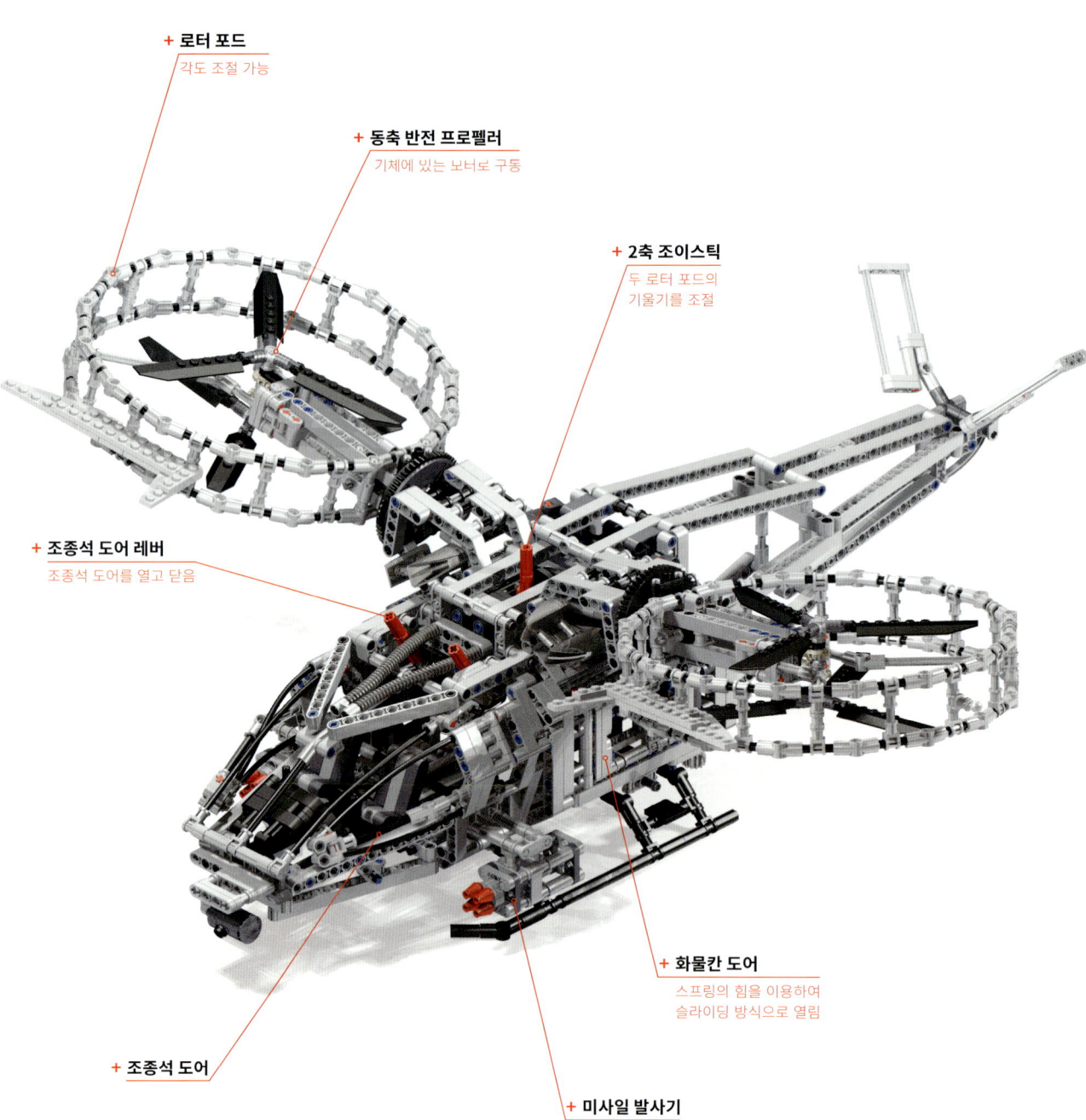

이 작품이 전시회를 통해 일반인들에게 공개될 때면,
아이들은 이것이 진짜 날 수 있는지 종종 물어 오곤 합니다.
작가는 날 수 있다고 대답합니다. 단, 여러분이 이
헬기를 얼마나 멀리 던질 수 있는지에 달려 있습니다.

스핏파이어

써드위그(*Thirdwigg*) (2012)

제원	
길이	**89.9** cm
너비	**77** cm
높이	**22.1** cm
부품수	**3,074** 개

작품 소개

영국 전투기의 아이콘인 스핏파이어(SPITFIRE)를 모델로 삼아 1:12 스케일로 만든 이 작품은 외형과 기능이 훌륭하게 조합되어 있습니다. 제2차 세계 대전 시절의 비행기를 묘사한 이 작품은 모터로 구동되는 프로펠러와 수납 가능한 랜딩 기어 그리고 동체 앞쪽에는 V형 12기통 피스톤 엔진을 탑재하고 있습니다. 조종석에는 실제 동작하는 조종간이 있고 이 조종간은 승강타와 보조익을 조종합니다. 두 개의 페달은 방향타를 움직이고 레버는 플랩을 움직입니다. 이 모든 기능들은 테크닉 브릭으로 만든 튼튼한 뼈대 안에 들어가 있으며 플레이트 브릭을 이용하여 외형을 감싸고 실제 전투기의 위장 무늬를 재현하였습니다. 심지어 체코 파일럿인 토마스 비비랄 중위가 조종했던 제312 비행 중대의 1941 스핏파이어 MK-IIa를 재현하기 위해 마크나 글자도 레고 브릭을 이용하여 표현하였습니다.

도전 과제

길고 얇은 부품으로 작품을 제작하는 것이 가장 큰 도전이었습니다. 이 때문에 작품에는 견고한 뼈대가 필요했고 작품의 크기와 무게를 고려하다보니 실제로 작품 내부에 기능을 구현할 공간이 부족했습니다. 결국 작품 제작에 7개월의 기간이 소요되었고 배터리 박스까지 뼈대 구조의 일부로 사용되었으며 작은 수납식 바퀴 세 개로 총 중량 6.5kg의 육중한 무게를 버텨내야 했습니다. 기체 외벽 역시 또 다른 형태의 도전이었습니다. 표면을 표현하는 데 특이한 색상의 수많은 희귀 레고 부품이 필요했으며 작품 내부에 접근하기 위해 쉽게 제거가 가능해야 했습니다.

+ 재미있는 사실

1944년 시험 비행에서 마하 0.92를 기록한 스핏파이어는 역사상 가장 빠른 피스톤 엔진 항공기로 남아 있습니다. 그런데 이 속도로 인해 프로펠러가 부서졌고 조종사는 정신을 잃고 말았습니다. 조종사가 의식을 되찾았을 때 그는 비행기 날개가 공기 저항에 뒤로 밀리면서 글라이더처럼 비행을 할 수 있다는 사실을 알게 되었습니다.

오늘날 전 세계에는 브리튼 전투[1]에서 실제 싸웠던 한 대를 포함하여 50대 이상의 비행 가능한 스핏파이어가 실존하고 있습니다.

1 브리튼 전투는 1940년 런던 상공에서 벌어진 영국 공군과 독일 공군 간 전투를 말합니다.

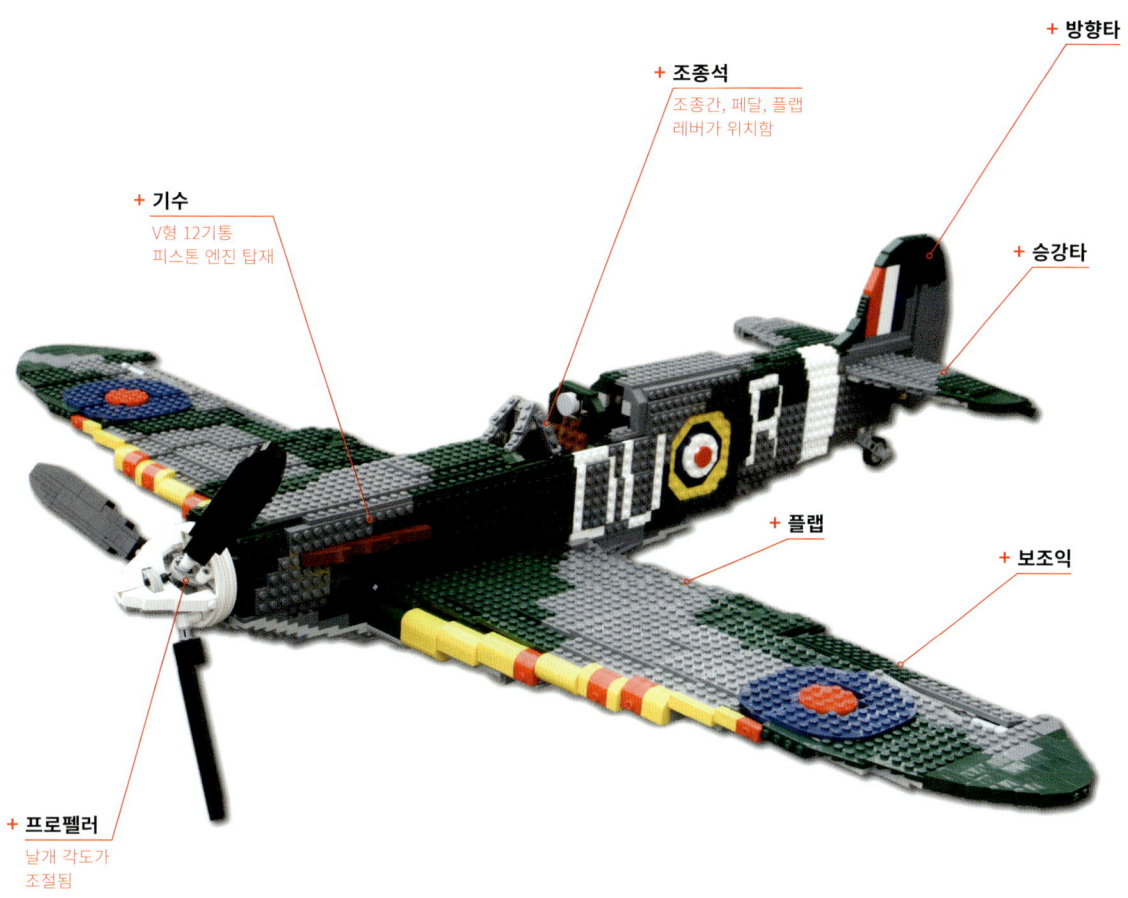

참고 모델

스핏파이어는 제2차 세계 대전에서 가장 많이 생산된 영국 전투기입니다. 단거리 요격기 임무를 수행한 이 전투기는 독일의 상대 전투기를 능가하는 성능으로 브리튼 전투에서 없어서는 안 될 존재였음을 보여주었습니다. 유럽 및 태평양 그리고 아시아에 벌어진 전쟁 중에도 생산되었으며 실전을 통해 그 우수성을 지속적으로 입증하였습니다. 스핏파이어가 거점 방어용 전투기로서의 역할로 다소 국한되기는 했지만 이 전투기는 P-51 무스탕 그리고 포케볼프 Fw 190과 함께 2차 세계 대전 최고의 전투기 중의 하나로 여겨졌습니다.

T-47 에어스피더 '레벨 스노우스피더'

드레이크민(drakmin) (2014)

작품 소개

이 작품은 영화 〈스타워즈〉 시리즈의 '제국의 역습' 편에 등장하는 전투기인 레벨 스노우스피더를 모델로 삼았습니다. 스터드 없는 레고 테크닉 빔을 이용해서 작품이 실제처럼 보이게 표현하는 고난도 기법을 사용한 대표적인 사례입니다. 공식적으로 발매된 테크닉 모델과는 달리, 부드러운 곡선 형태의 기체와 넉넉한 공간을 갖고 있으면서도 여러 가지 기능들을 탑재하고 있습니다. 믿기 힘들겠지만 조종석 내부에 있는 두 개의 조종간만으로 에어 브레이크와 후방 플랩을 동작시키고 후방 작살의 발사 방향을 바꿔줄 수 있습니다. 이렇게 복잡한 기능을 구현하려다보니 작품을 제작하는 데 3년이나 걸렸습니다.

참고 모델

원래 화물 수송선이었던 T-47 에어스피더는 언제든지 전투에 투입할 수 있도록 개조되어 눈 덮인 호스 전투에서 대활약을 펼친 이후, 스노우스피더라는 이름으로 유명해졌습니다. 스노우스피더는 고속 비행이 가능했지만 장갑이 약했기 때문에 날아오는 총탄을 피하는 능력을 필요로 했습니다. 화물용 작살은 가공할 만한 무기였으며 진격하는 AT-AT 여러 대의 다리를 묶는 데 사용된 것은 유명 일화입니다.

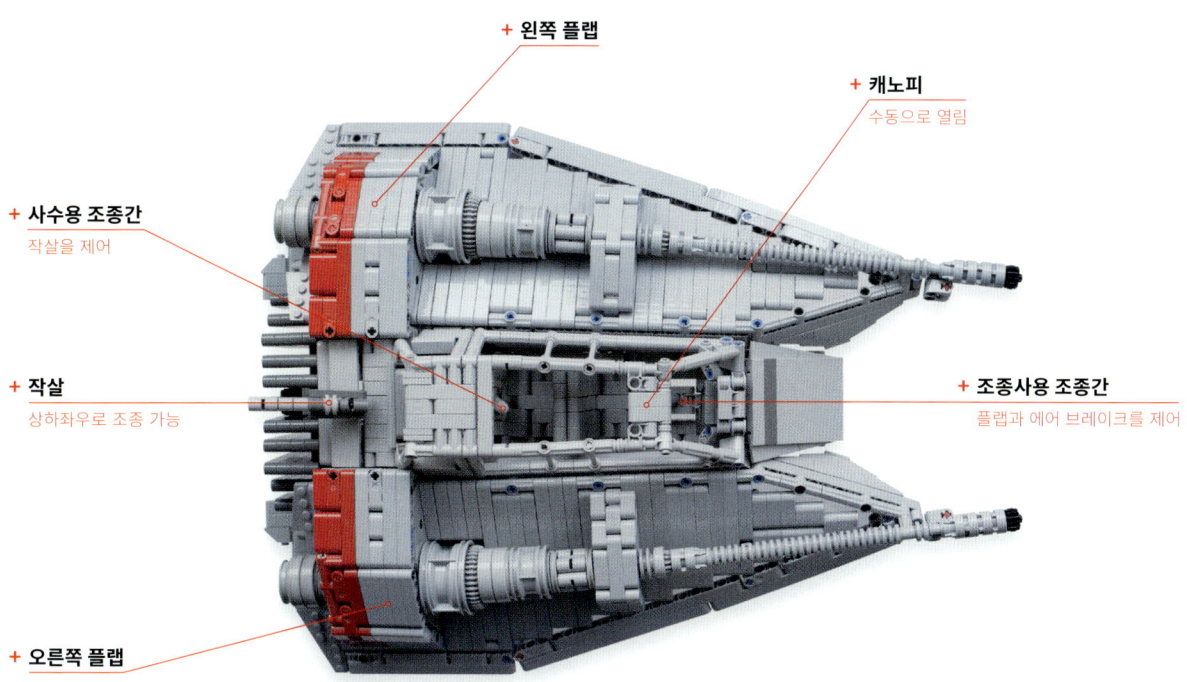

+ 왼쪽 플랩
+ 캐노피
  수동으로 열림
+ 사수용 조종간
  작살을 제어
+ 조종사용 조종간
  플랩과 에어 브레이크를 제어
+ 작살
  상하좌우로 조종 가능
+ 오른쪽 플랩

스타워즈 영화에서는 두 대의 스노우스피더 모델을 사용하였습니다. 배우와 함께 내부 촬영을 하는 실제 사이즈 한 대와 비행과 전투 장면을 위한 미니어처 한 대였습니다. 하지만 이 두 버전은 서로 꽤 다른 형태와 비율을 갖고 있습니다. 이 작품은 그 두 가지 모델을 모두 참고하여 작품의 외부는 미니어처 모델처럼 매끈하고, 작품의 내부는 실제 크기 모델처럼 자세하게 표현되었습니다.

자동차

044	사륜구동 SUV Mk2	*072*	맥라렌 MP4/4
048	빅풋 II	*076*	메르세데스-벤츠 540K 스페셜 로드스터
050	CVT 트로피 트럭	*080*	몬스터 트럭
052	이글 웨스레이크 T1G	*082*	모건 3 휠러
056	허머 H1 왜건	*086*	텀블러
060	지프 허리케인	*088*	폭스바겐 제타
064	랜드로버 디펜더 110		

사륜구동 SUV Mk2

마도카(Madoca) (2013)

작품 소개

이 전형적인 SUV는 근대 랜드로버의 디자인과 함께 랜드로버에 적용된 환상적인 기능들이 생각나게 합니다. 이 작품에는 사륜구동 시스템과 지상고 조절이 가능한 서스펜션 그리고 2단 변속기와 실제 불이 들어오는 전조등 및 후미등이 구현되어 있습니다. 또한 도어와 트렁크 그리고 후드를 모두 열 수 있습니다. 파워 펑션 XL 모터 두 개가 넘치는 토크를 뿜어 내고 상황에 따라 지상고를 높일 수 있어서 이 차량은 험난한 장애물 코스라도 아주 쉽게 통과할 수 있습니다.

+ 후드
열 수 있음

+ 마스터 라이트 스위치

+ 파워 펑션 적외선 수신기

+ 파워 펑션 8878 충전식 배터리

+ 트렁크
열 수 있음

+ 후미등
빛이 나옴

+ 전조등
빛이 나옴

+ 전륜
서스펜션 및 조향 장치를 장착하고 차량을 구동함

+ 도어
열 수 있음

+ 후륜
서스펜션을 장착하고 차량을 구동함

자동차 045

제원
길이 **36.6**^{cm}
너비 **17**^{cm}
높이 **13.5**^{cm}
부품수 **1,375**^개

도전 과제

작품의 크기가 비교적으로 작다 보니 작품의 협소한 내부 공간에 서스펜션의 지상고 조절 기능을 구현하는 것이 가장 어려운 도전이었습니다. 이를 위해 작은 리니어 액추에이터 두 개를 이용하여 서스펜션 속 업소버의 상단 고정부를 높이거나 낮추는 방법을 사용하였습니다.

빅풋 II

안드레아 그라치아(Andrea Grazi) (2003)

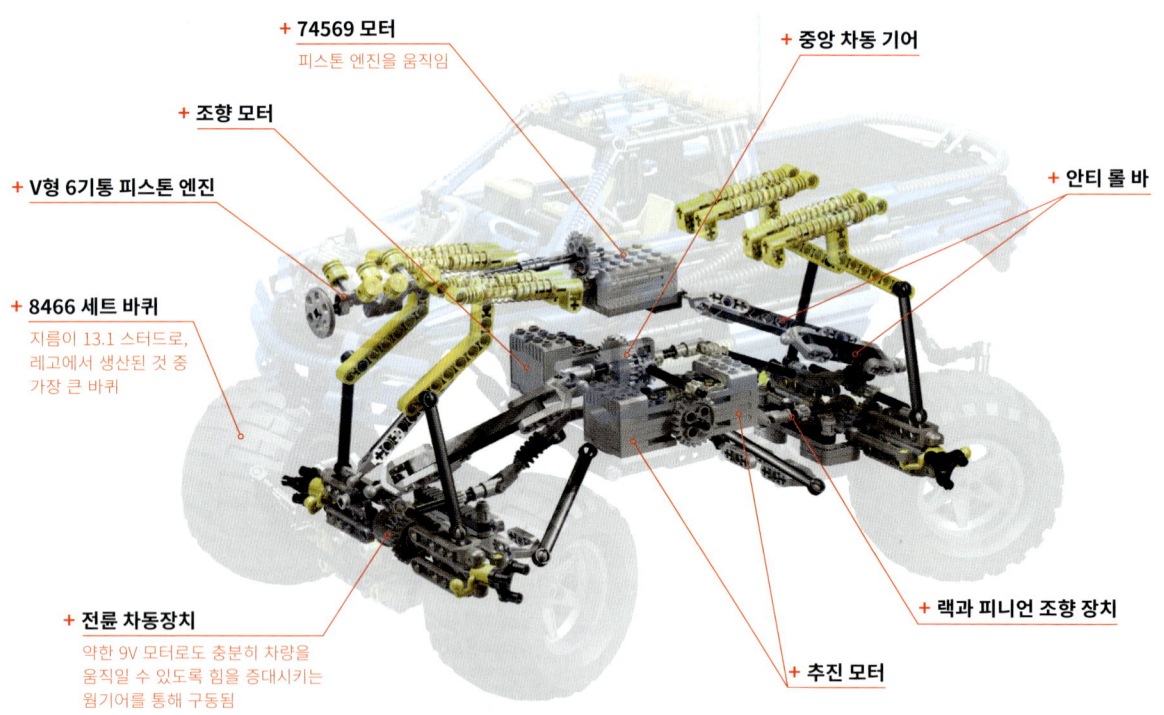

- **74569 모터**
  피스톤 엔진을 움직임
- **조향 모터**
- **중앙 차동 기어**
- **V형 6기통 피스톤 엔진**
- **안티 롤 바**
- **8466 세트 바퀴**
  지름이 13.1 스터드로, 레고에서 생산된 것 중 가장 큰 바퀴
- **전륜 차동장치**
  약한 9V 모터로도 충분히 차량을 움직일 수 있도록 힘을 증대시키는 웜기어를 통해 구동됨
- **추진 모터**
- **랙과 피니언 조향 장치**

작품 소개

이 작품은 파워 펑션 이전 세대의 레고 테크닉 공학의 진수를 보여줍니다. 두 개의 부동 차축[1]이 달린 장축 서스펜션과 중앙 차동 기어를 이용한 사륜구동 그리고 사륜 조향 장치가 구현되어 있습니다. 독립된 모터가 V형 6기통 피스톤 엔진을 구동하며 전원 공급 장치가 탑재되어 있지 않기 때문에 비교적 차체가 가볍습니다. 이 작품에는 2000년대 초반에 생산된 구형 레고 모터가 사용되었습니다. 이 모터는 스위치가 달린 배터리 박스와 전선으로 연결하여 조종하는 방식이었고 각 모터는 하나의 배터리 박스가 필요했습니다. 여러 면에서 이 작품은 유명한 제품인 9398 테크닉 크롤러의 조상 격이라고 볼 수 있습니다.

도전 과제

이 작품이 만들어진 2003년도에는 요즘의 레고 창작가들이라면 별문제가 되지 않았을 도전 과제들이 많았습니다. 기본적인 부품들만을 이용하여 복잡하고 견고한 서스펜션 시스템을 만들고 동력 전달 장치에 연결하기 어려운 구형 차동 기어를 사용했으며 오늘날 사용하는 모터보다 현저히 힘이 떨어지는 모터로 차량을 구동해야 했습니다.

---

[1] 부동 차축(Floating Axle) 또는 활축(Live Axle)이란 차량의 무게가 차축에 걸리지 않도록 베어링 허브 구조가 적용된 차축을 말하지만 테크닉 레고 분야에서는 차축이 차체에 고정되어 있지 않고 유연하게 움직일 수 있는 차축이라는 의미로 사용하고 있습니다.

제원

길이 **41.1**cm

너비 **27.7**cm

높이 **28.6**cm

부품수 **1,816**개

CVT 트로피 트럭

니코71(Nico71) (2013)

- **파워 펑션 적외선 수신기**
- **파워 펑션 L 모터**
  두 개의 모터를 사용하여 차량을 구동함
- **후방 플라이휠**
  CVT가 고단으로 변속하면 회전함
- **전방 플라이 휠**
  CVT가 저단으로 변속하면 회전함
- **서스펜션 속 업소버**
- **CVT**
  CVT는 1:1에서 1:5 사이의 기어비를 자동으로 변환
- **파워 펑션 배터리 박스**
- **파워 펑션 서모 모터**
  조향 장치를 제어함
- **포털 축 허브**
  기어비를 증가시킴

제원

길이	41.1 cm
너비	21.1 cm
높이	22.4 cm
부품수	1,121 개

작품 소개

자동으로 기어 비를 조절하는 무단 변속기(CVT)를 구현해 보기 위해 이 오프로드 트럭을 만들었습니다. 이 작품의 경우 바퀴에 걸리는 저항이 크기에 따라 기어비가 1:1에서 1:5까지 변합니다. 이 덕분에 두 개의 파워 펑션 L 모터가 항상 동일한 속도로 회전하는 동안 CVT가 상황에 따라 효과적으로 토크를 다섯 배까지 증가시킬 수 있습니다. 이 작품에는 애커만 방식의 조향 장치를 설치하고 조향 바퀴에 중앙 복귀 기능을 적용하였으며 구동축에는 스트로크가 긴 서스펜션이 달려 있습니다.

도전 과제

레고 부품으로 만든 CVT는 변속 시 급작스런 충격이 발생합니다. 이를 방지하기 위해 두 개의 수평 플라이휠을 달아 변속 시간을 지연시키고 CVT가 보다 부드럽게 동작하게 만들어 주었습니다. 하나는 CVT 1:1 출력에, 다른 하나는 1:5 출력에 연결되어 있습니다. 어떤 플라이휠이 회전하고 있는지 살펴보면 현재 기어비가 무엇인지 알아낼 수 있습니다.

이글 웨스레이크 T1G

로스코PC(RoscoPC) (2013)

제원	
길이	**53.6**cm
너비	**25.7**cm
높이	**10.2**cm
부품수	**1,495**개

작품 소개
실제 동작하는 조향 장치, V형 12기통 피스톤 엔진과 동력 전달 장치, 서스펜션 시스템을 장착한 이 자동차는 모터로 동작하지 않는 전형적인 레고 테크닉 대형 포뮬러 1 스타일의 작품입니다. 이글 웨스레이크는 외형의 아름다움에 초점을 맞추어 재현하였습니다. 육중한 엔진 덕분에 차체가 매우 견고하고 서스펜션에는 스태빌라이저 바와 구부러진 로킹 암과 같은 형태를 정밀하게 묘사하였습니다. 다양하고 작은 부품들을 이용하여 유선형의 차체를 세심하게 만들다 보니 단순한 외관이지만 거의 1,500개의 부품이 사용되었습니다.

도전 과제
첫 번째 도전 과제는 작품의 상직적인 색인 다크블루 부품으로 작품을 만드는 것이었습니다. 이 색상으로 생산된 레고 부품의 종류가 다양하지 않기 때문에 몸체와 특히 앞부분을 만들기가 쉽지 않았습니다. 또 다른 과제는 섀시를 견고하게 만드는 것이었고, 결국 골프채처럼 휘두를 수 있을 정도로 작품이 튼튼해졌습니다.

참고 모델
이글 웨스레이크 T1G는 포뮬러 1 경주차로서 1996년 벨기에 그랑프리에 처음 등장하였습니다. 날씬한 푸른색의 차체와 흰색 전면부 그리고 흰 줄 하나가 그려진 이 차량은 이제껏 만들어진 가장 멋진 그랑프리 자동차 중에 하나로 널리 알려졌습니다. 초기에는 알루미늄을 기반으로 제작되었으나 이후 개선된 합금을 신속하게 도입하여 차체 패널에는 다중 마그네슘 판을 적용하였습니다. 그러나 정교하고 파워풀한 자동차였음에도 엔진의 신뢰성이 낮아 큰 성공을 거두지 못했으며, 1967년 벨기에 그랑프리에서 딱 한 번 우승한 것이 전부였습니다. 이로써 포뮬러 1 그랑프리에서 우승한 유일한 미국 자동차가 되었습니다.

+ 후륜 서스펜션
+ V형 12기통 피스톤 엔진
  후륜에 연결됨
+ 전륜 쇽 업소버
+ 후륜 쇽 업소버
+ 전륜 서스펜션
+ 조향 시스템
  랙과 피니언 기어[1]

1 조향 축에 달린 작은 피니언 기어와 톱니가 달린 긴 막대 모양의 피니언 기어로 조합된 조향 장치의 일부로 회전운동을 직선운동으로 바꾸어 주는 역할을 합니다.

이 자동차의 드라이버였던 댄 거니는 자동차 패널을 만들 때 과도하게 사용된 마그네슘에 불이 붙기 쉽다는 사실을 잘 알고 있었습니다. 그래서 그는 불이 났을 때 지체 없이 차에서 탈출하기 위해 안전벨트를 착용하지 않고 주행하는 경우가 많았습니다.

+ 재미있는 사실

몇 가지 다크블루 색 부품은 차량의 디자인을 바꿀 정도로 매우 희귀하고 비쌌습니다. 단 한 제품에만 들어 있는 1×2 다크블루 역 슬로프는 개당 약 3만원에 팔리고 있습니다.

허머 H1 왜건

사리엘(Sariel) (2014)

제원	
길이	**54.4** cm
너비	**24.1** cm
높이	**24.1** cm
부품수	**~3,000** 개

- **스티어링 휠**
  실제 조향 가능
- **전조등**
- **전방 방향 지시등**
- **전륜**
  서스펜션과 조향 장치를 장착하고 차량을 구동
- **배터리 박스**
  두 개 중 하나를 충전식 배터리로 대체
- **추진 동력**
  파워 펑션 XL 모터 4개 사용
- **후륜**
  서스펜션을 장착하고 차량을 구동
- **파워 펑션 적외선 수신기**
- **후진등**
- **후방 방향 지시등**

작품 소개

이 자동차는 허머의 상징적인 차종을 모델로 삼아 만든 세 번째 작품입니다. 이 거대한 차량에는 포털 액슬[1] 방식의 사륜구동, 독립 서스펜션, 원격 조종되는 2단 변속기, 조향 가능한 스티어링 휠, 빛이 나오는 전조등과 후미등, 자동으로 동작하는 방향 지시등과 후진등 같은 기능들이 구현되어 있습니다. 더욱 놀랄 만한 것은 윈드실드 와이퍼가 실제로 동작하는 것입니다. 또한 도어, 트렁크, 후드를 열 수 있으며 네 개의 파워 펑션 XL 모터를 이용하여 4kg에 달하는 차량을 주행시킬 수 있고 두 개의 일반 배터리 박스와 하나의 충전식 배터리로부터 전원을 공급 받습니다. 최적의 중량 배분을 위해 모든 전원 공급 장치는 앞좌석 아래에 위치시켰습니다.

도전 과제

작품의 무게가 중대한 도전 과제였습니다. 특히 왜건형 차체는 뒤쪽이 무겁기 때문에 이처럼 육중한 작품이 균형을 유지할 수 있도록 독립 서스펜션을 튼튼하게 만드는 것이 어려웠습니다. 결국 전륜과 후륜의 서스펜션을 만드는 데 많은 시행 착오를 거쳐야 했으며 엄청난 길이의 휠베이스[2]를 갖고 있는 차체가 휘는 것을 막기 위해 섀시를 보다 튼튼하게 만들어야 했습니다.

---

1 포털 액슬은 동력 전달 축이 바퀴의 회전 중심보다 위쪽에 위치하는 구조의 차축을 말하며 일반 차축보다 차고가 높아져 오프로드 차량에 많이 사용하는 구조입니다.

2 휠베이스는 축간 거리라고도 하며 자동차의 앞바퀴 중심과 뒷바퀴 중심 사이의 거리를 말합니다.

30년 넘게 현역에서 활동 중인 원조 험비는 아마 세계에서 가장 유명한 군용 차량일 것입니다. 36개국에서 16만 대가 운용 중이라고 집계되고 있습니다. 이라크 전에서만 만 대의 험비가 사용되었습니다. 다목적 차량인 험비는 세계 여러 곳에서 사용하는 변형 모델을 제외하고도 미 육군에서만 40가지의 변형 모델로 생산됩니다. 물론 폴란드의 GROM과 같은 특수 부대가 사용하는 별도의 모델도 있습니다.

+ 재미있는 사실

이 작품은 레고 미니 피규어를 세워 놓고 그 위로 그냥 지나갈 수 있을 정도로 높은 지상고[3]를 가지고 있습니다.

참고 모델

허머 H1은 1984년 이후 군에서 사용한 고기동 차량인 험비의 민간용 버전입니다. 사막의 폭풍 작전에 등장하여 이목을 끌었고, 영화배우 아놀드 슈워제네거에 덕분에 유명해지면서 대중의 요구에 따라 결국 민간 시장에 공급되었습니다. 허머는 험비와 동일한 조립 라인에서 생산되어 군 사용과 동급의 기능을 갖추면서 대부분의 일반 자동차들의 성능을 뛰어 넘을 수 있었고, 우람한 크기와 다듬어지지 않은 실루엣은 허머를 더 돋보이게 만들었습니다. 허머는 사람에 따라 다소 호불호가 갈리기는 하지만, 차 자체를 무시하는 사람은 거의 없습니다.

[3] 지상고란 지면에서부터 차체 아랫면 사이의 거리를 칭합니다.

지프 허리케인

엔쿠배트(NKubate) (2011)

작품 소개

이 작품에는 지프 콘셉트 카에 적용되었던 진보적인 기능들을 레고로 재현해보고자 하였습니다. 이 차량에는 완전한 독립 서스펜션, 사륜구동, 두 개의 V형 8기통 피스톤 엔진, 일반 주행 혹은 스키드 조향[1]이 가능한 동력 전달 장치 그리고 일반 및 토-인 두 가지 방식으로 조향이 가능한 조향 장치들이 적용되어 있습니다. 완성된 작품에는 거의 60개의 기어가 들어 있으며 매우 조밀하게 제작하여 크기가 작은 편임에도 불구하고 무게는 2kg에 달합니다.

[1] 스키드 조향이란 양쪽에 무한궤도를 갖고 있는 차량이 조향을 하는 방법으로, 양단의 무한궤도의 회전 속도를 다르게 하여 차량을 조향합니다. 여기서 소개하는 지프 허리케인 작품 역시 앞바퀴의 조향각을 바꾸는 일반적인 조향 방법 외에 왼쪽과 오른쪽 바퀴의 회전 속도를 바꾸어서 진행 방향을 바꾸는 스키드 조향도 할 수 있습니다.

실제 지프 허리케인은 연료 소모량을 줄이기 위한 자동 엔진 정지 시스템을 갖고 있습니다. 이 시스템은 엔진에 요구되는 파워의 크기에 따라 두 개의 HEMI 엔진[2] 중 하나에서 네 개의 실린더에 연료를 분사하지 않은 채 엔진을 구동할 수 있습니다.
이 차량이 주행하는 데 항상 16개의 피스톤 모두가 동작할 필요는 없기 때문에 비포장 도로에서는 엔진 하나로만 주행을 하고, 고속도로에서는 단 4기통만으로 달릴 수 있습니다.

제원

길이	**43.7** cm
너비	**25.4** cm
높이	**18.8** cm
부품수	**1,724** 개

[2] HEMI 엔진이란 반구(hemispherical) 형태의 실린더 헤드를 갖는 엔진을 말합니다.

도전 과제

조향 시스템은 첫 번째 도전 과제를 안겨 주었습니다. 어떤 조향 모드를 사용하든지 상관없이 모든 바퀴들이 항상 정렬된 상태를 유지하기 위해 기계적으로 복잡한 해결책이 필요했습니다. 스키드 조향을 할 수 있는 동력 전달 장치 또한 도전 과제였습니다. 일반적인 차량처럼 두 바퀴 사이에 있는 단일 차축에 차동기어를 두는 것이 아니라 오른쪽에 있는 앞바퀴와 뒷바퀴 사이, 그리고 왼쪽에 있는 앞바퀴와 뒷바퀴 사이에 각각 차동기어를 배치해야만 했습니다.

참고 모델

지프 허리케인은 최고의 오프로드 차량을 목표로 설계된 콘셉트 카로, 아직 양산되지는 않았습니다. 흔치 않은 두 개의 V형 8기통 HEMI 엔진 설계는 단지 시작일 뿐이며 동력 전달 장치와 조향 장치는 이 차를 독보적인 존재로 만들어 줍니다. 각 바퀴는 독립적으로 조향할 수 있기에 일반 조향, 게 조향, 그리고 한 지점에서 차량을 회전하게 하는 토-인(toe-in) 조향을 할 수 있습니다. 또한 오른쪽 바퀴들과 왼쪽에 있는 바퀴들의 구동축이 분리된 덕분에 스키드 조향도 가능합니다.

랜드로버 디펜더 110

쉬포(Sheepo) (2012)

제원	
길이	**51.8**cm
너비	**23.9**cm
높이	**24.4**cm
부품수	**3,437**개

작품 소개

랜드로버 디펜더를 모델로 삼은 이 작품은 이중 빔 프레임을 중심으로 두 개의 활축, 전륜/사륜구동 선택기, 네 개의 디스크 브레이크, 직렬 4기통 엔진, 자동 클러치가 달린 5단 및 후진단 순차 원격 제어 변속기, 추가적인 힘이 필요할 때 동작하는 기어 감속기 등 실차와 유사하게 재현했습니다. 열 수 있는 도어, 후드, 테일 게이트가 달려 있는 차체는 전부 신형 테크닉 빔과 패널 부품을 이용하여 일체형으로 제작하였으며 이 차체를 섀시에서 통째로 분리할 수 있습니다.

도전 과제

차체 제작 작업은 수월했던 반면 섀시 제작에서는 어려운 과제를 만났습니다. 변속기, 클러치, 감속기, 구동 선택기와 같은 복잡한 메커니즘들을 섀시 프레임 사이에 딱 맞게 집어 넣는 작업이 어려웠습니다. 결국 이 섀시를 모듈러 방식으로 제작하여 변속기와 두 구동축을 쉽게 분리할 수 있도록 만들었습니다.

참고 모델

디펜더는 랜드로버사의 기본 차량 라인으로, 1948년 처음 생산된 이후 지금까지도 후속 모델을 생산하고 있습니다. 다목적 사륜구동 차량으로 설계된 디펜더는 신뢰성이 높은 것으로 유명하며, 세계 여러 곳에서 민간용과 경찰 및 군용으로 사용하고 있습니다. 정글에서 북극 지역에 이르기까지 그리고 심지어 산꼭대기(유럽에서 가장 높은 엘부르스산 꼭대기에도 랜드로버 한 대가 있습니다)처럼 세계에서 가장 혹독한 환경이라고 일컬어지는 곳에서 그 성능을 증명하였습니다. 디펜더는 어디든 갈 수 있으며 망치와 스패너만으로 쉽게 수리할 수 있는 자동차로 그 명성이 자자합니다.

┌ 지금껏 생산된 랜드로버 중에서 60%가
넘는 차량이 여전히 잘 동작 중인 것으로
조사되었습니다.

+ 재미있는 사실

이 감명 깊은 작품은 제작하는 데 5개월이 걸렸으며 '레고 CUUSOO' 프로그램에 참가하여(레고 팬이 직접 제품 디자인을 제안하는 프로그램으로, 현재는 '레고 아이디어'라는 이름으로 불림) 전 세계 테크닉 동호회에서 엄청난 관심과 지지를 받았습니다. 팬들의 투표로 만 표의 동의를 얻어 제품화 후보에 올랐지만 레고 리뷰 팀은 최종 제품화를 승인하지 않았고 그 이유는 밝히지 않았습니다.

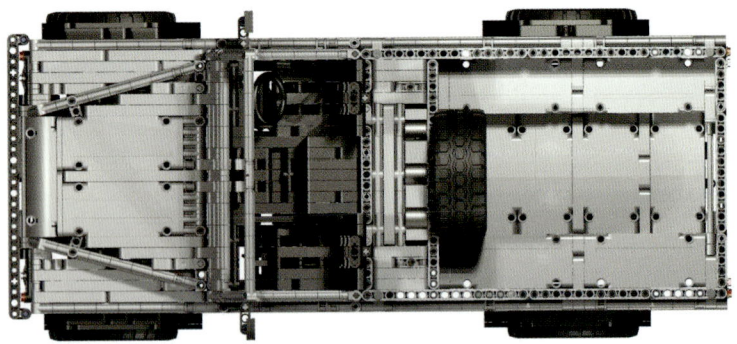

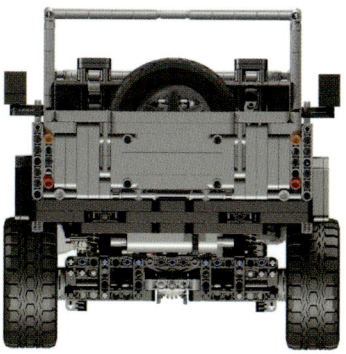

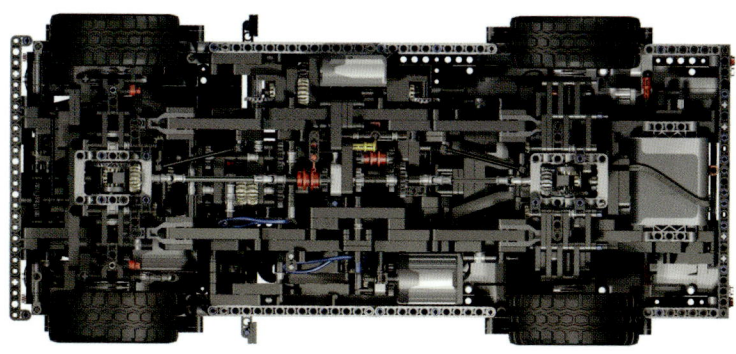

맥라렌 MP4/4

로스코PC(RoscoPC) (2011)

제원	
길이	**55.1**cm
너비	**25.7**cm
높이	**12.4**cm
부품수	**1,584**개

+ 쇽 업소버
+ V형 6기통 피스톤 엔진
  후륜에 연결됨
+ 후륜 차동기어
+ 후륜 서스펜션
+ 전륜 서스펜션

작품 소개

이 작품은 세계에서 가장 유명한 포뮬러 1 자동차 중에 하나를 모델로 삼아 만들었고, 실제 차량의 독특한 상징색을 재현하는 데 중점을 두었습니다. 스티커에 의존하지 않고 오직 레고 부품만으로 흰색과 빨간색의 복잡한 조합을 만들었습니다. 이 작품에는 푸시로드가 달려 있는 서스펜션, 조향 시스템, V형 6기통 피스톤 엔진과 동력 전달 장치가 구현되어 있습니다. 차체의 모양이 유난히 낮고 날씬하면서 뾰족한 형태이다 보니 상징적인 색을 충실히 표현하면서 차체의 모양을 만드는 작업이 쉽지 않았습니다. 또한 작품의 외형이 날씬한 탓에 섀시 내부 공간이 매우 비좁아질 수 밖에 없었습니다. 결국 비교적 작은 크기의 작품을 제작하는 데 거의 1,600개의 레고 부품이 사용되었습니다.

도전 과제

차체 앞쪽은 막대처럼 얇은 모양이고 차체 뒤쪽은 납작한 형태인데다 하단 디퓨저[1]가 절반을 차지하고 있습니다. 이렇게 비좁은 차체 내부에 전륜과 후륜 서스펜션을 집어 넣는 것이 가장 큰 도전 과제였습니다.

참고 모델

맥라렌 MP4/4는 1988년 포뮬러 1 시즌에 소개된 포뮬러 1 차량으로 단 한 경주를 제외하고 데뷔 시즌의 모든 경주에서 우승하여 역사상 가장 성공적인 F1 차량 중에 하나가 되었습니다. 그러나 1989 시즌이 시작하면서 터보 엔진 사용을 전면 금지하는 포뮬러 1 규정이 생기고 난 후 연승 가도는 멈추고 말았습니다.

[1] 디퓨저는 차량 바닥에서 뒤쪽 범퍼까지 부드럽게 경사지며 올라오는 형태로 만든 구조물을 말합니다. 마치 비행기 날개를 뒤집어 놓은 것과 같은 원리로 공기의 흐름을 조절하여 차량이 지면에 보다 잘 붙어 있도록 만들어 주는 장치입니다.

이 차량은 차체가 낮게 설계되었기 때문에 드라이버 헬멧과 롤 바[2] 사이에 안전거리를 유지해야 한다는 국제 자동차 연맹(FIA)의 안전 규정을 만족하기 위해, 드라이버는 일반적인 그랑프리 차량처럼 허리를 수직으로 세운 자세가 아닌 드러누운 자세로 운전석에 탑승해야만 했습니다.

2 롤 바는 F1 머신이나 컨버터블처럼 지붕이 없는 차량이 전복되었을 때 운전자의 머리를 보호하기 위해 머리 뒤쪽에 설치되는 보호 프레임을 말합니다.

메르세데즈-벤츠 540K 스페셜 로드스터

사리엘(Sariel) (2012)

제원	
길이	**43.2**cm
너비	**14.5**cm
높이	**12.7**cm
부품수	**1,018**개

작품 소개

이 자동차는 브릭을 이용하여 만든 섀시에 구동을 담당하는 파워 펑션 L 모터와 조향을 담당하는 서보모터를 조합하여 비교적 단순하게 만든 작품입니다. 1,000개 이상의 부품을 사용하여 차체를 정교하게 묘사하였지만 서스펜션은 생략했으며, 기술적으로 복잡한 장치는 실제 조향이 가능한 스티어링 휠 정도입니다. 기어는 8개 밖에 사용하지 않았지만 곡선 부품과 자체 제작한 크롬 부품은 80개 이상 사용하였습니다. 실제 차량은 고객의 요구에 맞추어 자주 개조되었기 때문에 특정한 모델 한 대를 정해 놓고 재현하기보다는 여러가지 스페셜 버전의 로드스터들이 지닌 세부적인 특징들을 한데 녹여보았습니다. 무게가 1.27kg인 이 작품은 강력한 L 모터, 정말 단순한 동력 전달 장치 그리고 동작 속도가 빠른 서보모터를 적용한 덕분에 차량이 민첩하게 움직이며 운전하는 즐거움도 느낄 수 있습니다. 운전석은 햄스터 한 마리가 탑승하기 적당한 크기입니다.

참고 모델

1936년에 소개된 540K는 당시 독일 공업 기술과 장인 정신의 절정을 보여줍니다. 이 차는 최고급 자동차이기 때문에 특별 주문으로만 생산되었습니다. 주문할 때 선택할 수 있는 10가지 변형 모델이 있었으며 헤어만 아른스가 스타일링한 스페셜 로드스터는 그중 하나였습니다. 지금껏 딱 25대의 스페셜 로드스터가 생산되었고, 그중 10대만이 현존하고 있습니다. 이 차는 모든 세대를 통틀어 가장 아름다운 독일산 슈퍼카라고 불리곤 하며, 차의 성능은 모든 면에서 아름다운 외관만큼이나 훌륭합니다. 이 차량에는 네 바퀴 독립형 서스펜션 그리고 동조식 고속 기어 세 개로 이루어진 4단 기어 박스가 장착되어 있습니다. 길고 매끈하게 빠진 후드 아래 115마력의 파워를 내는 직렬 8기통 엔진이 위치하며 슈퍼차저(supercharger)는 몇 초 내에 제 성능을 발휘하여 엔진 파워를 180마력까지 끌어올릴 수 있습니다. 세월을 거스르는 아름다움과 시대를 앞서가는 기술적 완성도는 540K 스페셜 로드스터가 세계에서 가장 인기 많은 슈퍼카 중 하나로 불리는 이유입니다.

+ 후드
앞쪽으로 갈수록 좁아지는 형태. 수많은 곡면 슬로프 부품을 이용하여 반 스터드씩 너비를 줄이며 제작함

+ 도어
수동으로 열 수 있음

+ 적외선 수신기
창작품 전체에서 오직 하나만 사용함

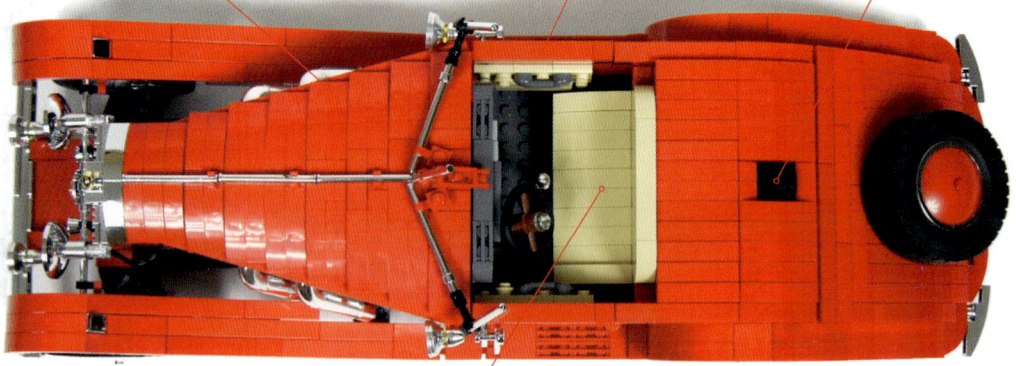

+ 탑승 공간
햄스터 두 마리가 탈 수 있을 정도로 넉넉하고 정교한 인테리어로 꾸며진 공간. 그 녀석들이 안전벨트 착용하는 데 동의해야지만 태울 수 있음

+ 파워 펑션 서보모터
조향 장치를 제어함

+ 파워 펑션 L 모터
1:1의 기어비로 구동력을 공급

+ 파워 펑션 배터리
8878 충전식 배터리는 작품의 유일한 파워 공급원임

+ 재미있는 사실

차량 후드 위에 있는 메르세데스 엠블럼을 묘사하기 위해 달아 놓은 둥근 레고 부품은 반지의 제왕 레고 세트에 있는 절대 반지입니다. 절대 반지를 갈구하던 어둠의 군주 사우론이 이 반지를 돌려받고 싶다고 외칠지도 모르겠습니다.

미국 영화사 워너 브러더스의 수장인 잭 워너는 540K 스페셜 로드스터를 10년 이상 보유하였습니다. 이 차는 완벽한 상태로 복원된 후 최근 한화 약 42억 원에 팔렸습니다.

몬스터 트럭

크로우킬러스(Crowkillers) (2013)

작품 소개

몬스터 트럭을 모델로 삼아 소형 스케일로 만든 이 작품은 탈부착이 가능한 매끈한 차체와 인상적인 기능들이 잘 조화를 이루고 있습니다. 작품의 섀시에는 부동 차축과 연결된 독립 서스펜션, 중앙 차동 장치가 있는 사륜구동, 사륜 조향 장치 그리고 이 스케일에 비해 육중한 V형 8기통 피스톤 엔진이 구현되어 있습니다. 차체는 몇 개 안 되는 개수의 조그만 패널과 축을 이용하여 솜씨 좋게 외형을 묘사하였고, 차문을 열 수 있으며 별도 제작한 크롬휠을 사용하였습니다.

도전 과제

폭이 13 스터드인 섀시에 복잡한 동력 전달 장치나 서스펜션 시스템을 맞추어 넣는다는 것이 어려웠지만, 레고 등속 조인트[1]와 짧은 쇽 업소버 덕분에 작품을 완성할 수 있었습니다.

[1] 등속 조인트(Constant Velocity Joint)는 구동축과 일직선상이 아닌 피동축 사이에 회전각 속도의 변화 없이 동력 전달이 균등하게 되도록 축을 이어주는 장치를 말합니다.

제원

길이	**24.9**㎝
너비	**18.3**㎝
높이	**17.5**㎝
부품수	**~700**개

모건 3 휠러

니코71(Nico71) (2012)

작품 소개

1930년 대의 클래식 차량 같은 스타일이지만 사실 모건 3 휠러는 2011년에 데뷔하였습니다. 영국에서 가장 이국적인 차 중에 하나를 모델로 삼은 이 작품에는 4단 변속기, 실제로 동작하는 서스펜션, 푸시로드와 로커 암이 장치된 조향 장치와 피스톤 엔진, 열리는 트렁크 그리고 탈착식 후드가 구현되어 있습니다. 이 작품은 모터를 이용해서 구동되지 않기 때문에 모든 기능을 아담한 섀시에 집어넣을 수 있었습니다. 변속기는 1:1부터 1:6까지 기어비를 만들어 내고 있으며 전륜에는 이중 위시본 구조의 서스펜션을 적용하고 후륜에는 스윙 암(arm) 타입을 사용하였습니다.[1] 완전히 노출되어 있는 엔진은 움직이는 부분이 많아서 굉장히 볼만합니다.

도전 과제

정말 이상하게도 차제 제작이 가장 주된 도전이었습니다. 실제 모건 자동차의 디자인은 직선이 거의 없으며 곡선의 시가 모양 실루엣으로 이루어져 있습니다. 특히, 뒤로 갈수록 얇고 뾰족해지는 모양이면서 트렁크가 열리도록 제작하는 것이 가장 어려웠습니다.

참고 모델

1910년에 설립된 영국의 모건 자동차사는 스포츠카 제작을 전문으로 합니다. 유럽과 미국에서 잘 알려졌으며(한때 회사 생산량의 85%를 미국 시장에서 소화함) 모든 모건 자동차들은 수제작되고 있습니다. 현대적이지만 빈티지한 외관으로 인해 차를 받으려면 약 2년은 기다려야 할 정도로 클래식 자동차 애호가들에게 인기가 많습니다.

---

[1] 더블 위시본 서스펜션은 새의 쇄골(위시본)을 닮은 암(arm)을 두 개 사용하는 서스펜션을 말합니다. 스윙 암 타입 서스펜션은 암이 하나로 구성된 가장 간단한 구조의 독립 현가 장치로, 본 작품에서는 오토바이 후륜에 사용하는 것과 같이 서스펜션의 회전축과 차량의 진행 방향이 직각인 트레일링 암 타입을 적용하였습니다.

제원

길이	**41.7**cm
너비	**20.8**cm
높이	**12.7**cm
부품수	**970**개

+ 재미있는 사실

모건은 수십 년간 미국 자동차 안전 규정을 따르지 않아 미국으로 수입해 오기가 어려웠습니다. 이를 회피하기 위해 다양한 방법을 사용했는데, 그 중 하나는 모건 3 휠러를 오토바이로 등록하는 것이었습니다.

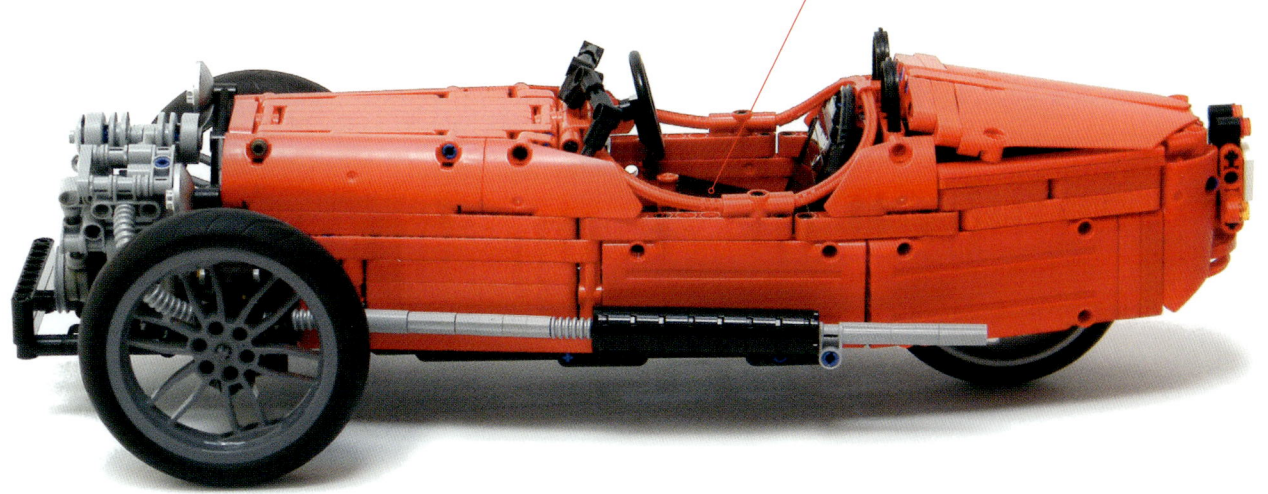

자동차 / 083

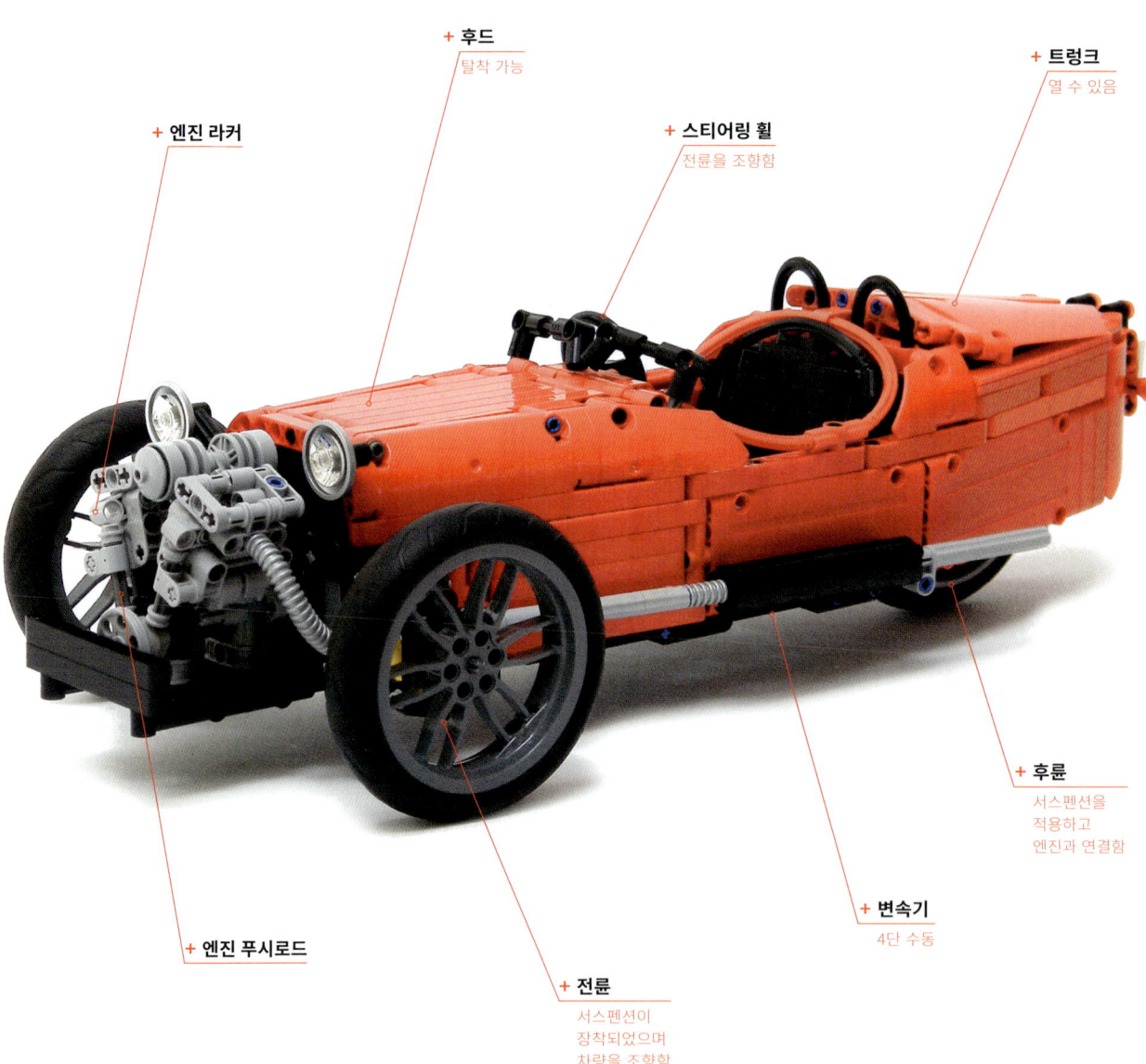

+ 엔진 라커

+ 후드
탈착 가능

+ 스티어링 휠
전륜을 조향함

+ 트렁크
열 수 있음

+ 엔진 푸시로드

+ 전륜
서스펜션이
장착되었으며
차량을 조향함

+ 변속기
4단 수동

+ 후륜
서스펜션을
적용하고
엔진과 연결함

모건 3 휠러는 1910년부터 1953년까지 생산되었던 '쓰리 휠러즈 모건'을 리메이크한 것입니다. 차량 무게를 최소화한 덕분에 일반적인 스포츠카 못지않은 성능을 낼 수 있습니다.

텀블러

사리엘(Sariel) (2012)

제원	
길이	**44.7** cm
너비	**27.2** cm
높이	**15.2** cm
부품수	**~2,000** 개

텀블러는 영화 〈배트맨 비긴즈〉를 위해 제작되었습니다. 이 텀블러의 추격 장면을 찍기 위해 메르세데스-벤츠 ML55 AMG에 촬영 카메라를 설치했는데, 빠르고 민첩한 텀블러를 쫓아다니느라 진땀을 빼야 했습니다. 이런 어려움이 있었기에 다음 두 개의 후속편을 찍을 때는 ML55 대신 슈퍼차저가 탑재된 ML55s를 사용하였습니다.

작품 소개

길이 45cm이고 무게가 2.34kg에 달하는 이 텀블러는 외형이 섬세하게 묘사되어 있고 다양한 기능을 가지고 있습니다. 또한 제작하는 데 수년이 걸렸을 정도로 정말 어려운 작업이었습니다. 이 차량의 구동 시스템은 동력복합장치1에 레고 RC 모터 두개를 연결하여 구현되었습니다. 이 시스템은 복잡한 서스펜션과 조향 시스템에 비교하면 정말 간단한 방법입니다.

완성된 작품은 빠르고 민첩하게 움직이기 때문에 급회전 할 때는 실제 영화에 나오는 텀블러처럼 차체가 한쪽으로 쏠리기도 합니다. 여러 개의 레고 LED를 설치하였으며, 오렌지색의 회전하는 불꽃 모양 부품 뒤에 조명을 비추어 제트 노즐에서 배출되는 불꽃을 표현하였습니다. 스프링 캐넌이 전면에 장착되어 있으며 이 캐넌을 원격으로 발사할 수 있습니다. 이 모든 기능은 RC 부품과 LED용으로 분리된 배터리 박스로부터 전원을 공급 받습니다.

이 작품은 탑기어에서 최고의 R/C 뱃 모빌로 소개되었습니다.

도전 과제

작품의 모든 부분이 복잡했지만 그중에서도 서스펜션을 제작하는 것이 가장 큰 도전이었습니다. 이 서스펜션은 독립적인 구조이면서 스티어링이 가능하고 부피는 작아야 했으며 무겁고 빠르게 움직이는 차체를 견뎌낼 수 있을 정도로 견고해야 했습니다. 최종적으로 완성된 서스펜션은 테크닉 브릭을 뒤집어 만든 강체 구조로 지지되며 얇은 서스펜션 암이 차체 다섯 곳에 연결되어 있습니다. 이 서스펜션은 실제 텀블러와 같은 움직임을 보여줄 수 있을 정도로 충분히 견고합니다. 단지 실제보다 작을 뿐입니다.

레고 그룹이 76023 배트맨 텀블러를 출시한 지 아직 2년이 되지 않았습니다. 이 제품에는 모델의 비율에 맞도록 실제 전륜 타이어를 충실하게 재현한 타이어가 들어 있습니다. 하지만 아쉽게도 이 작품을 만들었을 당시에는 기존에 출시된 부품 중에서 적당한 것을 골라 전륜 바퀴를 재현해야만 했습니다.

1 동력복합장치(Adder)란 두개의 동력원을 하나의 동력원처럼 만들어 주는 장치로, 이 작품에서는 차동기어를 이용하여 두개의 레고 RC 모터에서 나오는 출력축을 하나의 출력이 되도록 구성하였습니다. 일반적으로는 하나의 출력에서 두개의 출력을 만들기 위해 차동기어를 사용하는데, 이 작품에서는 이 구조를 반대로 응용하였습니다.

+ RC 부품의 안테나

+ 레고 LED
정확한 색을 만들기 위해 반투명 파란색 라운드 플레이트를 사용

+ 스프링 캐논
원격으로 발사되는 캐논 두문을 전방에 장착

+ 후륜 서스펜션
활축으로 차동기어를 통해 차량을 구동함

+ 전륜 서스펜션
조향 가능한 독립 현가 방식, 구동력 없음

+ 재미있는 사실
제트 노즐에 달린 오렌지색의 회전하는 불꽃 부품은 2006년 발매된 7784 레고 배트 모빌 세트에 들어 있던 것으로, 이 원조 배트 모빌에 대한 경의의 표시로 사용하였습니다.

참고 모델

장갑차처럼 생긴 이 텀블러는 크리스토퍼 놀란 감독의 3부작 영화를 위해 만든 신형 배트 모빌입니다. 텀블러는 실제 사용 환경에 적합하도록 이전 배트맨 영화에서 등장했던 매끈한 미래형 자동차의 모습을 탈피하여 모래색 위장 페인트를 칠했습니다. 이 자동차는 이렇게 새로우면서 현실적인 차량 설정과 잘 어울리도록 단 한 번도 '배트 모빌'이라고 불린 적이 없습니다. 초기 테스트 모델부터 시작하여 당장이라도 달려 갈 수 있는 실제 텀블러를 개발하는 데까지 9개월의 시간과 수십억 원의 제작 비용이 투입되었습니다. 완성된 차량은 무게가 2.5톤에 달하는 괴물로, 500마력을 내는 엔진을 가지고 있으며 바자[2] 트럭에 사용하는 차축과 서스펜션을 장착하여 12미터를 점프해도 끄떡없습니다.

근접 촬영을 위한 텀블러 한 대와 프로판 가스를 사용하는 가짜 제트 엔진이 달려 있는 또 다른 텀블러를 포함하여 총 3대 이상의 텀블러가 제작되었으며, 차량 한 대를 제작하는 데 약 3억 정도가 사용되었습니다. 또한 1:16 비율의 RC 모델도 만들어졌는데, 이는 타워형 주차장 옥상에서 점프하는 장면에 사용되었습니다. 또한 모든 스턴트 드라이버들이 텀블러 운전을 실제로 마스터하는 데 6개월이 넘는 시간이 걸렸습니다.

[2] 바자(Baja) 트럭은 멕시코의 바자 캘리포니아 만에서 개최되는 오프로드 경주 대회인 바자 1000에 참가하는 트럭을 일반적으로 일컫는 말입니다. 이 트럭들은 험난한 사막 지형을 빠른 속도로 달리기 때문에 강력한 엔진과 충격 흡수 성능이 뛰어난 서스펜션을 장착하고 있습니다.

폭스바겐 제타

스파이더브릭(*Spiderbrick*) (2012)

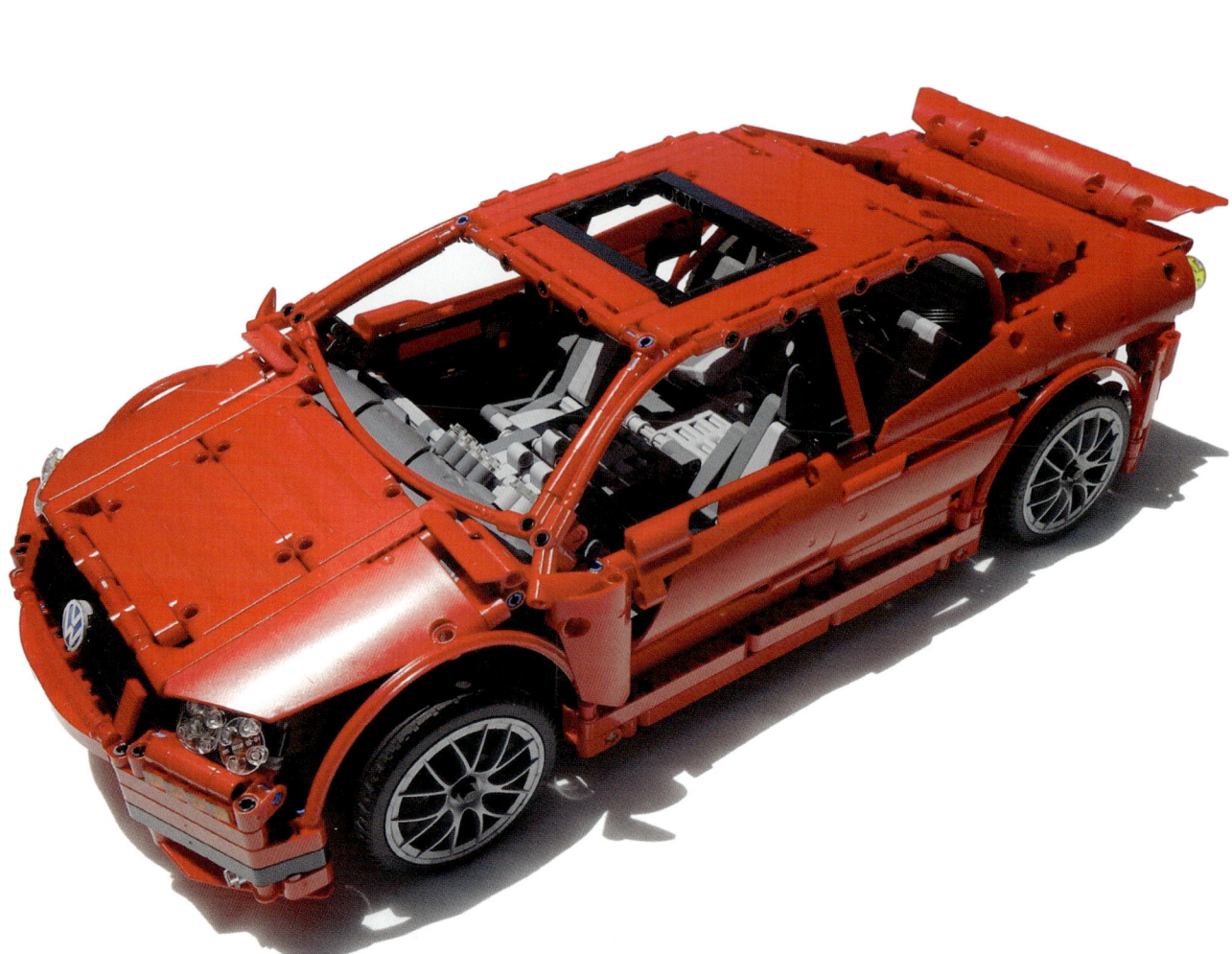

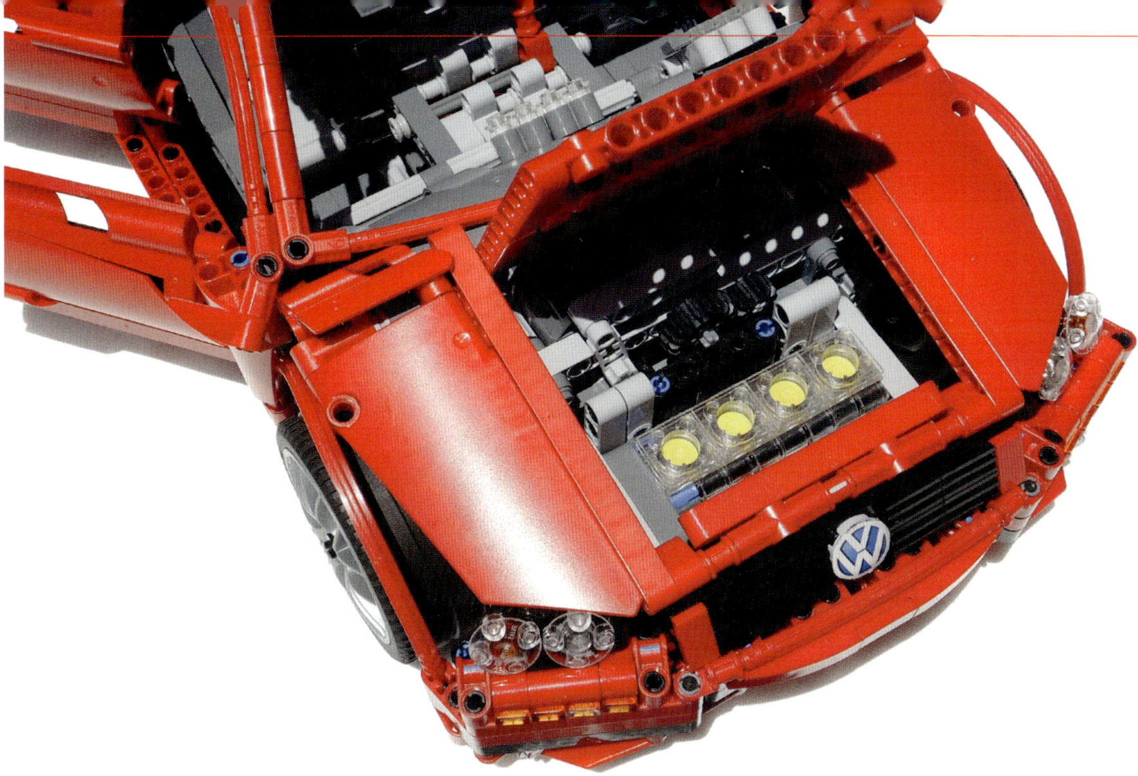

작품 소개

슈퍼카 스케일[1]로 만든 대부분의 창작품들은 톡톡 튀는 디자인과 고배기량의 엔진을 주로 재현하는데, 이 작품은 매일 타는 출퇴근용으로 사용하는 세단을 기반으로 제작하였다는 점에서 이목을 끕니다. 폭스바겐 제타는 네 바퀴 모두 독립된 서스펜션, 전륜 구동, 수동 5단 및 후진 변속기, 피스톤 엔진 그리고 원격 조종과 같은 기능들이 적용되었고, 일상용 자동차임에도 불구하고 모든 면에서 그의 화려한 경쟁자들 못지않게 진보적입니다.

도전 과제

작품의 앞부분을 제작하는 데 상당히 애를 먹었습니다. 공간이 매우 협소하지만 그 안에는 많은 기능들을 담고 있습니다. 전륜 구동, 가로 방향으로 배치된 피스톤 엔진, 변속기 그리고 모터로 구동되는 조향 장치 및 실제 동작하는 스티어링 휠 등 모든 것들이 공간에 딱 맞게 위치하고 있으며 함께 잘 동작합니다.

[1] 슈퍼카 스케일이란 테크닉 시리즈 중에 8880, 8448, 8070과 같은 슈퍼카라는 이름으로 출시된 대형 스포츠카 제품들의 스케일을 일컫는 표현입니다.

제원

길이	**46** cm
너비	**20.1** cm
높이	**11.9** cm
부품수	**1,650** 개

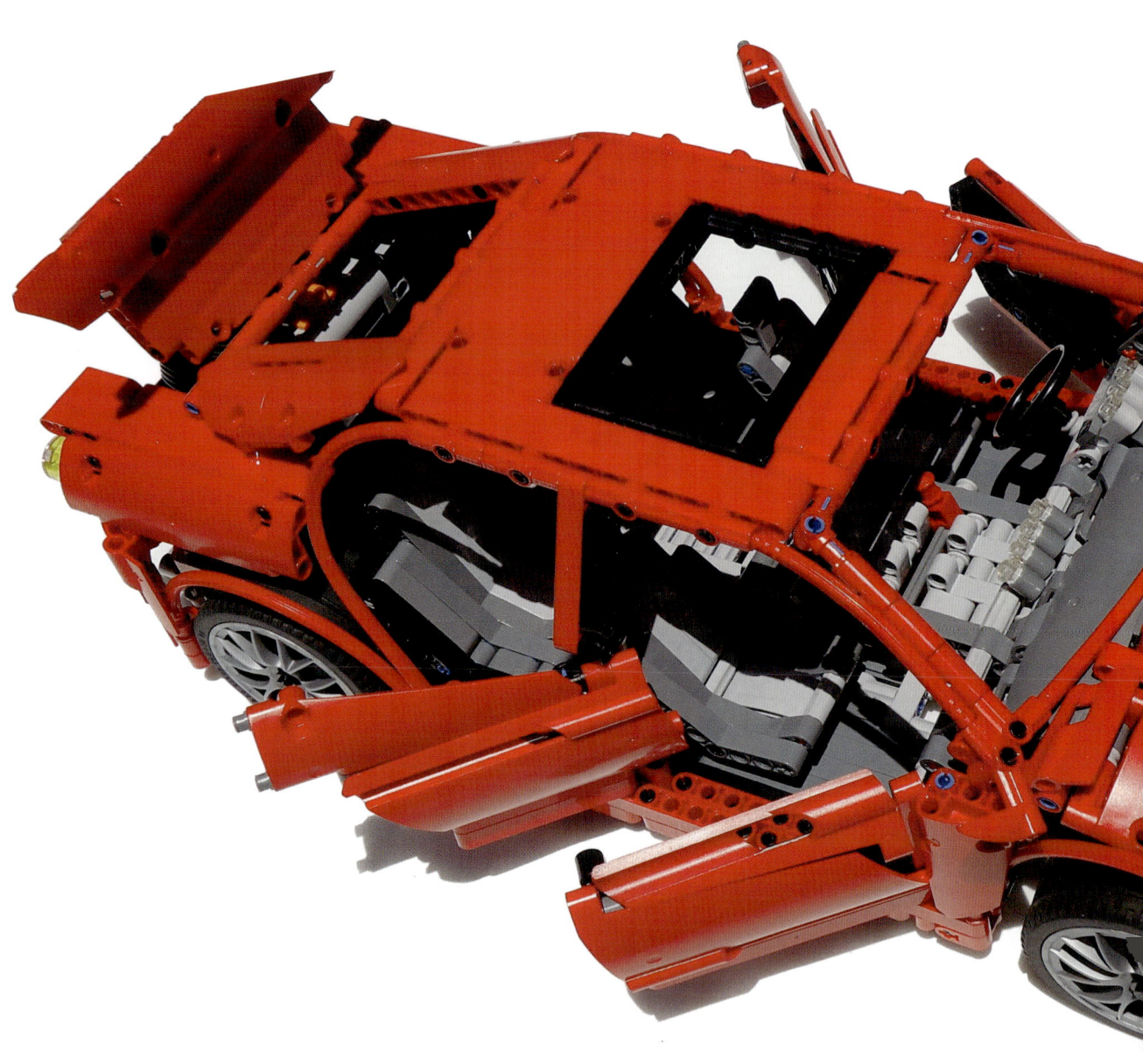

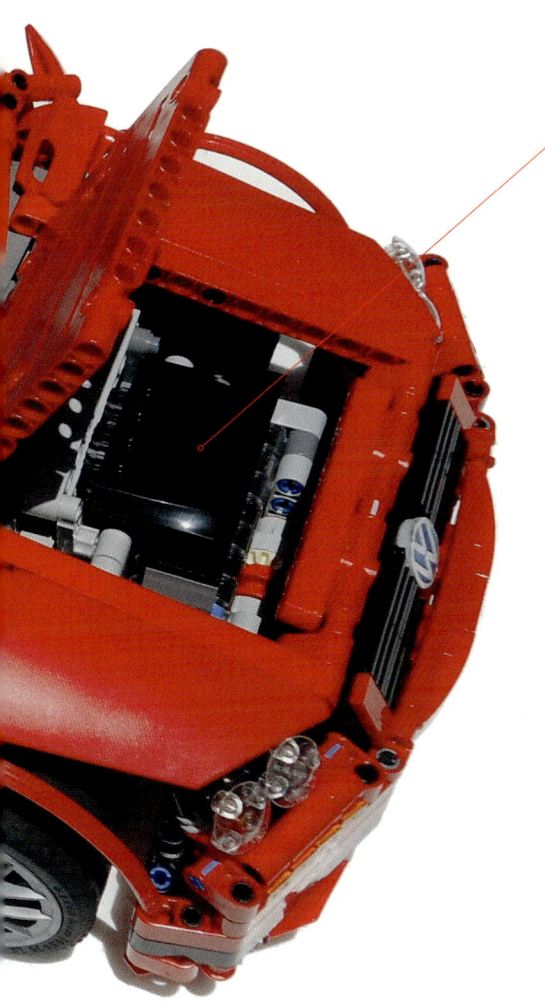

+ 재미있는 사실

이 작품에는 최신 6세대 제타뿐만 아니라 4세대와 5세대 제타의 특징들도 함께 표현하였습니다.

참고 작품

제타는 해치백 스타일의 폭스바겐 골프에 트렁크를 추가하여 1979년 처음 개발되었으며 6세대를 거치며 괄목할 만한 성장을 하였습니다. 제타의 최신 버전은 고급 소형 세단으로 트림에 따라 최고 출력 170마력, 터보차저, 파워 스티어링이 장착되어 있습니다. 고성능 버전인 제타 R은 미쯔비시 랜서 에볼루션 같은 스포티 세단들과 경쟁하기 위해 만들어졌습니다.

건설 장비

094	굴절 홀러 6×6	*114*	립벨 L 580
096	캐터필러 7495 HF	*116*	립벨 LTM 1050-3.1
098	캐터필러 D9T	*120*	립벨 PR 764 리트로닉
102	데마그 AC50-1	*122*	샌드빅 LH 517L
106	JCB JS220	*124*	샌드빅 PF300
110	립벨 HS 855 HD	*126*	조렉스 굴삭기

굴절 홀러 6×6

디자이너-한(Designer-Han) (2011)

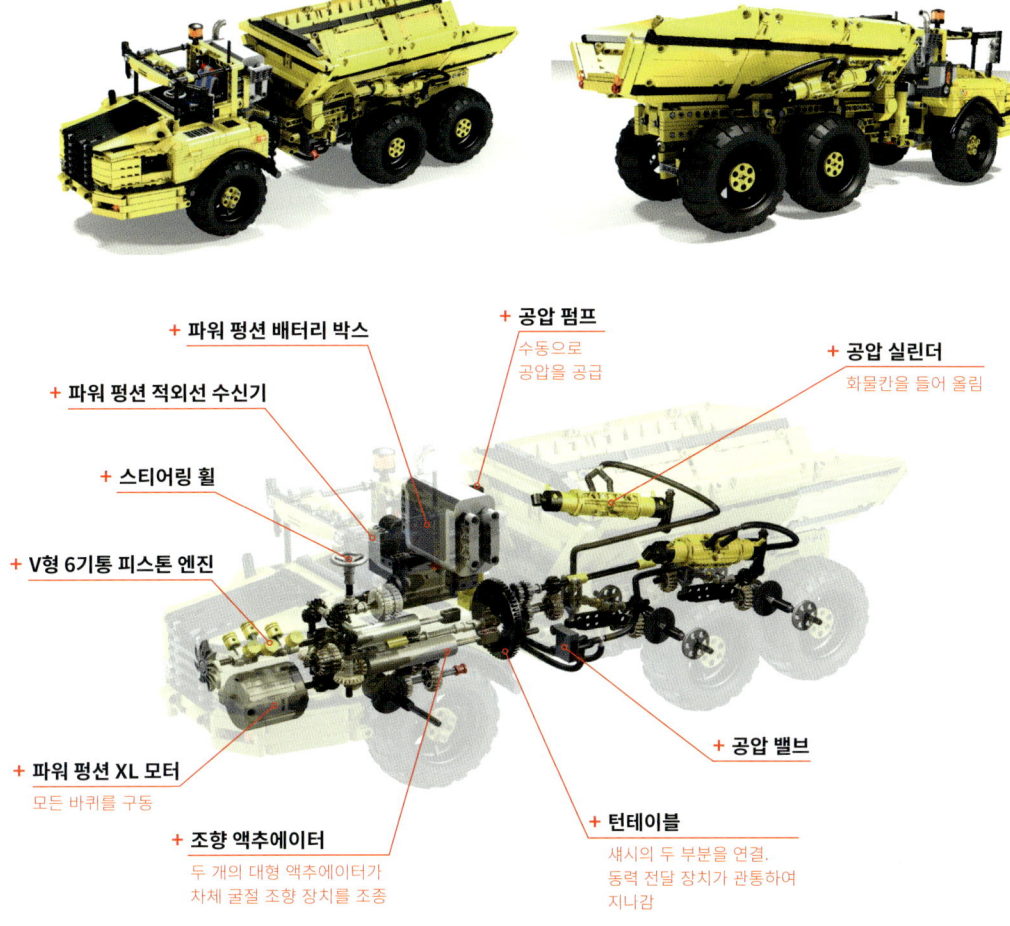

- **파워 펑션 배터리 박스**
- **공압 펌프** 수동으로 공압을 공급
- **공압 실린더** 화물칸을 들어 올림
- **파워 펑션 적외선 수신기**
- **스티어링 휠**
- **V형 6기통 피스톤 엔진**
- **파워 펑션 XL 모터** 모든 바퀴를 구동
- **조향 액추에이터** 두 개의 대형 액추에이터가 차체 굴절 조향 장치를 조종
- **공압 밸브**
- **턴테이블** 섀시의 두 부분을 연결. 동력 전달 장치가 관통하여 지니감

제원

길이	57.7 cm
너비	17.5 cm
높이	21.1 cm
부품수	2,140 개

작품 소개

볼보 A40D 6×6 홀러에서 영감을 받은 이 작품은 인상적인 동력전달장치와 서스펜션 시스템이 내장되어 있습니다. 또한 차체 굴절 조향 장치, 실제 조향이 가능한 스티어링 휠, 공기 압축 메커니즘 그리고 V형 6기통 피스톤 엔진이 구현되어 있습니다. 후드와 전면 그릴을 열어 이 엔진에 접근 가능할 뿐 아니라 빛이 나오는 전조등도 있습니다. 심지어 엔진에는 냉각 팬도 달려 있습니다.

도전 과제

실제 볼보 홀러는 독특한 3점 서스펜션 시스템을 장착하고 있어 네 개의 뒷바퀴가 독립적으로 움직일 수 있습니다. 이 서스펜션을 재현하기 위해 차축을 볼 조인트에 고정하고 구동축이 늘어날 수 있도록 만들어야 했습니다.[1]

참고 모델

스위스 볼보사에서 제작한 A40D 홀러는 420마력의 V형 6기통 엔진으로 구동되며 유압식 조향 장치가 내장되어 있습니다. 속도보다는 험한 지형에 적합하도록 특별히 설계되어 최고 속도는 55km/h밖에 되지 않습니다. 이 장비는 37톤의 짐을 싣고 움직일 수 있으며 싣고 있는 짐을 단 12초 만에 하나도 남김없이 쏟아버릴 수 있습니다.

[1] 차축이 자유롭게 움직이려면 차축과 엔진 사이를 연결해 주는 구동축의 길이가 바뀌어야 합니다.

캐터필러 7495 HF

코나으라(Konajra) (2014)

이 파워 셔블1의 설계는 부사이러스사가 원조이며 현재는 캐터필러사가 소유하고 있습니다. 캐터필러 7495 HF는 원조 모델인 부사이러스 495HF 셔블에 캐터필러사의 고유색을 입힌 것입니다.

1 파워 셔블은 디퍼(dipper)라고 부르는 삽을 아래에서 위로 조작하여 굴착하는 셔블계 굴착기의 한 종류입니다. 기계가 위치한 지면보다 높은 곳을 굴착하는 데 적합합니다.

작품 소개

캐터필러 7495 HF 파워 셔블을 모델로 삼아 미니 피규어 스케일로 만든 이 작품은 구동 기능과 정교하게 제작한 외형이 조화를 이루고 있습니다. 거대한 크기의 상부 구조는 라운드 브릭으로 만든 롤러 베어링 위에 놓여 있으며 차대는 파워 펑션 XL 모터 네 개로 구동됩니다. 네 개의 파워 펑션 M 모터는 거대한 삽을 움직이고 두 개의 파워 펑션 XL 모터는 상부 구조를 선회시킬 때 사용합니다. 삽은 레고 그룹의 기성품을 사용하지 않고 직접 만들었습니다. 세심하게 모양을 만들고 원격 조종으로 바닥을 열 수 있는 장치를 설치하였습니다. 실제와 더욱 똑같은 외형을 만들기 위해 대형 테크닉 무한궤도 표면에 직접 만든 부품을 부착하였습니다.

도전 과제

작품의 크기와 무게가 상당했기 때문에 부드럽게 주행을 하고 상부 구조를 선회시키는 것은 쉽지 않은 일이었습니다. 하지만 이보다 더 어려웠던 과제는 삽을 만드는 것이었습니다. 삽을 들어 올리거나 기울이더라도 삽 바닥면이 안전하게 닫혀 있어야 하고, 원격으로 바닥 잠금을 해제할 때는 언제라도 열릴 수 있어야 했기 때문입니다.

참고 모델

캐터필러 7495 HF는 전기 로프 셔블이라고 하며 파워 셔블(power shovel)이라고 부르기도 합니다. 이 모델처럼 육중한 장비들은 노천 채굴[2]에서 많은 양의 광물을 굴착하고 적재하는 데 사용합니다. 이 괴물은 용량이 110톤 이상 되는 삽으로 거의 1500톤의 무게를 들어 올릴 수 있으며 혼자서 중형 굴삭기 수십 대의 몫을 거뜬히 해냅니다.

2 노천 채굴이란 크고 얕은 광산에서 사용되는 채굴 유형입니다.

캐터필러 D9T

제드(ZED) (2013)

+ **전조등**
서드-파티에서 제작한 매우 밝은 LED

+ **전면 그릴**
파워 펑션 8878 배터리를 덮개로 사용함. 이 배터리를 누르면 장비 전원이 켜지거나 꺼짐

+ **리퍼**
파워 펑션 M 모터로 들어 올림

+ **블레이드**
파워 펑션 M 모터로 구동

+ **최상단 스프라켓**
파워 펑션 XL 모터로 구동됨

작품 소개

무한궤도로 움직이는 캐터필러 D9T 불도저를 모델로 하여 1:22 스케일로 재현한 이 작품은 테크닉처럼 보이지 않을 정도로 실제 장비와 흡사합니다. 무한궤도는 모터로 구동되고 불도저 블레이드와 리퍼를 들어 올릴 수 있으며 서드-파티에서 제작한 LED가 여러 개 달려 있습니다. 두 개의 파워 펑션 XL 모터는 작품에 엄청난 힘을 공급하여 쌓여 있는 물건들을 마구 밀어버리고, 파워 펑션 M 모터는 리퍼를 구동하며 작품의 뒤쪽 차체를 완전히 지면 위로 들어 올릴 수 있을 정도로 충분한 힘을 가지고 있습니다. 최대한 작품의 외형을 실제 모델과 흡사하게 표현하기 위해, 앞쪽의 블레이드를 들어올리는 데 사용하는 유압 실린더를 재현할 때 실제와 모양이 다른 레고 공압 부품이나 리니어 액추에이터를 사용하지 않았습니다. 차체 아래쪽에 회전 운동을 직선 운동으로 바꾸어 주는 장치 두 개를 장치하고 이 장치가 블레이드를 들어 올리도록 연결하여 마치 유압 장치가 블레이드를 들어 올리는 것처럼 보이도록 만들었습니다. 브릭으로 만들어진 차체는 세부까지 자세하게 묘사되어 있으며 직접 제작한 스티커를 붙여 디자인의 완성도를 높였습니다.

도전 과제

상대적으로 크기가 작은 작품의 외형을 충실하게 재현하면서 내부에 많은 기능을 집어넣는 것도 쉽지 않았지만, 가장 어려웠던 것은 라이트를 재현하는 것이었습니다. 실제 D9T는 11개의 라이트를 가지고 있는데 레고 정품 LED를 사용하면 스케일에 맞지 않아 작품의 외형을 손상시킵니다. 그래서 작품에는 서드-파티에서 제작한 더 작고 더 밝은 LED를 사용하였습니다. 이 LED를 1×1 브릭에 끼워 넣고 별도 제작한 플러그를 이용하여 파워 펑션 시스템에 연결하였습니다.

불도저에서 가장 큰 탑승 공간은 방탄유리로 만들어져 있어 철거 작업 시 운전사를 보호하여 줍니다. 또한 이 불도저는 장갑으로 완벽하게 보호되기 때문에 전시에 구조 작업을 하는 군용 장비로 사용할 수도 있습니다.

참고 모델

무게가 거의 50톤에 달하는 D9T는 가장 거대한 캐터필러 불도저 중에 하나입니다. 이 믿음직한 장비는 채석장, 벌목 현장, 매립 지역, 광산 지역, 건설이나 철거 현장 등 다양한 작업 현장에 매우 적합합니다. 캐터필러사의 독특한 삼각형 무한궤도는 삼각형 제일 위쪽에 위치한 스프라켓으로 구동이 되는 구조이기 때문에 지면과 변속기 사이에 더욱 많은 지상고를 확보할 수 있습니다.[1]

1 구동 스프라켓이 지면과 멀어질수록 이와 연결되는 변속기도 지면에서 멀리 위치할 수 있어서 지상고 확보에 도움이 됩니다.

+ 재미있는 사실

이 작품은 영하 15도의 겨울 날씨에서도 작업을 수행할 수 있습니다. 삼각형 무한궤도로 인해 불도저의 지상고[2]에 더욱 여유가 생겨 눈을 뚫고 주행하는 데 도움이 됩니다.

2 지상고는 지면에서 차체 바닥까지의 거리를 말합니다. 힘이 아무리 좋아도 발이 땅에 닿지 않으면 앞으로 걸어갈 수가 없듯이, 이 지상고가 높을수록 바닥이 울퉁불퉁한 지형에 차체 바닥이 걸리지 않아 보다 쉽게 지나갈 수 있습니다.

건설 장비

데마그 AC50-1

제니퍼 클락(Jennifer Clack) (2002)

작품 소개

파워 펑션 시스템이 나오기 몇 년 전에 만들어진 이 모바일 크레인 작품은 복잡한 메커니즘과 멋진 외관으로 놀라움을 안겨주었습니다. 크레인을 이동시키는 하부에는 서스펜션, 애커먼 식 조향 장치, 두 개의 구동 축, 모터로 동작하는 아웃 트리거가 위치하고, 회전하는 상부 구조에는 모터로 구동하는 윈치, 길이가 늘어나고 세울 수 있는 접이식 붐이 설치되어 있습니다. 작품의 외관은 레고 브릭으로 만든 훌륭한 공예품으로 느껴지는 수준이며 볼드윈 크레인 하이어 주식회사에서 실제 운용했던 차량을 기반으로 상징색을 재현했고 자체 제작한 스티커를 붙였습니다.

도전 과제

초기 테크닉 시리즈에는 강력한 모터와 리니어 액추에이터가 없었고 스터드 없는 부품이 다양하지 않았으며 원격 제어 기능이 없는 단순한 전기적 시스템만이 존재하였습니다. 그래서 이 당시 테크닉 창작을 하기 위해서는 이러한 것들을 해결하는 것이 일반적인 도전 과제였습니다. 이 작품은 이러한 전형적인 과제들을 환상적인 방법으로 극복하였습니다. 붐을 움직이는 데는 퍼겔리에서 만든 리니어 액추에이터를 사용하였고, 처음에는 서드-파티에서 만든 RC 시스템을 사용하였지만 나중에는 레고 파워 펑션 적외선 수신기로 대체하였습니다. 모든 기능은 71427 9V 모터로 동작하며 모든 기능을 담고 있는 차대는 놀랍게도 신형 테크닉 빔이 아닌 구형 테크닉 브릭으로 만들어져 있습니다.

제원

길이	**47.7**cm
너비	**25.6**cm
높이	**100.3**cm
부품수	**3,362** 개

건설 장비

참고 모델

독일의 데마크 컴퍼니에서 개발된 AC50-1은 현재 미국의 중장비 제작사인 테렉스 주식회사에서 보유하고 있습니다. 이 크레인은 효율을 중요시하는 현대 소형 크레인 설계의 모범이 되는 장비입니다. 이 크레인은 모든 바퀴가 구동 가능하고 진보된 서스펜션 시스템을 탑재하여 다양한 지형에서 작업이 가능합니다. 특히 속도와 연동되는 후륜 조향 시스템 덕분에 이동 능력이 배가되어 공간이 협소한 도시 환경에서도 작업이 가능합니다. 최대 중량 55톤의 짐을 들어 올리며 붐 길이를 58m까지 늘일 수 있는 AC 50-1은 높은 신뢰성으로 명성이 자자하기 때문에 이 크레인이 많은 인기를 끌고 있는 것은 당연한 일입니다.

+ 재미있는 사실

이 작품은 레고 테크닉의 창작 수준을 절대 한계까지 끌어 올려놓은 초기 작품들 중에 하나로서 2000년대 초반 입소문을 타고 유명해졌습니다. 이 크레인은 테크닉 창작 동호회원들의 마음에 불꽃을 일으켰으며 동호회원들은 이 작품에 구현된 기능의 반 만큼이라도 들어간 작품을 만들고자 노력하였습니다. 이 작품은 셀 수 없이 많은 레고 팬들을 테크닉 세계로 인도한 것으로 명성이 높습니다.

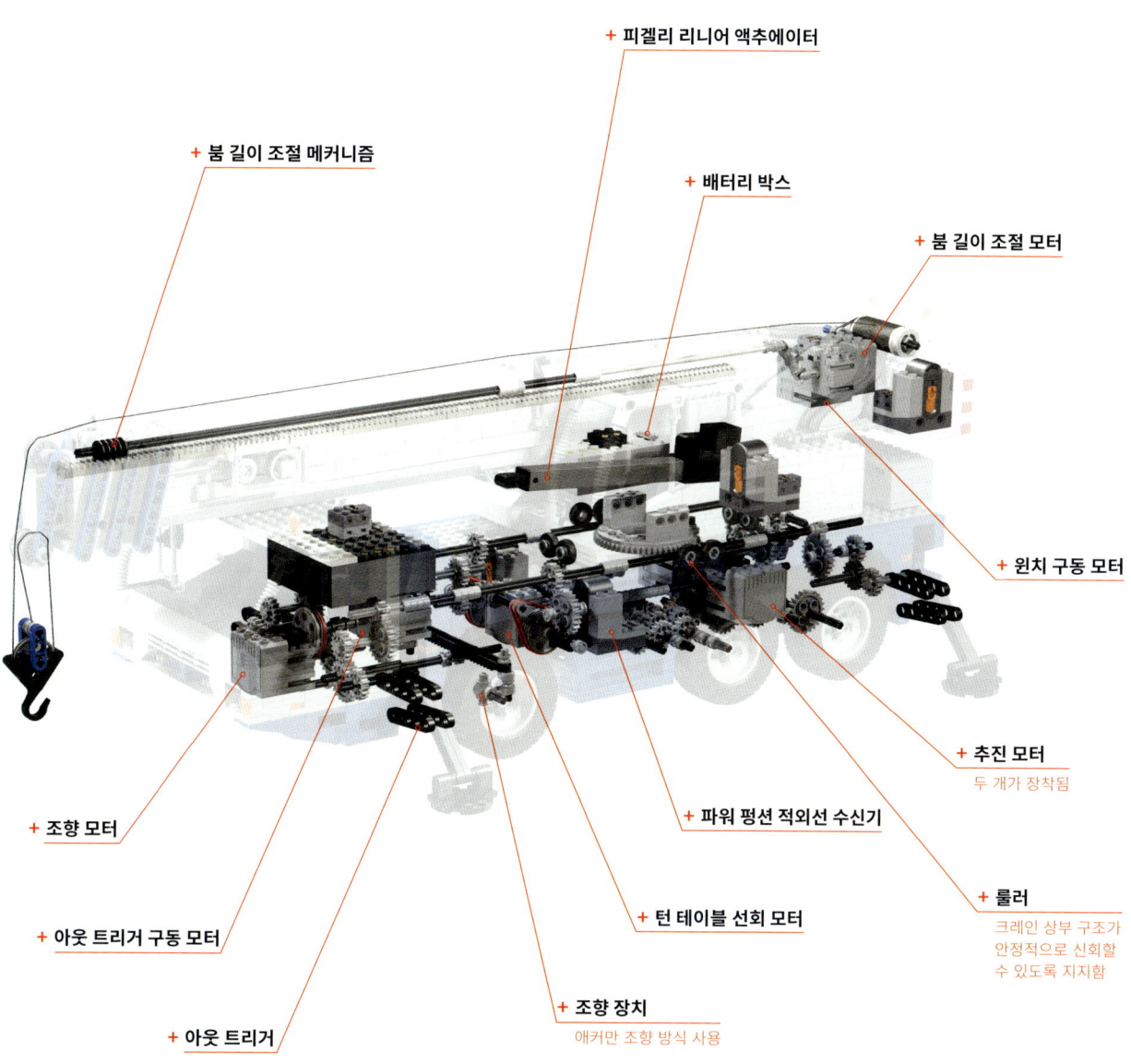

JCB JS220

제니퍼 클락(Jennifer Clack) (2002)

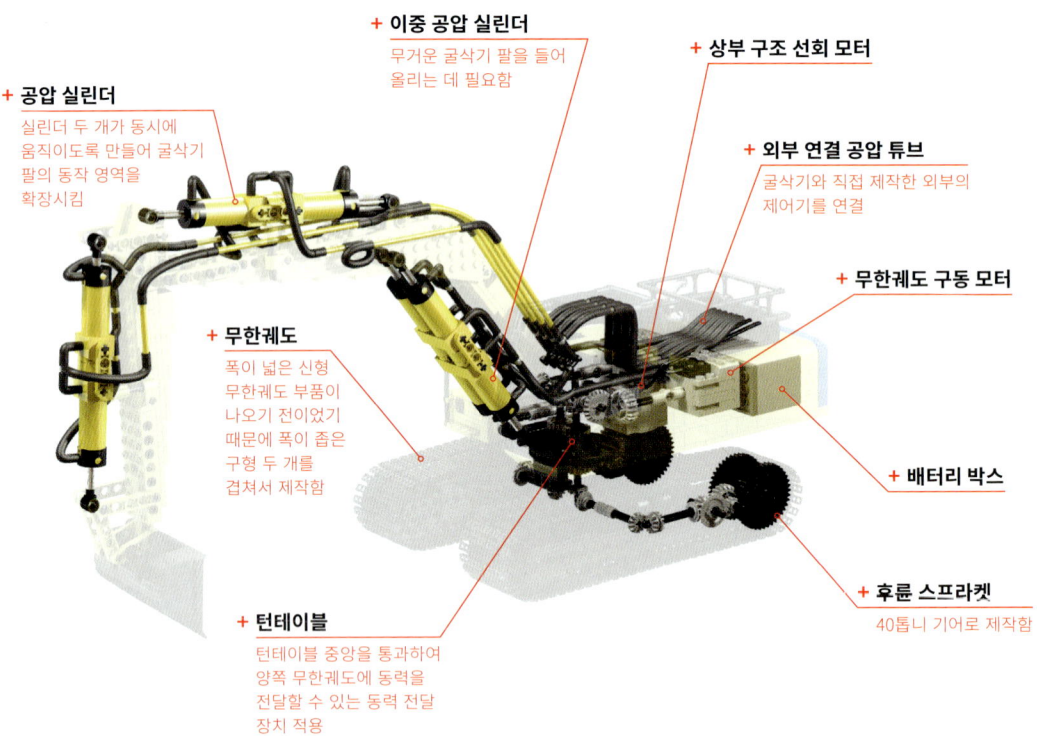

- **+ 공압 실린더**
  실린더 두 개가 동시에 움직이도록 만들어 굴삭기 팔의 동작 영역을 확장시킴

- **+ 이중 공압 실린더**
  무거운 굴삭기 팔을 들어 올리는 데 필요함

- **+ 상부 구조 선회 모터**

- **+ 외부 연결 공압 튜브**
  굴삭기와 직접 제작한 외부의 제어기를 연결

- **+ 무한궤도**
  폭이 넓은 신형 무한궤도 부품이 나오기 전이었기 때문에 폭이 좁은 구형 두 개를 겹쳐서 제작함

- **+ 무한궤도 구동 모터**

- **+ 배터리 박스**

- **+ 턴테이블**
  턴테이블 중앙을 통과하여 양쪽 무한궤도에 동력을 전달할 수 있는 동력 전달 장치 적용

- **+ 후륜 스프라켓**
  40톱니 기어로 제작함

작품 소개

JCB 굴삭기를 모델로 삼아 만든 이 작품은 모터 동력을 이용하여 무한궤도를 구동하고 상부 구조를 선회시킬 수 있을 뿐 아니라 공압 시스템을 사용하여 굴삭기[1] 팔을 동작시킬 수도 있습니다. 이 굴삭기는 겉으로 보이는 모습뿐 아니라 내부 메커니즘도 매우 사실적입니다. 기막힌 동력 전달 메커니즘[2]을 통해 상부 구조에 위치한 모터로부터 나오는 동력을 턴테이블을 통과시켜 아래쪽에 있는 양쪽 무한궤도로 전달할 수 있습니다.

실제 장비에 기반을 둔 세부 묘사와 스티커들이 유려한 차체를 가득 메꾸고 있습니다. 작품은 전선 및 공압 튜브들을 통해 자체 제작한 제어기에 연결되어 있습니다. 이 제어기에는 공압 밸브와 모터로 구동되는 공기 압축기 및 압력 안전 스위치가 들어 있습니다.

도전 과제

모든 초기 테크닉 창작품처럼 이 작품도 힘이 부족한 9V 모터를 사용하여 동력을 공급하고 구형 테크닉 부품을 이용하여 견고하면서 조밀한 구조를 만드는 것이 도전 과제였습니다. 반면 굴삭기 팔을 제작하는 것이 가장 어려운 과제는 아니었습니다. 실제 장비와 동일한 작업 범위까지 굴삭기 삽이 도달할 수 있도록 공압 실린더 두 개를 직렬로 연결하여 동작 거리를 두 배 늘렸고, 실제로 이 작품을 이용하여 굴삭 작업이 가능하도록 굴삭기 팔을 매우 튼튼하게 만들었습니다.

[1] 굴삭기를 일반적으로 포크레인(Poclain)이라고도 부르는데 이는 프랑스의 유명한 건설 장비 제조사의 이름입니다.
[2] 굴삭기와 같은 경우 상부 구조의 회전축과 무한궤도로 동력을 전달하는 축이 모두 동일한 직선상에 위치하는 동축 메커니즘을 필요로 합니다.

제원	
길이	**49**^{cm}
너비	**16**^{cm}
높이	**30**^{cm}
부품수	**1,682** 개

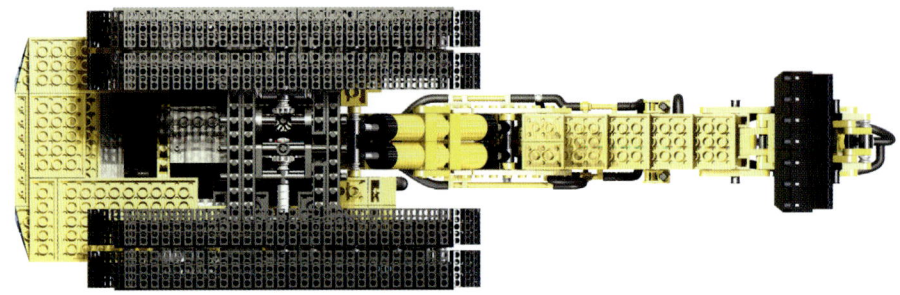

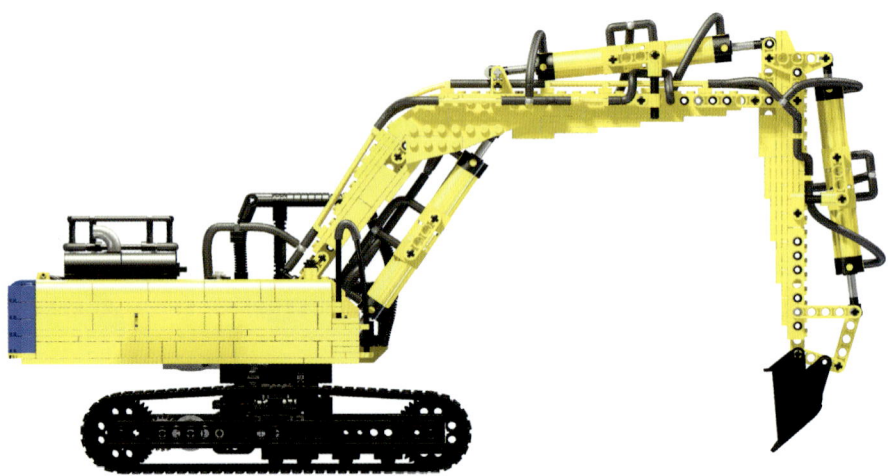

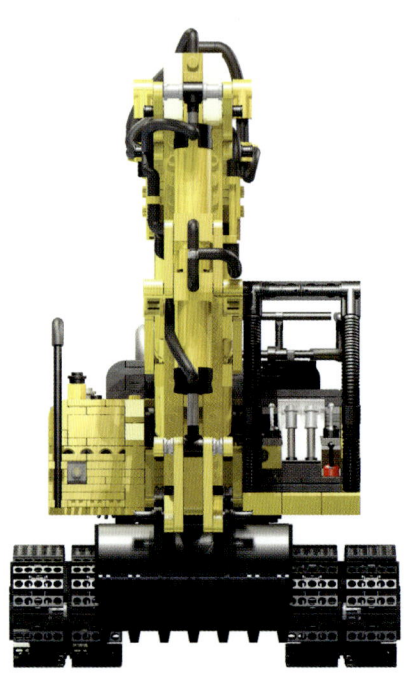

참고 모델

무게가 22톤이 넘는 JS220은 JCB 굴삭기 제품 라인업에서 중형에 해당하는 장비입니다. 거의 50년이 되어 가는 회사의 경험 덕분에 이 장비는 여러 세대를 거치며 효율성, 안락함 그리고 안전성 면에서 수많은 개선을 이루었습니다. 작업의 성격에 따라 선택 가능한 네 가지 작업 모드[3]가 존재하고 유압 실린더 기름을 재사용할 수 있는 진보된 유압 구동 장치가 적용되어 있습니다. 그리고 파이프 매설 작업을 할 때는 주어진 작업 환경에 더욱 적합하도록 사용자가 원하는 대로 보조 장비를 교체할 수 있습니다.

[3] 작업 모드에는 연비, 정밀, 리프트, 자동 모드가 있습니다. 연비 모드에서는 시스템을 최적화하여 연료 소비를 최대한 줄여주며, 정밀 모드에서는 유압의 흐름과 엔진 회전수를 낮추어 세밀한 조종을 할 수 있도록 도와줍니다. 리프트 모드에서는 최대 파워를 공급하면서 유압 흐름을 줄여 리프트 성능을 좋게 하며 자동 모드에서는 작업 부하에 따라 자동으로 유압의 흐름과 엔진 회전수를 제어합니다.

립벨
HS 855 HD

마코롤(Makorol) (2011)

제원
길이 **27.2**cm
너비 **19.3**cm
높이 **105.2**cm

작품 소개

이 작품은 립벨 드래그 라인[1] 굴삭기를 모델로 하였으며 독립적인 두 개의 파트로 나누어져 있습니다. 하부 차대에는 독립된 파워 공급 장치와 적외선 수신기가 장착되어 있어서 상부 구조가 무제한 선회할 수 있습니다. 하부 차대와 상부 구조 사이에 단 하나의 전선도 연결되어 있지 않기 때문입니다.

이 작품은 무한궤도를 구동시키는 데 파워 펑션 M 모터 두 개를 이용하고, 상부 구조를 선회시키고 조종실을 들어 올리며 윈치를 구동하는 데 5개의 모터를 사용합니다. 몸체는 모두 브릭을 사용하여 제작하였고 많은 부분을 자세하게 묘사하였으며 립벨사의 상징 색을 세심하게 재현하였습니다. 붉은 브릭과 빔을 조합하여 견고한 트러스 구조로 제작하였습니다. 그리고 균형추는 무거운 브릭으로 만들어 실제 장비처럼 균형을 잡는 데 도움이 되도록 만들었습니다. 버킷은 작은 부품들로 세심하게 만들었습니다.

[1] 드래그 라인이란 긴 붐에 매단 버킷을 줄로 끌어당기면서 토사나 암석 등을 얕게 긁어모으는 굴착 기계를 칭합니다.

도전 과제

실제 장비가 동작하는 방법을 이해하고 레고 브릭으로 동작을 재현하는 것이 가장 큰 도전이었습니다. 실제 드래그 라인 굴삭기의 버킷은 복잡한 방식으로 동작합니다. 이 방식은 체인의 길이와 연결 위치뿐 아니라 두 와이어의 장력과 길이에도 영향을 받습니다. 역추적 기법을 사용하여 동작 원리를 밝혀내기 위해 무수한 시행착오를 거치고 나서야 이 작품을 실제로 조종하려면 상당한 연습이 필요하다는 사실을 알게 되었습니다.

참고 모델

립벨 HS 855는 근본적으로는 일반적인 크롤러 크레인입니다. 612 마력 엔진으로 구동되며 무게가 84톤에 달하는 이 장비는 최대 속력 1.34Km/h까지 낼 수 있도록 개발되었습니다. 이 장비는 다양한 작업에 사용할 수 있어 널리 사랑을 받고 있으며, 일반 크레인 작업, 철거, 배관 매설, 굴착, 준설 등 많은 곳에서 제 몫을 다하고 있습니다.

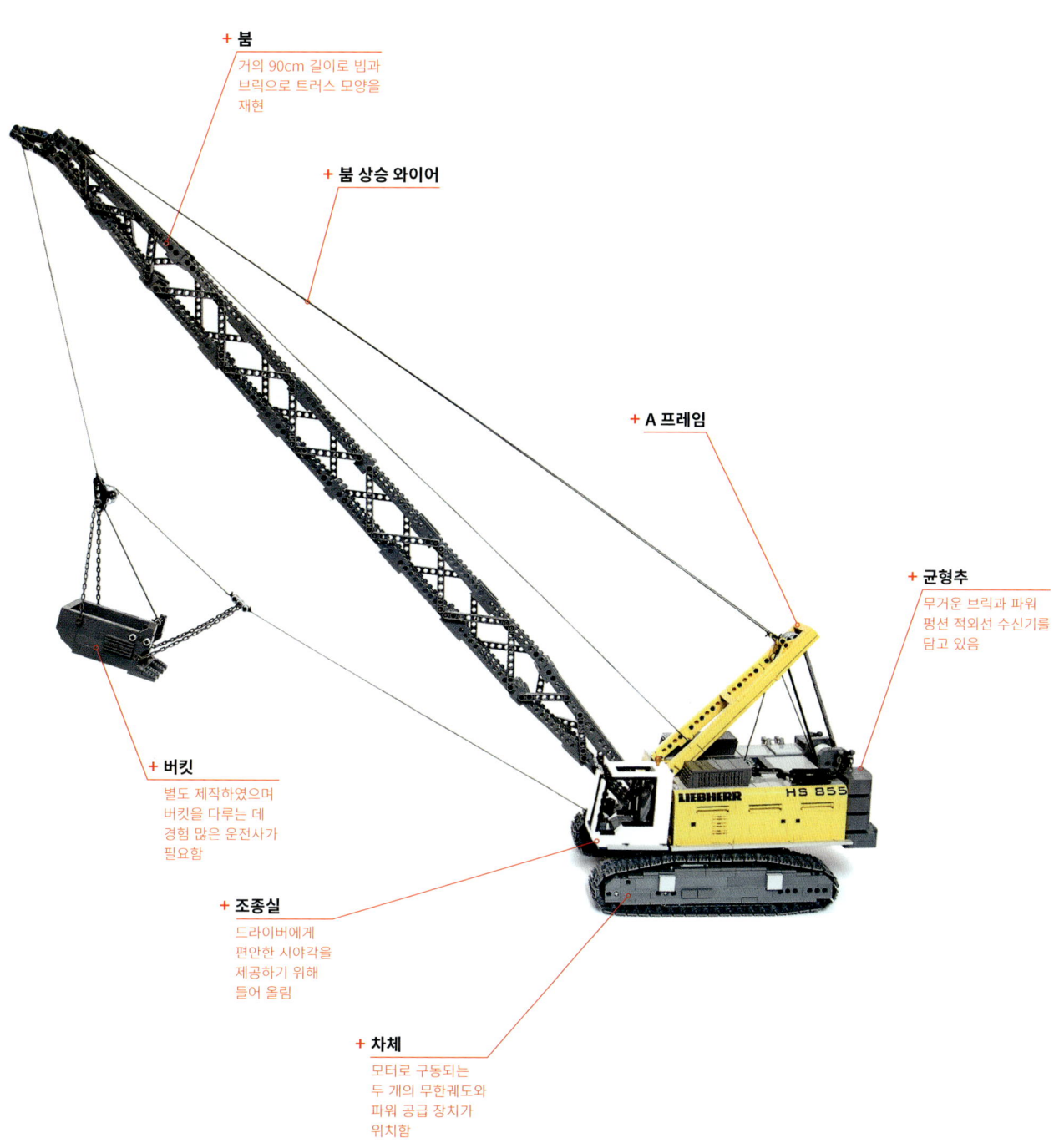

립벨 L580

엠_롱거(M_Longer) (2009)

제원

길이	**52.1** cm
너비	**28.7** cm
높이	**16** cm
부품수	**1,604** 개

작품 소개

립벨 프론트 엔드 로더[1]를 모델로 만든 이 작품에는 사륜 구동, 차체 굴절 조향, 완벽하게 모터로 구동되는 버킷 암(arm)이 재현되어 있습니다. 모든 기능은 원격으로 조종됩니다. 후륜 축은 펜듈러 서스펜션[2]이고 전조등과 후미등에는 레고 LED가 들어 있습니다. 차체는 대부분 브릭으로 제작하였고 실제 모델인 L580의 색상과 상세한 부분까지 묘사하였습니다. 예를 들어 통유리로 둘러싸인 조종실에는 열리는 문과 완벽한 내부 모습을 재현하였습니다.

1 프론트 엔드 로더는 장비 앞쪽에 버킷과 같은 장비가 달려 있는 로더를 말합니다.
2 펜듈러 서스펜션이란 차축 중심에 피봇 장치가 있어 이를 중심으로 차축이 시소처럼 움직이는 서스펜션을 말합니다.

도전 과제

버킷이 달려 있는 암을 제작하는 것이 도전 과제였습니다. 실제 가동 영역을 정확하게 재현해서 암이 부드럽게 움직일 수 있어야 했고, 버킷은 적당히 가벼워야 했습니다. 그래서 사실 이 작품에는 스케일에 비해 다소 작기는 하지만 레고 그룹에서 만든 버킷을 사용하였습니다. 직접 창작한 버킷이 너무 무거웠기 때문입니다.

참고 모델

립벨 L 580은 25톤 급의 대형 프론트 엔드 로더입니다. 운전사의 안락함에 초점을 맞추어 제작되었고 진보된 에너지 효율 관리 소프트웨어가 탑재되어 있습니다. 이 장비는 292마력의 엔진과 사륜구동 시스템을 가지고 있어 철거나 벌목처럼 특별한 적재물을 다루는 다양한 분야의 작업에 적합합니다.

+ **파워 펑션 XL 모터**
  버킷을 들어 올리는 액추에이터를 구동함

+ **리니어 액추에이터**
  버킷을 들어올림

+ **파워 펑션 적외선 수신기**

+ **파워 펑션 8878 충전식 배터리**

+ **파워 펑션 XL 모터**
  차량을 구동함

+ **파워 펑션 M 모터**
  차체 굴절 조향 장치를 구동함

+ **파워 펑션 M 모터**
  버킷을 기울이는 액추에이터를 구동함

+ **리니어 액추에이터**
  버킷을 기울임

+ 재미있는 사실
이 로더는 원래 덤프트럭
작품을 보조하는 정도로
간단하게 만들려고
하였으나 이 창작가는
그만 로더 만들기에
흠뻑 빠지고 말았습니다.

립벨 LTM1050-3.1

마코롤(Makorol) (2010)

제원	
길이	**38** cm
너비	**14.5** cm
높이	**14.5** cm
부품수	**2,801** 개

+ 조종실
붐을 들어 올렸을 때 운전자에게 편안한 시야각을 제공하기 위해 조종실을 들어 올림

+ 균형추
내부에 무거운 브릭을 설치함

+ 접이식 붐
1단 길이 연장 메커니즘 적용

+ 윈치
모터로 구동

+ 앞바퀴
조향 가능

+ 아웃 트리거
모터로 구동

+ 중간 바퀴
차량 구동

+ 뒷바퀴
차량 구동 및 조향 가능

작품 소개

모바일 크레인은 도전해 볼만한 과제가 많아 테크닉 창작가들에게 인기가 많은 창작 주제입니다. 특히 이 작품은 훌륭한 기능에 중형 스케일의 멋진 외형이 더해져 눈길을 끕니다. 7개의 모터와 공압 시스템이 작품을 구동시키고 있으며 뒤쪽 두 개의 차축은 차량을 주행시키고 첫 번째와 마지막 차축은 조향을 담당합니다. 네 개의 아웃 트리거, 윈치 그리고 붐의 길이를 늘이는 메커니즘은 모두 모터로 구동되며 상부 구조 선회 역시 모터로 수행됩니다. 또 다른 모터는 공기 압축기를 동작시킵니다. 이 압축기는 실린더에 공기를 집어넣어 붐을 들어 올리고 조종실을 기울이게 됩니다. 평형추에는 실제로 무게가 나가는 브릭들이 들어 있습니다.

참고 모델

립벨 LTM 1050은 현대적인 중형 모바일 크레인입니다. 모든 것이 컴퓨터로 제어되며 367마력을 내뿜는 디젤 엔진의 구동 파워가 12단 자동 변속기를 거쳐 전달되며 유압 서스펜션이 장착되어 있습니다. 자체 무게가 38톤에 불과하지만 최대 50톤에 달하는 짐을 들어 올릴 수 있습니다. 모든 바퀴가 조향되기 때문에 이동성이 뛰어나고, 전반적으로 조작이 쉬운 덕분에 다양한 분야에서 LTM 1050-3.1이 널리 사용되고 있습니다.

118 | 놀랍고도 섬세한 레고 테크닉

이상하게 보일지도 모르지만 요새 크레인에는 조종실을 들어 올리는 기능이 대부분 적용되어 있습니다. 이 기능 덕분에 조종사는 자신의 목을 크레인만큼 들지 않아도 높이 들어 올려진 붐을 편안하게 바라보며 작업을 할 수 있습니다.

립벨 PR 764 리트로닉

엠_롱거(M_Longer) (2010)

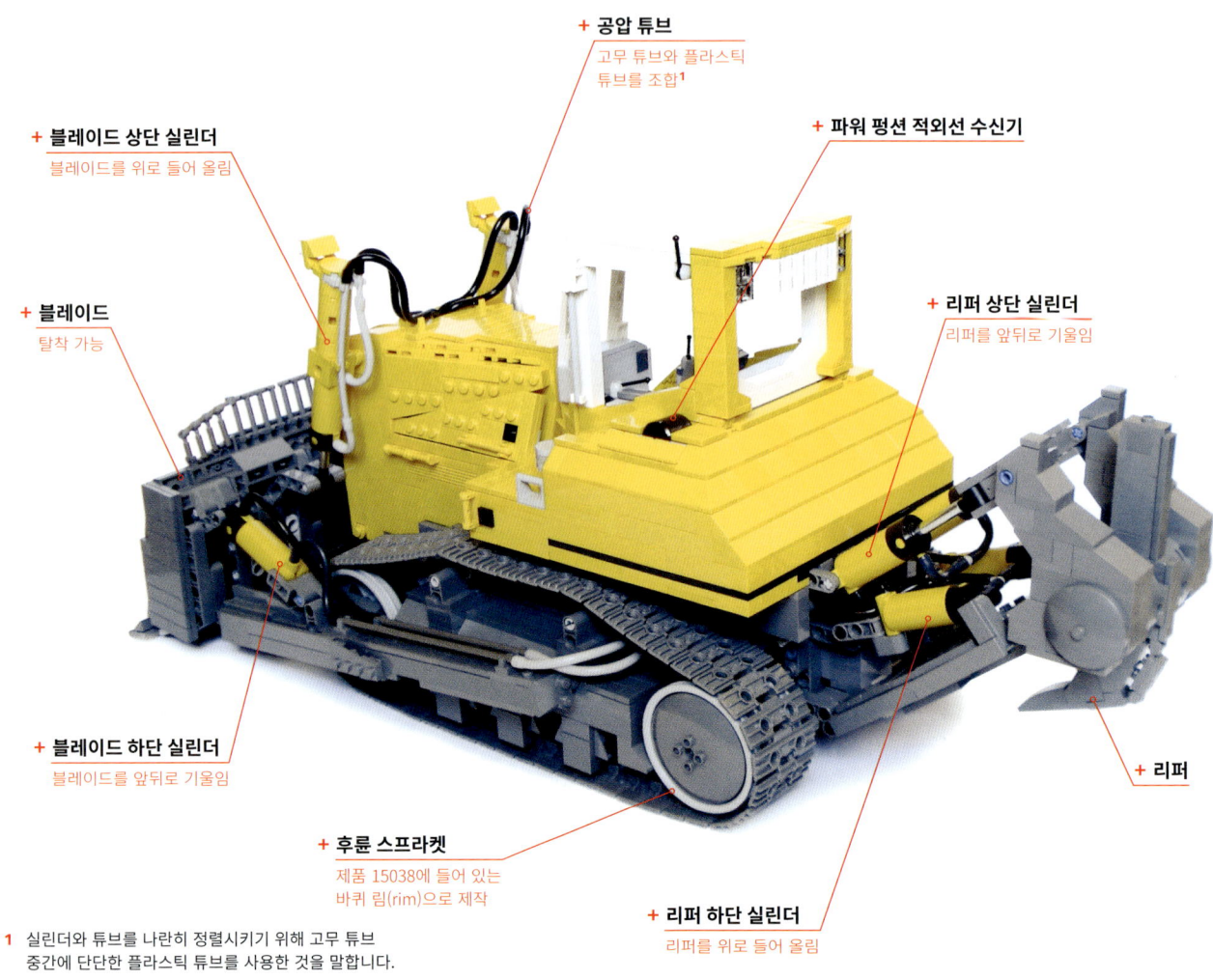

+ 공압 튜브
고무 튜브와 플라스틱 튜브를 조합[1]

+ 파워 펑션 적외선 수신기

+ 블레이드 상단 실린더
블레이드를 위로 들어 올림

+ 리퍼 상단 실린더
리퍼를 앞뒤로 기울임

+ 블레이드
탈착 가능

+ 리퍼

+ 블레이드 하단 실린더
블레이드를 앞뒤로 기울임

+ 후륜 스프라켓
제품 15038에 들어 있는 바퀴 림(rim)으로 제작

+ 리퍼 하단 실린더
리퍼를 위로 들어 올림

1 실린더와 튜브를 나란히 정렬시키기 위해 고무 튜브 중간에 단단한 플라스틱 튜브를 사용한 것을 말합니다.

제원

길이	**50** cm
너비	**23.9** cm
높이	**20.1** cm
부품수	**~2,500** 개

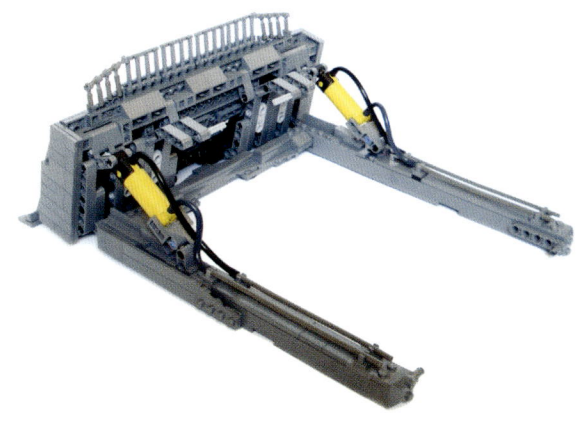

작품 소개

립벨의 가장 큰 불도저를 모델로 만든 이 작품은 모터로 구동되는 무한궤도와 공압으로 높이와 각도가 조절되는 블레이드 및 리퍼가 각각 전면과 후면에 달려 있습니다. 모든 기능은 원격으로 제어되며 내부에 있는 하나의 압축기에서 8개의 공압 실린더로 압력이 공급됩니다. 4개의 공압 제어 밸브가 있으며 압력이 위험 수준에 도달하면 압축기 동작을 정지시키는 안전 스위치가 있습니다. 차체는 슬로프 브릭과 일반 브릭을 이용하여 세심하게 재현하였으며 클래식 립벨의 고유 색상을 적용하였고, 기계와 전기 부품이 최대한 외부에서 보이지 않도록 하였습니다.

도전 과제

복잡한 공압 시스템을 구성하고 모든 기능을 원격으로 조종할 수 있도록 제작하는 것이 어려웠으며, 이 기능들을 구현하는 데 많은 공간이 필요했습니다. 모터로 동작하는 복잡한 밸브 시스템이 조종실 아래 위치하고, 압축기와 안전 스위치는 후드 아래 공간을 거의 채우고 있습니다. 블레이드와 리퍼 모두 위로 들어 올리는 데 실린더 2개를 사용하고 앞뒤로 기울이는 데 또 다른 실린더 2개를 사용합니다. 이렇게 총 4세트의 실린더를 동작시키기 위해서 독립적으로 분리된 4개의 공압 회로를 구성해야 했습니다. 이 모든 노력으로 공압 시스템이 부드럽게 동작하게 되었습니다.

참고 모델

PR 764는 립벨에서 생산한 것 중 가장 큰 불도저입니다. 차체는 50톤이 넘으며 422마력의 엔진을 가지고 있습니다. PR 764는 건설 및 철거 현장, 벌목한 나무 그리고 쓰레기를 처리하는 작업에 인기가 많은 중장비입니다. 이 장비는 유압 구동 시스템 덕분에 강력한 토크를 낼 수 있지만 최고 속도는 11km/h에 불과합니다.

샌드빅 LH 517L

엠_롱거(M_Longer) (2010)

작품 소개

지하 작업에서 사용하는 샌드빅 프론트 로더를 모델로 만든 이 작품은 사륜구동이 가능하며 차체 굴절 조향 방식을 사용합니다. 직접 제작한 거대한 공압 구동 버킷을 장착하였습니다. 이 장비는 탄광 안에서 작업을 하도록 설계되었기 때문에 조종실 내부를 포함해서 작품의 곳곳에 수많은 전조등이 설치되어 있습니다. 후륜에는 서스펜션이 장착되어 있고 차체는 직접 만든 스티커를 이용하여 꼼꼼하게 재현하였습니다. 창작가가 실제 모델을 매일 들여다보았기 때문에 이 작품은 지나칠 정도로 정밀하게 재현되었습니다.

도전 과제

작품에 사용한 바퀴는 레고에서 생산한 부품 중 가장 큰 것이지만 이 바퀴 크기를 기준으로 비율에 맞추어 작품을 만들다 보니 작품의 전체적인 크기는 작은 편입니다. 작품의 내부 공간 대부분은 후륜 서스펜션으로 채워졌으며 리니어 액추에이터는 이 작품의 스케일에 비해 너무 두껍습니다. 그 대신 버킷을 구동하는 공압 시스템은 외부에서 제어됩니다. 마치 강아지 목줄과 같이 보이는 공압 튜브를 이용하여 외부의 밸브와 펌프를 작품 내부의 액추에이터에 연결하고, 이를 통해 압력을 공급합니다. 차량 구동과 조향은 온전히 원격으로 조종됩니다.

+ 재미있는 사실
이 작품의 전체 크기는 실제 LH 517L의 전조등 하나보다 조금 더 큽니다.

+ **파워 펑션 적외선 수신기**
+ **전원 버튼**
+ **전조등**
  레고 LED
+ **버킷**
+ **공압 공급 튜브**
  모델과 외부 밸브 및 펌프를 연결
+ **후륜**
  서스펜션이 달려 있으며 차량을 구동
+ **중앙 조인트**
  차체 굴절 조향 지원
+ **전륜**
  차량을 구동
+ **공압 실린더**
  버킷 암을 들어 올림

제원
길이	**60** cm
너비	**17** cm
높이	**12** cm
부품수	**~1,800** 개

참고 모델

샌드빅은 탄광 채굴 장비를 제조하는 데 150년 이상의 전통을 가지고 있는 회사로서 생산한 장비들은 대부분 LH 517L 프론트 로더처럼 지하에서 작업할 수 있도록 특별히 제작되었습니다. 이 11m 길이의 거대한 기계는 무게가 44톤에 달하며 사람의 키보다 큰 바퀴가 달려있습니다. 388마력의 디젤 엔진으로 구동되며 좁고 긴 몸체와 강력한 전조등을 가지고 있어 탄광 터널을 통해 움직이는 데 매우 적합합니다.

⌐ 차체 상단의 검은색 선들은 페인트가 아니라 마찰 패드입니다. 이 패드는 정비사들이 엔진을 수리하면서 미끄러지지 않도록 도와줍니다.

샌드빅 PF300

코나으라(Konajra) (2011)

PF300은 얼마나 새로운 디자인이었던지, 실제 장비의 1호 제품이 생산되기도 전에 레고로 만든 작품이 먼저 완성되었습니다.

제원	
길이	**81.8** cm
너비	**38** cm
높이	**26.7** cm
부품수	**~9,200** 개

작품 소개

노천채굴을 위한 거대 이동형 분쇄 장비를 모델로 하여 만든 이 작품은 98쪽에 있는 캐터필러 7495 HF와 같은 굴삭기 모델과 짝을 이루기 위해 만들었습니다. 이 분쇄 장치는 레고 미니 피규어 스케일로 만들어졌으며 모터로 구동되는 컨베이어 벨트도 구현되었습니다. 네 개의 무한궤도가 달려 있으며 그중 2개에는 조향 시스템이 들어 있습니다. 이 작품은 육중하고 세심하게 만들어진 슈트[1]와 함께 클래식한 조립 기법으로 만든 차체로 이루어져 있습니다. 차체는 좁은 보행로, 난간, 램프, 엔진 등의 디테일로 가득 차 있습니다. 이처럼 너무나도 정교하기 때문에 샌드빅사는 이 작품을 본사에 영구 전시하고 있습니다.

도전 과제

작품은 무겁고 키가 큰 데다 협소한 차체 위에 붙어 있는 V 모양 기둥에 얹혀 있기 때문에 작품이 쉽게 부서지지 않도록 구조적으로 안전하게 만드는 것이 가장 큰 도전 과제였습니다. 작품이 무너질 수 있기 때문에 모터로 주행하는 시스템은 구현하지 않았습니다.

참고 모델

노천채굴을 위해 설계된 이 분쇄 장비는 굴삭기와 같은 채굴 장비와 광물 저장소 사이의 연결 다리가 됩니다. 일반적으로 광물 저장소로는 덤프트럭을 사용합니다. 분쇄 장비는 굴삭기에서 직접 받은 광물들을 모아서 분쇄와 같은 전처리 작업을 한 다음 이 가공품들을 로딩 브릿지[2]나 벨트 왜건으로 연이어 내보냅니다. 분쇄 장비를 사용하면 수십 대의 트럭을 이용하여 나르는 것보다 비용이 절감되고 효율적이며 환경 친화적입니다. 최첨단 채굴 장비로 특화된 스웨덴의 샌드빅사가 제작한 PF300은 조밀하고 대용량이며 다양한 재료를 작업할 수 있는 능력도 가지고 있어 다른 장비보다 월등하게 뛰어납니다. 또한 높은 기동성으로 가장 필요로 하는 곳까지 굴삭기를 따라 움직일 수 있습니다.

[1] 슈트(chute)는 활송 장치라고도 하며 물, 석탄 따위를 떠내려 보내는 통이나 관을 말합니다.
[2] 로딩 브릿지(loading bridge)와 벨트 왜건(belt wagon)은 모두 컨베이어 벨트를 이용하여 물건을 이송시키는 장치들로 일반적으로 로딩 브릿지는 고정식인데 반해 벨트 왜건은 추진 장치가 달려 있어 스스로 움직일 수 있습니다.

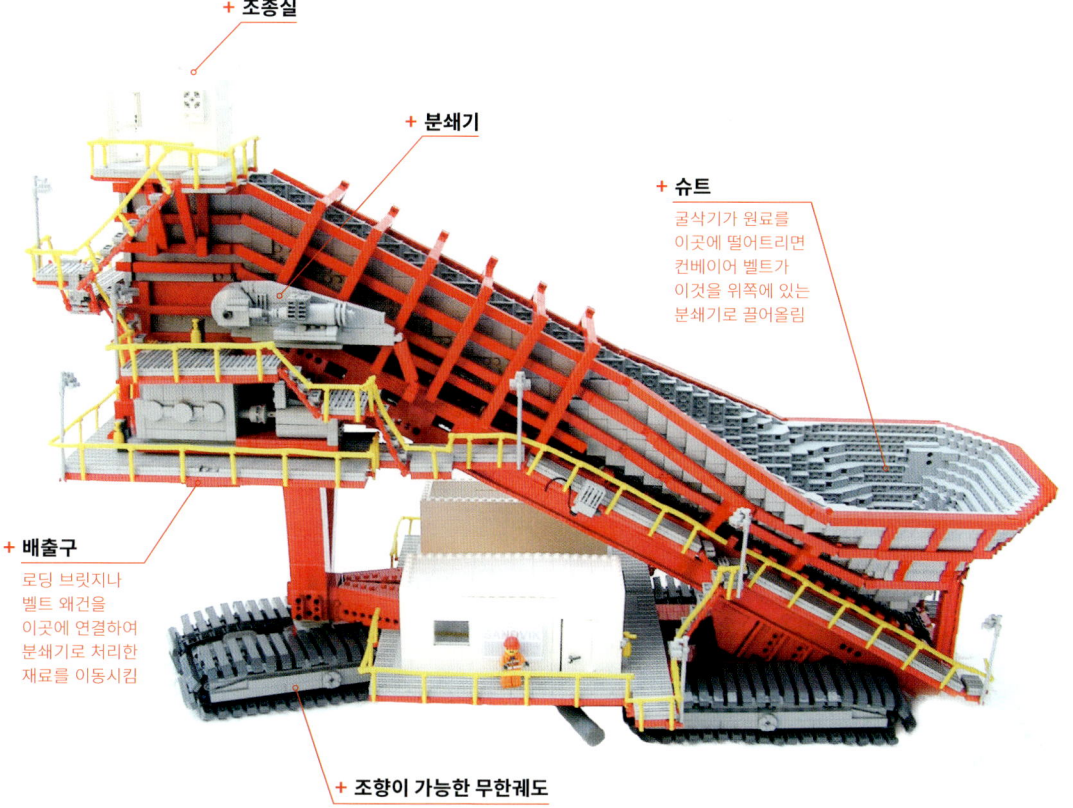

+ 조종실
+ 분쇄기
+ 슈트
  굴삭기가 원료를 이곳에 떨어트리면 컨베이어 벨트가 이것을 위쪽에 있는 분쇄기로 끌어올림
+ 배출구
  로딩 브릿지나 벨트 왜건을 이곳에 연결하여 분쇄기로 처리한 재료를 이동시킴
+ 조향이 가능한 무한궤도

건설 장비

조렉스 굴삭기

여헨 크로숍(Jurgen Krooshoop) (2012)

제원	
길이	**44.2** cm
너비	**20.1** cm
높이	**22.4** cm
부품수	**1,688** 개

작품 소개

한국의 현대중공업 굴삭기와 레고 전동식 굴삭기 세트(8043)에 영감을 받아 만든 이 작품은 주행과 조향이 가능하고 상부 구조를 선회시킬 수 있으며 세 부분으로 이루어진 굴삭기 팔을 가지고 있습니다. 작품의 모든 기능은 모터로 구동되며 동시에 조종할 수 있습니다. 굴삭기 팔의 가동 범위는 실제 장비와 같으며 무한궤도에는 서스펜션 시스템이 탑재되어 있습니다. 이 작품은 두 가지 버전이 존재합니다. 하나는 조렉스-220(오렌지색, 2011년 제작)이고 새롭게 개선된 버전은 링크 벨트 250 X 3(흰색/빨간색, 2014년 제작)입니다.

도전 과제

레고 테크닉 디자이너들이 만든 굴삭기 제품보다 뛰어난 작품을 만드는 것이 도전 과제였습니다. 8043 굴삭기와 크기는 비슷하지만 이 작품에는 더 많은 모터가 적용되었고 작업 반경이 개선되었으며 레고 LED를 이용한 전조등을 추가하여 차체를 더욱 자세히 묘사하였습니다. 전통적으로 수많은 레고 굴삭기들이 사용한 노란색을 피하는 것도 도전 과제 중에 하나였습니다.

건설 장비

5 다양한 주제의 작품들

132 편조기

136 다 빈치 비행 기계

140 천마 오토마타

142 타치코마

146 테크노메카

편조기[1]

니코21(Nico71) (2013)

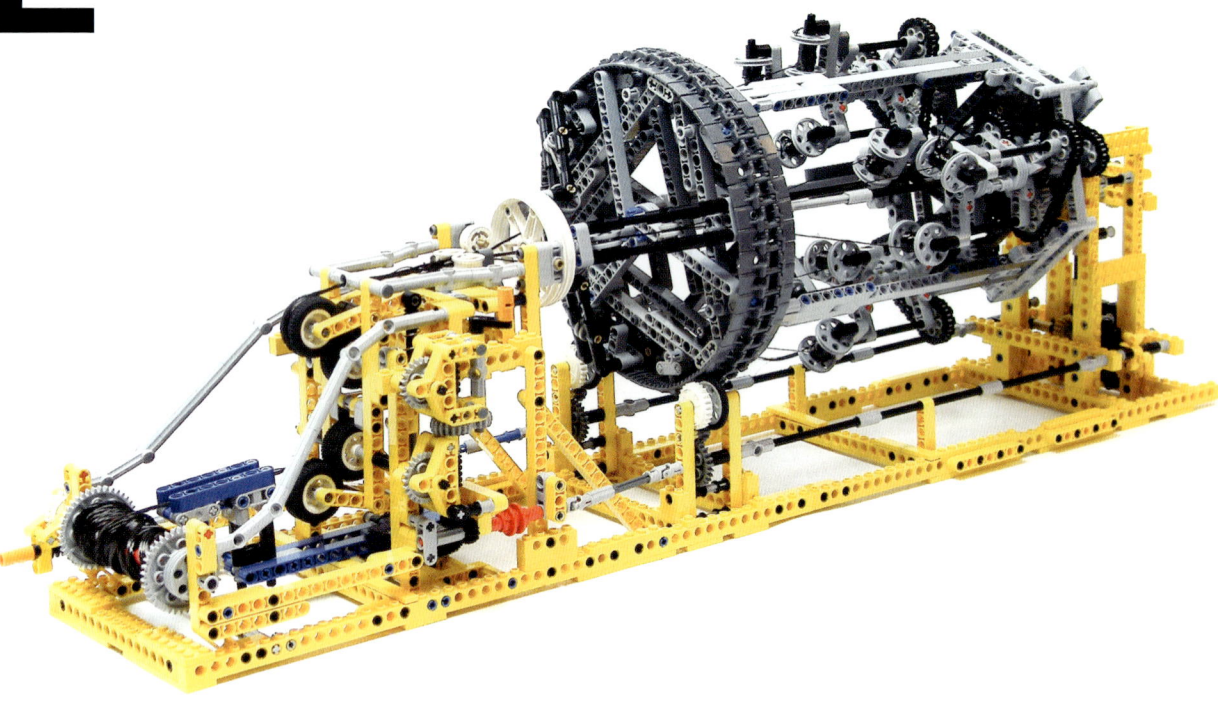

작품 소개

이 독특한 작품 안에서 레고와 패션이 만나고 있습니다. 이 편조기는 4분이 조금 넘는 시간 동안 9가닥의 실을 꼬아 1.5미터 길이의 손목에 차는 끈을 만들어 낼 수 있습니다. 단 하나의 모터만을 사용해서 말입니다. 이 기계를 제작하는 데 9개월이 소요되었으며 작품 내부에는 엄청나게 복잡한 시스템이 들어 있습니다. 이 기계는 기어, 체인, 차동 기어, 턴테이블로 구성된 시스템이 세 개의 유성 기어 릴[2]을 구동하여 끈을 만들어 냅니다. 테크닉 무한궤도 부품을 사용하여 동그란 고리 모양을 만들었으며 이는 특대 크기의 기어처럼 동작합니다. 전체 장비의 작업 준비를 마치는 데까지 15분 정도 소요되며 편조 동작은 자동으로 수행됩니다. 이 작품의 최종 결과물은 실을 꼬아 만든 손목 끈입니다. 편조기는 이 완성된 끈을 뽑아내어 사출 드럼에 저장합니다. 여러분은 그저 기계로 돌아와서 이 끈을 수거하기만 하면 됩니다.

도전 과제

단 하나의 모터만을 사용하여 편조기의 모든 동작을 수행하도록 만드는 것이 도전 과제였습니다. 이를 위해 수십 개의 구동부들이 서로 연결되고 동기화되어야 하며 정확한 속도에 정확한 방향으로 회전하면서 구동 마찰은 최소화해야 했습니다. 이와 동시에, 끈을 꼬는 동작이 진행될 때 롤러와 드럼에서 끈이 떨어지지 않도록 끈을 팽팽하고 일정한 속도로 세심하게 당겨야만 합니다. 기계의 강성을 고려하여 모든 실의 장력이 서로 균형을 유지할 수 있도록 수많은 노력을 기울였습니다.

---

1 편조기는 실을 납작하게 땋거나 꼬아서 끈을 만드는 기계를 말합니다.
2 릴(reel)은 실이나 전선 등을 감는 얼레를 말합니다.

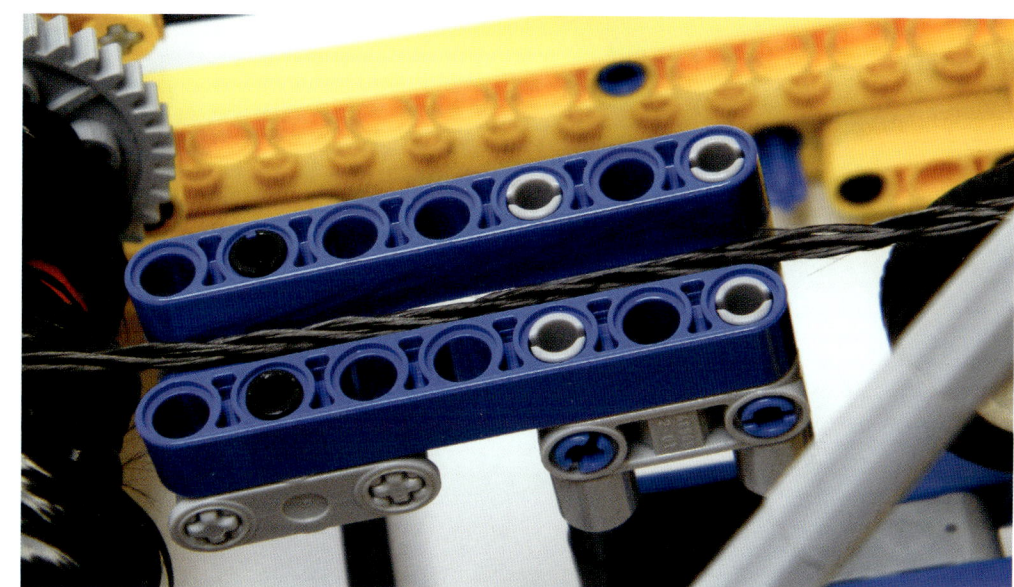

제원	
길이	**74.2**㎝
너비	**20.1**㎝
높이	**25.5**㎝
부품수	**1,929**개

다양한 주제의 작품들 / 133

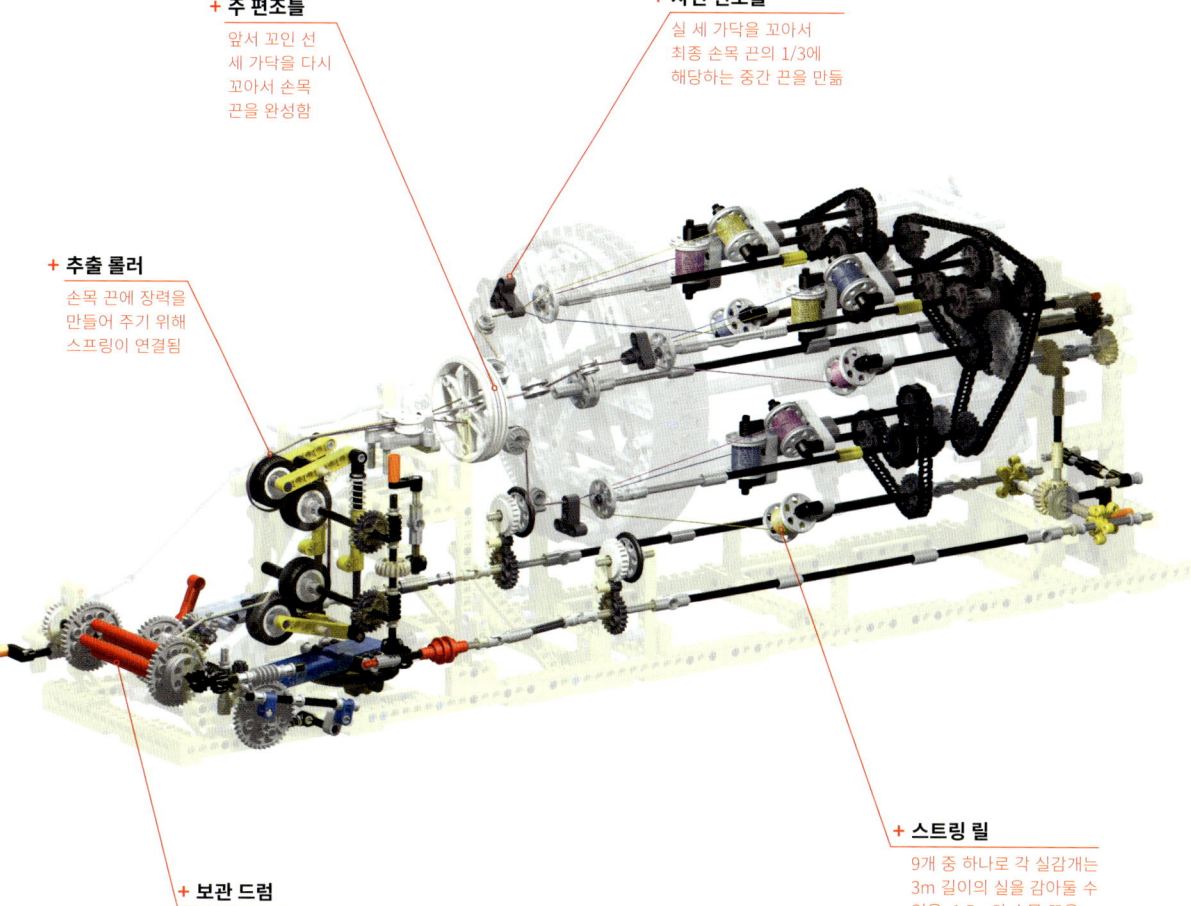

+ 주 편조틀
앞서 꼬인 선 세 가닥을 다시 꼬아서 손목 끈을 완성함

+ 사전 편조틀
실 세 가닥을 꼬아서 최종 손목 끈의 1/3에 해당하는 중간 끈을 만듦

+ 추출 롤러
손목 끈에 장력을 만들어 주기 위해 스프링이 연결됨

+ 보관 드럼
편조가 완료된 손목 끈을 저장

+ 스트링 릴
9개 중 하나로 각 실감개는 3m 길이의 실을 감아둘 수 있음. 1.5m의 손목 끈을 만들기 충분한 길이임

다양한 주제의 작품들 | 135

다 빈치 비행 기계

마지(Mahj) (2010)

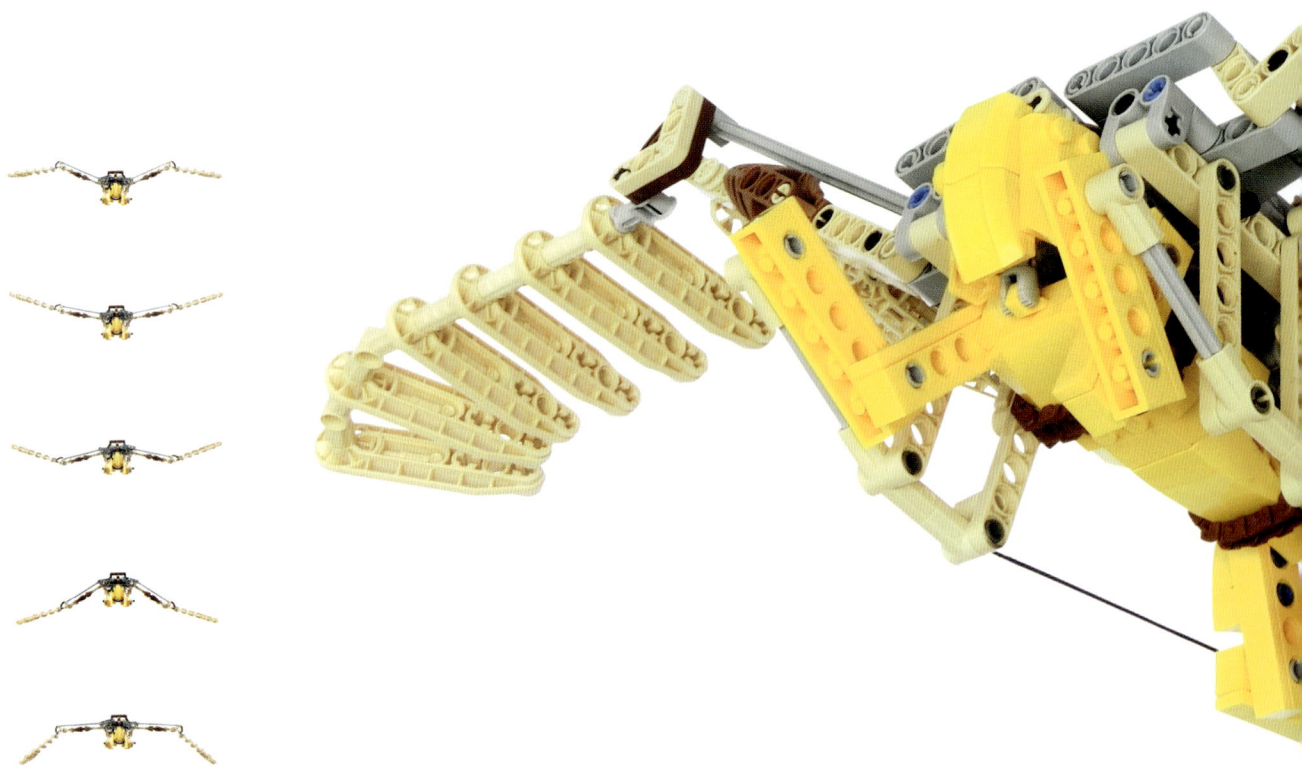

+ 날개는 레고 바이오니클 부품을 대거 사용하여 만들었습니다.

제원	
길이	**33**^{cm}
너비	**64**^{cm}
높이	**10**^{cm}
부품수	**~600**^개

작품 소개

이 작품은 레오나르도 다 빈치가 그린 비행 기계의 스케치를 참고하여 만들었습니다. 이 기계는 두 개의 날개와 하나의 방향타를 가지고 있습니다. 각 날개는 두 부분으로 이루어져 있고 독립적으로 움직입니다. 조종사가 페달을 밟아 날개를 움직이고 팔을 사용하여 방향타를 움직입니다. 파워 펑션 M 모터 하나로 동력이 공급되는 것이 꽤 인상적입니다. 다 빈치가 설계한 비행 메커니즘처럼 움직이지는 않습니다.

도전 과제

주요 도전 과제는 기계와 전기 부품을 좁은 몸체 안에 집어넣는 것이었습니다. 이 비행 기계는 다 빈치 시대에는 만들어지지 못했기 때문에 그가 나무, 천, 철 등으로 작업을 할 것이라는 가정하에 작품의 색상을 단순 짐작으로 설정해 보았습니다.

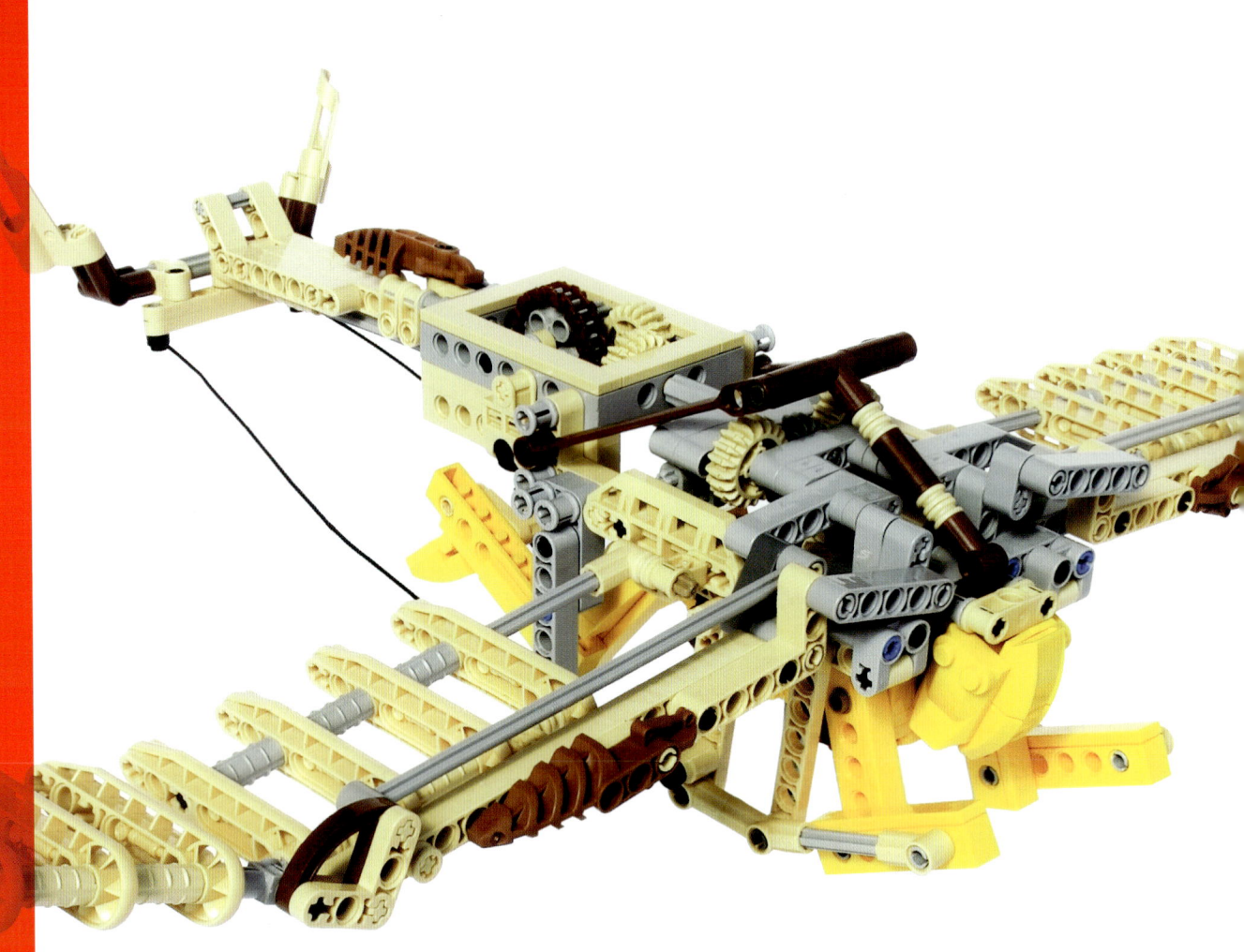

다 빈치는 거울에 비춰 보았을 때 제대로 보이도록 거꾸로
글자를 쓰는, 일명 거울 필기 방식으로 모든 것을 노트에
적는 습관을 가지고 있었습니다. 그가 어떤 이유로 이런
방식의 필기를 했는지 알 수는 없지만 허락 받지 않은 사람이
자신이 만든 자료를 읽지 못하도록 노력하고 있었던 것
같습니다.

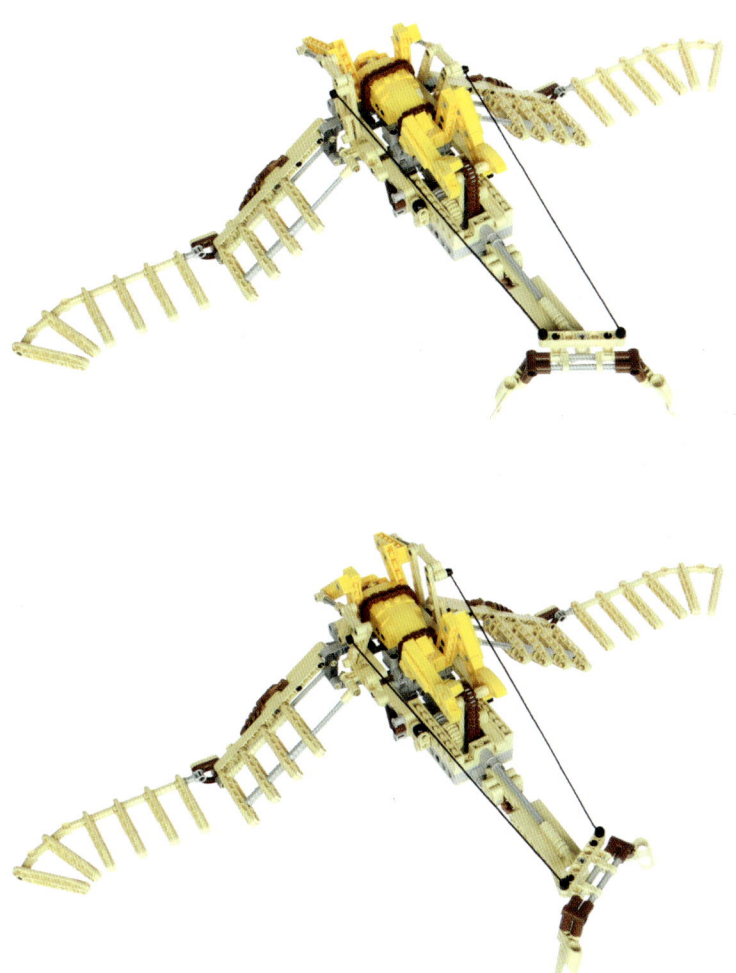

참고 모델

다 빈치는 사람이 하늘을 날 수 있게 만들어 주는 장치를 꿈꾸어 왔습니다. 그리고 새 몸의 역학적 원리를 재현하는 것이 비행의 열쇠라고 믿었기 때문에 새들에 대하여 심도 있게 연구하였습니다. 새 날개의 자연스런 움직임을 모방한 그의 작업은 진보적이었지만 그의 설계를 토대로 실제 장치를 직접 만들었다는 기록은 남아 있지 않습니다. 다 빈치의 장치는 기계적으로 뛰어났지만, 조종사의 무게 때문에 결코 날아오를 수는 없었을 것입니다.

천마 오토마타

아미다(Amida) (2011)

제원

길이	**19** cm
너비	**16** cm
높이	**26** cm
부품수	**480** 개

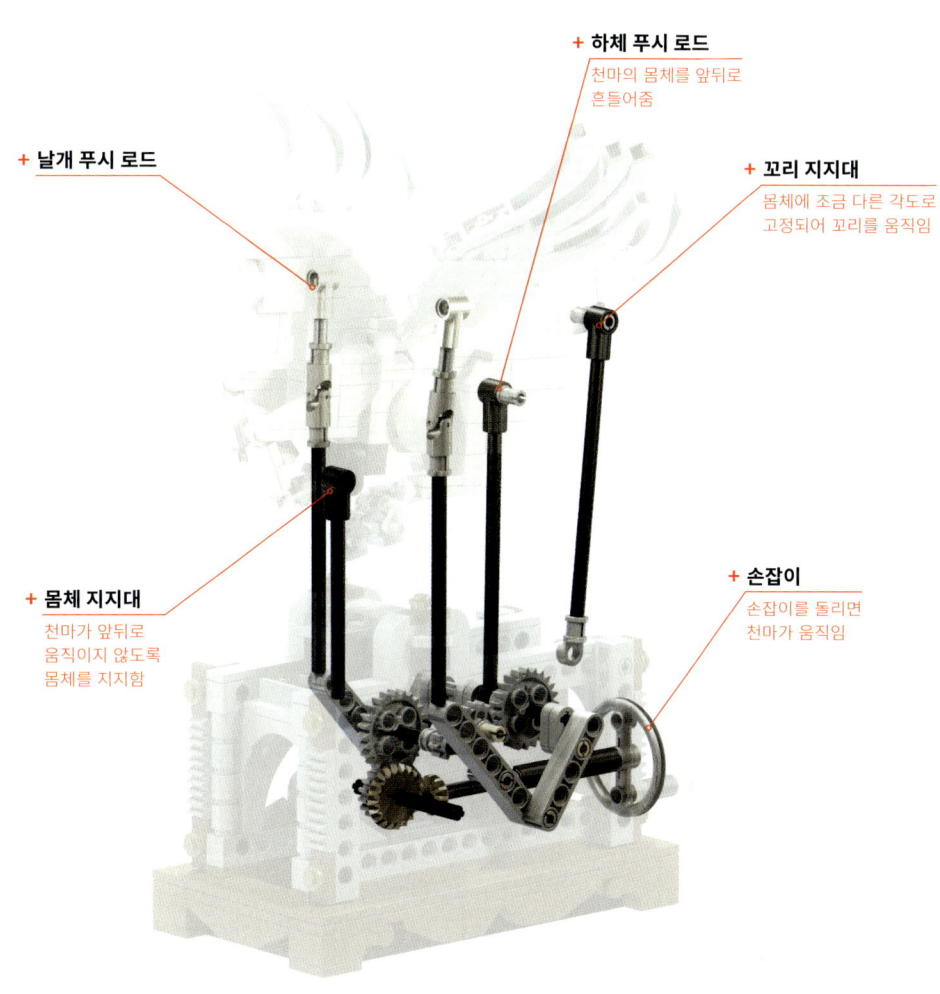

+ 날개 푸시 로드

+ 하체 푸시 로드
천마의 몸체를 앞뒤로 흔들어줌

+ 꼬리 지지대
몸체에 조금 다른 각도로 고정되어 꼬리를 움직임

+ 몸체 지지대
천마가 앞뒤로 움직이지 않도록 몸체를 지지함

+ 손잡이
손잡이를 돌리면 천마가 움직임

작품 소개

고대 그리스에서 처음 만들어지기 시작한 오토마타는 움직이는 조각상이라고도 하며 복잡한 동작을 수행할 수 있는 자동 기계 장치입니다. 오토마타는 동물이나 인간의 움직임을 흉내 내기 위해 주로 만들어졌으며, 기계 장인이 자신의 제작 기술을 증명하려는 의도도 있었습니다. 역사적인 의미가 있는 대부분의 오토마타들은 주로 동물을 모티프로 하였습니다. 실제로 존재하는 동물을 모델로 만들기도 했고, 이 천마 오토마타처럼 신화 속 상상의 존재를 재현하기도 하였습니다. 핸들을 돌리면 기어와 크랭크로 이루어진 시스템이 동작하여 천마가 날갯짓을 하고 꼬리는 위아래로 움직입니다.

도전 과제

모든 구동부를 합친 무게가 놀랄 만큼 무겁습니다. 특히 날개처럼 무거운 부분을 움직이기 위해 한정된 공간 안에서 충분한 기어 감속비를 얻을 수 있도록 복잡한 기어 구조를 설계해야 했습니다.

타치코마

마지(Mahj) (2012)

제원	
길이	**24.9**cm
너비	**22.1**cm
높이	**22.1**cm
부품수	**950**개

작품 소개
이 작품은 일본 애니메이션 공각기동대에 등장하는 타치코마라는 로봇을 모델로 한 것으로, 주행과 보행을 동시에 할 수 있는 복잡한 섀시를 가지고 있습니다. 네 개의 각 다리 끝단에는 작은 바퀴가 달려 있고 파워 펑션 M 모터 두 개를 사용하여 주행을 할 수 있으며 탱크처럼 한쪽 바퀴를 미끄러트리며 선회하는 스키드 조향도 가능합니다. 파워 펑션 XL 모터는 사족 보행 메커니즘을 구동시킵니다.

도전 과제
섀시 설계가 몹시 어려웠습니다. 로봇이 위아래로 긴 차체 구조를 가진 덕분에 무게 중심이 높음에도 불구하고 섀시는 작으면서 안정적이어야 했기 때문입니다. 시행착오를 거쳐 로봇이 넘어지거나 제자리에서 헛걸음하지 않도록 보행 동작을 개선하였습니다.

참고 모델
타치코마는 인공 지능이 탑재된 생각하는 장갑차입니다. 이 로봇은 마치 해리포터가 투명 망토를 걸친 것과 같은 광학 위장 모드를 사용할 수 있습니다. 바퀴를 이용하여 주행을 할 수 있고 다리를 이용하여 기어오르거나 점프도 할 수 있으며 사람 한 명을 태울 수도 있습니다.

공각 기동대를 만든 시로 마사무네는 깡총거리라는 점프하는 거미를 모델로 삼아 타치코마를 디자인하였습니다. 타치코마가 이 거미로부터 영감을 받아 여러 개의 눈과 튼튼한 다리 등 절지동물과 같은 모양이 되었음을 쉽게 짐작할 수 있습니다.

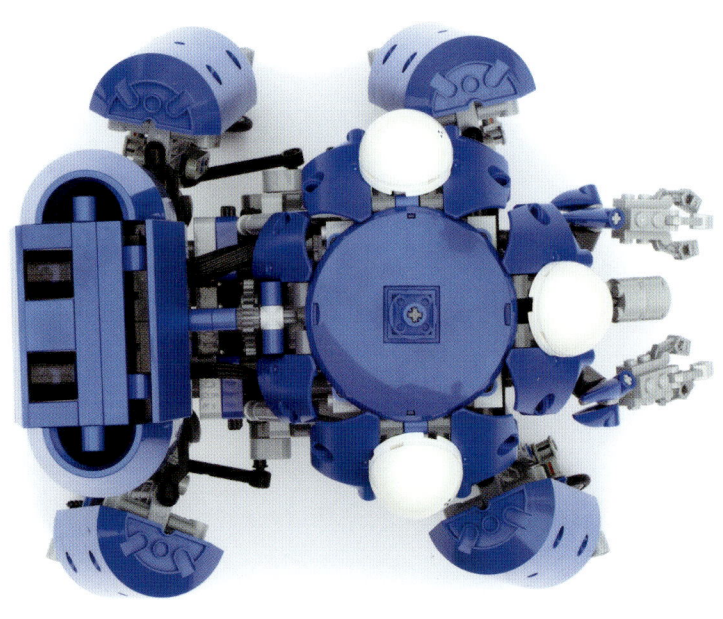

다양한 주제의 작품들

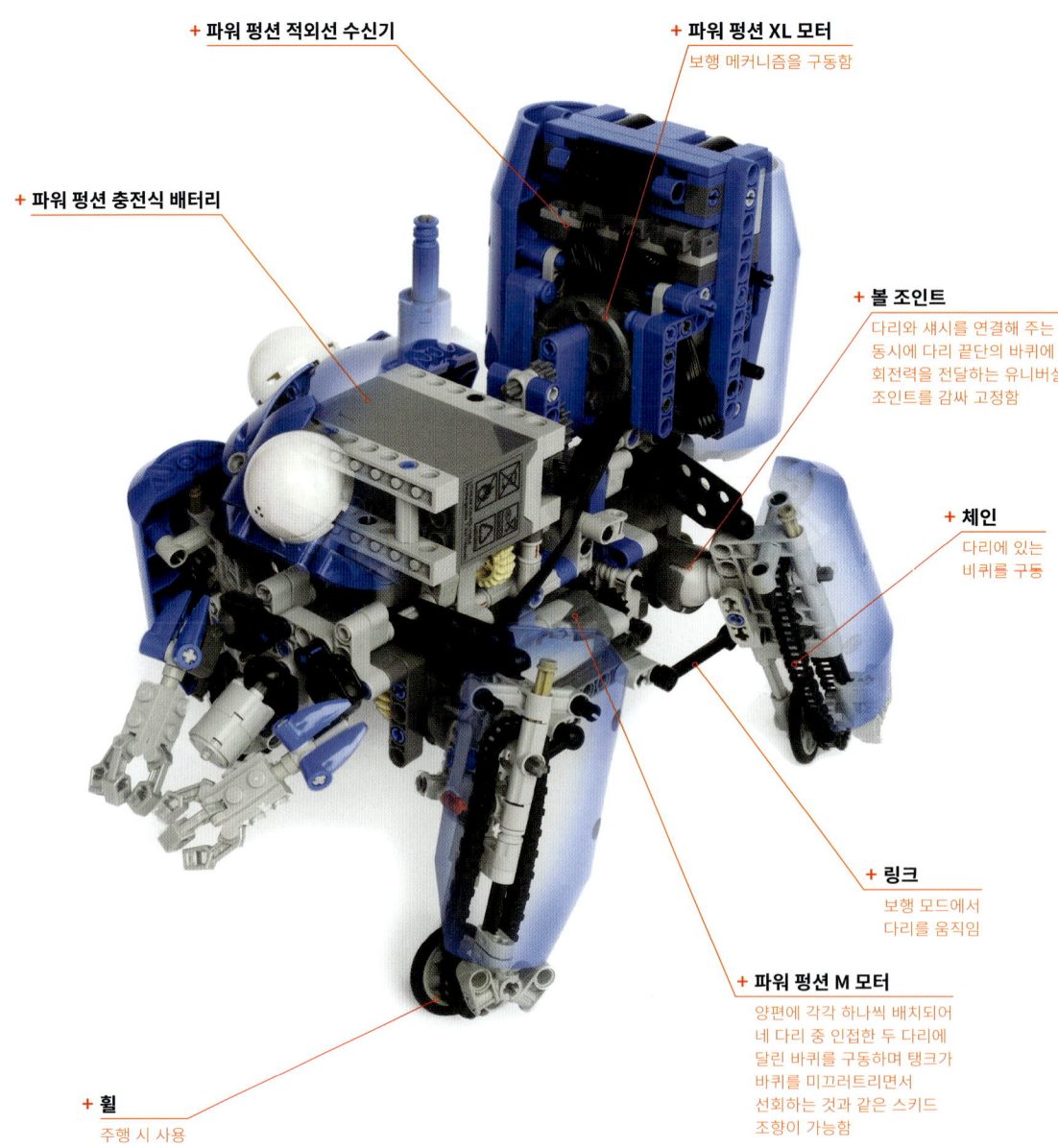

+ 재미있는 사실

타치코마의 다리와 배 옆면을 덮고 있는 원통 모양의 부품은 레고 7990 콘크리트 믹서 트럭에 달린 믹서 드럼의 반쪽입니다.

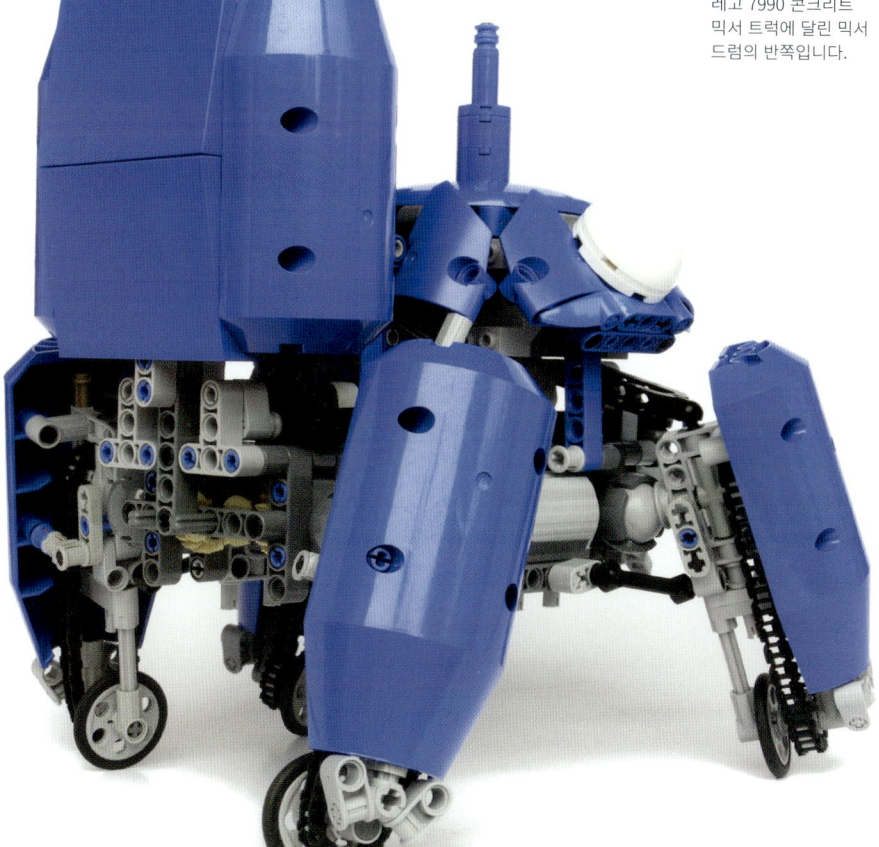

테크노메카

클라우페이셔스(Klaupacius) (2005)

작품 소개

높이는 60cm가 넘고 두 발로 서 있는 레고 메카[1] 작품을 만나는 일은 정말 즐겁지 않을 수 없습니다. 바로 이 테크노메카야 말로 여러분이 늘 바라던 궁극의 거대 로봇입니다. 이 작품은 복잡한 테크닉 골격을 중심으로 외부에서 장갑을 붙이는 방식으로 제작되었습니다. 이 골격에는 20개의 관절이 있으며 웜 기어를 이용하여 관절의 각도를 고정시킬 수 있습니다. 작품을 쉽게 수리하고 이동시키기 위해서 작품은 모듈 구조로 제작되었습니다. 외부 장갑은 떼어 낼 수 있으며 팔에는 분리형 조인트가 들어 있어 작품이 쓰러졌을 경우 일어날 손상을 방지합니다.

일본 애니메이션의 전통에 따라 테크노메카는 가슴에 조종실을 가지고 있으며 로봇의 조종시인 레고 미니 피규어 한 명이 탑승할 수 있습니다. 이 작은 조종사를 통해 작품의 거대한 크기를 가늠할 수 있습니다. 햄스터 조종사가 타는 버전은 아직 제작할 계획이 없습니다.

[1] 메카는 일본 로봇 애니메이션에서 사용하는 용어로써 일반적으로 조종사가 탑승하여 조종하는 로봇을 지칭합니다.

제원

길이	**21.6** cm
너비	**41.4** cm
높이	**72.9** cm
부품수	**4,180** 개

다양한 주제의 작품들

다양한 주제의 작품들

+ 재미있는 사실

이 작품의 창작가는 조립 설명서를 단계별로 자세하게 만들었습니다. 그로 인해 팬들은 그의 작품을 출발점으로 삼아 애니메이션 느낌이 나는 자신만의 거대 로봇을 만들고 있습니다.

도전 과제

키가 큰 레고 로봇을 제작할 때 가장 중요한 도전 과제는 균형을 잡는 것입니다. 관절에 오랜 시간 동안 큰 하중이 걸리더라도 다양한 자세를 유지한 채로 세워 놓을 수 있어야 했습니다. 이 작품에는 관절의 각도를 쉽게 조절할 수 있는 손잡이가 달려 있습니다. 이 손잡이를 이용하여 발목과 고관절 그리고 허리의 각도를 미세 조정하여 로봇의 정적 균형을 잡을 수 있습니다.

모터사이클

154	혼다 CBR1000RR 렙솔
158	가와사키 발칸 800

제원	
길이	**32**㎝
너비	**10**㎝
높이	**18**㎝
부품수	**~900**개

혼다 CBR1000RR 렙솔

첸양장 [오릭스 첸](陳彥璋[Oryx Chen]) (2012)

작품 소개

테크닉 모터바이크는 레고로 창작하기가 쉽지가 않은 대상이지만, 이 작품은 자체 제작한 아름다운 스티커를 이용해서 작품의 수준을 한 단계 더 올려놓았습니다. 작품에는 풀 서스펜션(혼다의 독특한 프로 링크 후륜 서스펜션)을 장착하였고 후륜과 체인으로 연결되어 실제 움직이는 피스톤 엔진이 들어 있습니다.[1] 또한 접히는 사이드 스탠드와 뒷좌석 발 받침대 그리고 뒷좌석 아래에 위치한 작은 트렁크도 재현했습니다. 외형은 주로 슬로프 브릭처럼 테크닉 부품이 아닌 일반 부품으로 재현하였고 거칠게 다룰 수 있을 정도로 전체적으로 견고하게 만들었습니다. 바퀴 휠은 별도로 색을 칠했으며 전선을 이용하여 브레이크 케이블을 표현하였습니다.

도전 과제

가장 어려웠던 점은 레고 바퀴 크기를 기준으로 스케일에 맞추어 제작하는 것이었습니다. 이 스케일에서는 작품의 크기가 작아지다 보니 어떤 특정 부분은 단순하게 만들 수밖에 없었습니다. 기능이 동작하는 데 차체와 간섭이 발생하지 않도록 충분한 공간을 확보하면서 작품이 부서지지 않도록 견고하고 조밀한 프레임을 만드는 작업도 어려웠습니다. 마지막으로 손수 만든 스티커가 특정 레고 부품에 딱 맞도록 주의를 기울여 세심하게 오려야 했습니다.

1 일반적인 모터사이클의 후륜 서스펜션은 두 개의 속 업소버가 뒷바퀴의 양 옆에 위치하고 메인 프레임 사이를 직접 연결하는 구조인 반면 혼다의 프로 링크 후륜 서스펜션은 단일 속 업소버가 뒷바퀴 앞쪽에 위치하며 프로그레시브 링크 구조를 거쳐 메인 프레임에 연결되는 구조입니다. 이 서스펜션은 아스팔트부터 오프로드까지 다양한 지형에서 편안한 주행을 가능하게 하며 모터사이클의 무게 중심을 가운데로 집중시켜 핸들 조작이 쉽도록 합니다.

참고 모델

파이어 블레이드라는 별명으로 알려진 혼다 CBR1000RR은 혼다의 대배기량 스포츠 바이크를 대표하는 6세대 모델입니다. 그랑프리 월드 챔피언십의 하나인 모토GP에서의 경험을 바탕으로 개발되었으며 178마력의 엔진과 혁신적인 전자식 스티어링 댐퍼를 장착하였습니다. 머신의 출중한 성능 덕분에 수많은 대회에서 우승을 거머쥔 인기 많은 바이크입니다.

혼다 레이싱 팀은 스페인의 석유 회사인 렙솔사와 거의 20년 전부터 협업을 시작했습니다. 가장 성공적인 슈퍼 바이크 레이싱 팀이 된 이래로 11차례의 세계 대회 우승과 124번의 개인전 우승 트로피를 들어 올렸고 338번이나 3위 안에 이름을 올렸습니다.

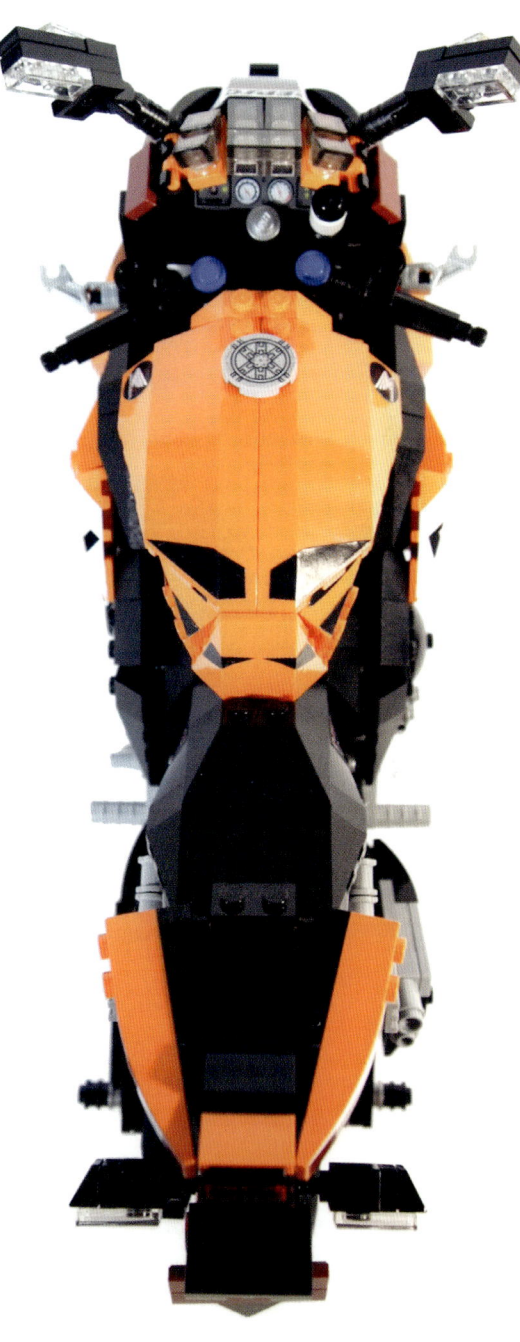

가와사키 발칸 800

마랏 안드리브(Marat Andreev) (2013)

+ 앞 유리창
  플라스틱 병을 잘라 만듦

+ 안장 가방
  탈착 가능

+ 브레이크 디스크
  전륜에 고정됨

+ V형 2기통 엔진
  피스톤이 움직이는 엔진

+ 접이식 스탠드

작품 소개

이 작품은 실제 바이크의 매끈한 외형을 재현하였을 뿐 아니라 조향 핸들, 풀 서스펜션 그리고 접이식 스탠드와 같이 레고 공식 테크닉 모터사이클 제품이 가지고 있는 특징과 기능들도 가지고 있습니다. 또한 피스톤 엔진은 체인을 이용하여 뒷바퀴에 연결되어 있습니다. 실제 바이크의 여러 가지 특징들도 세심하게 재현했습니다. 쇽 업소버 하나로 이루어진 후륜 서스펜션이 몸체 패널 아래 숨겨져 있으며, 브레이크 케이블까지 완비된 전륜 브레이크 드럼과 브레이크 디스크 등이 구현되어 있습니다. 작품의 앞 유리는 플라스틱 병을 성심성의껏 재단하여 만들었습니다. 심지어 번호판은 실존하는 가와사키 발칸의 것을 복사해서 사용했습니다.

도전 과제

작가는 별도 제작한 크롬 부품을 많은 부분에 사용하고자 하였습니다. 하지만 배기 파이프를 표현하는 데 사용한 호스 부품이 너무 유연해서 그 위에 크롬 도색을 할 수 없었습니다. 결국 크롬 부품과 연회색 부품을 조합해서 사용한 작품을 만들게 되었고 다소 낡은 모습이 되었습니다.

참고 모델

1995년에 첫 선을 보인 가와사키 발칸은 전통적인 크루저의 형태와 혁신적인 기술을 접목하였습니다. 이 바이크에 적용된 기술 중 단일 쇽 업소버로 이루어진 후륜 서스펜션은 이후 스포츠 바이크에서 기본이 되었으며, 수랭식 V-트윈 엔진은 겉면에 공랭식 냉각핀을 입혀서 전통적인 엔진 모습을 그대로 유지하였습니다. 800 모델은 11년간 생산되었으며 신뢰성과 클래식한 엔진음으로 여전히 그 진가를 인정받고 있습니다.

+ 재미있는 사실

전륜 브레이크 디스크는 휠에 달려 있지 않고 브레이크 캘리퍼[1]에 달려 있기 때문에 바퀴와 함께 디스크가 회전하지 않습니다.

1 캘리퍼는 브레이크 패드를 디스크에 밀착시켜 제동을 잡아주는 유압 장치입니다.

숨어 있는 후륜 서스펜션은 몇 종류의 할리-데이비슨 모델에서도 사용하고 있는 구조입니다. 이런 구조는 이 모터사이클이 마치 1960년대와 1970년대에 유행했던 하드테일 쵸퍼2처럼 보이게 만듭니다.

2 하드테일 쵸퍼는 앞바퀴의 축을 늘이고 뒷바퀴의 서스펜션을 생략한 바이크로, 니콜라스 케이지 주연의 영화 〈고스트 라이더〉에 등장하는 바이크와 유사한 형태입니다.

슈퍼카

164	부가티 베이론 16.4 그랜드 스포츠	**186**	람보르기니 미우라 조타
168	페라리 458 스파이더	**188**	맥라렌 MP4-12C
172	포드 머스탱 셸비 GT500	**190**	머슬 카
176	코닉세그 CCX	**192**	파가니 존다
180	람보르기니 아벤타도르	**196**	포르쉐 911 (997) 터보 카브리올레 PDK
184	람보르기니 가야르도	**200**	뱀파이어 GT

부가티 베이론 16.4 그랜드 스포츠

쉬포(Sheepo) (2010)

제원	
길이	**57.9** cm
너비	**24.9** cm
높이	**17** cm
부품수	**~3,200** 개

부가티 베이론은 약 20억 원에 팔리고 있지만 여러 분석가들과 리포터들은 차량을 제작하는 데 판매가의 다섯 배에 달하는 금액이 소요된다고 추산하고 있습니다. 이는 폭스바겐이 다른 경쟁사들보다 단지 기술적 우위에 있음을 자랑하기 위해 베이론 한 대를 팔 때마다 70억 원 이상을 손해보고 있다는 뜻입니다.

작품 소개

부가티 베이론을 모델로 한 이 작품은 원격으로 7단 및 후진단 변속을 할 수 있는 인상적인 시퀀셜 변속기[1]를 기반으로 제작되었습니다. 이 작품은 최대한 많은 기능을 집어넣을 수 있도록 설계하였습니다. W형 16기통 피스톤 엔진(V형 8기통 엔진 두 개를 조합한 미니 버전)과 사륜구동 동력 전달 장치 그리고 네 바퀴 모두에 실제 동작하는 브레이크를 탑재하고 있습니다. 또한 브레이크가 동작하면 에어 브레이크와 같은 역할을 하도록 기울어지는 접이식 리어 윙과 모터로 구동되는 컨버터블 루프도 달려 있습니다.

차체를 가볍게 만들기 위해 테크닉 축과 패널 그리고 유연한 호스 부품을 주로 사용하였습니다. 도어와 엔진 커버는 손으로 직접 열 수 있습니다. 반면 후드는 탑승 공간 내부에 있는 레버를 이용하여 열 수 있습니다.[2]

도전 과제

복잡한 기능들을 구현하는 작업은 어느 하나 쉬운 것이 없었지만, 그중에서도 변속기가 가장 힘든 도전 과제였습니다. 이는 최초로 3단 이상을 구현한 레고 테크닉 시퀀셜 변속기로, 이 자체만으로도 구조가 만만치 않게 복잡합니다. 그리고 단 하나의 모터를 연결하여 변속이 가능한 메커니즘을 가지고 있습니다. 이 변속기를 차체 안에 집어넣는 것은 말할 것도 없고 무거운 차체를 움직이는 것 자체가 큰 과제였습니다. 또한 모터로 구동되는 혁신적인 브레이크 시스템을 구현하고 브레이크 동작에 맞추어 리어 윙이 같이 동작하도록 만드는 작업도 만만치 않았습니다. 이 작품을 만드느라 크게 잡아 9개월 정도 힘든 시간을 보내야 했습니다.

---

[1] 시퀀셜 변속기는 변속 레버를 앞뒤로 움직이면 현재 기어단을 중심으로 기어가 한 단씩 올라가거나 내려가는 방식의 변속기입니다.

[2] 부가티 베이런은 엔진이 운전석 뒤쪽에 위치한 미드쉽 타입으로 보통 엔진이 있어야 할 후드 안쪽은 수납 공간으로 사용합니다.

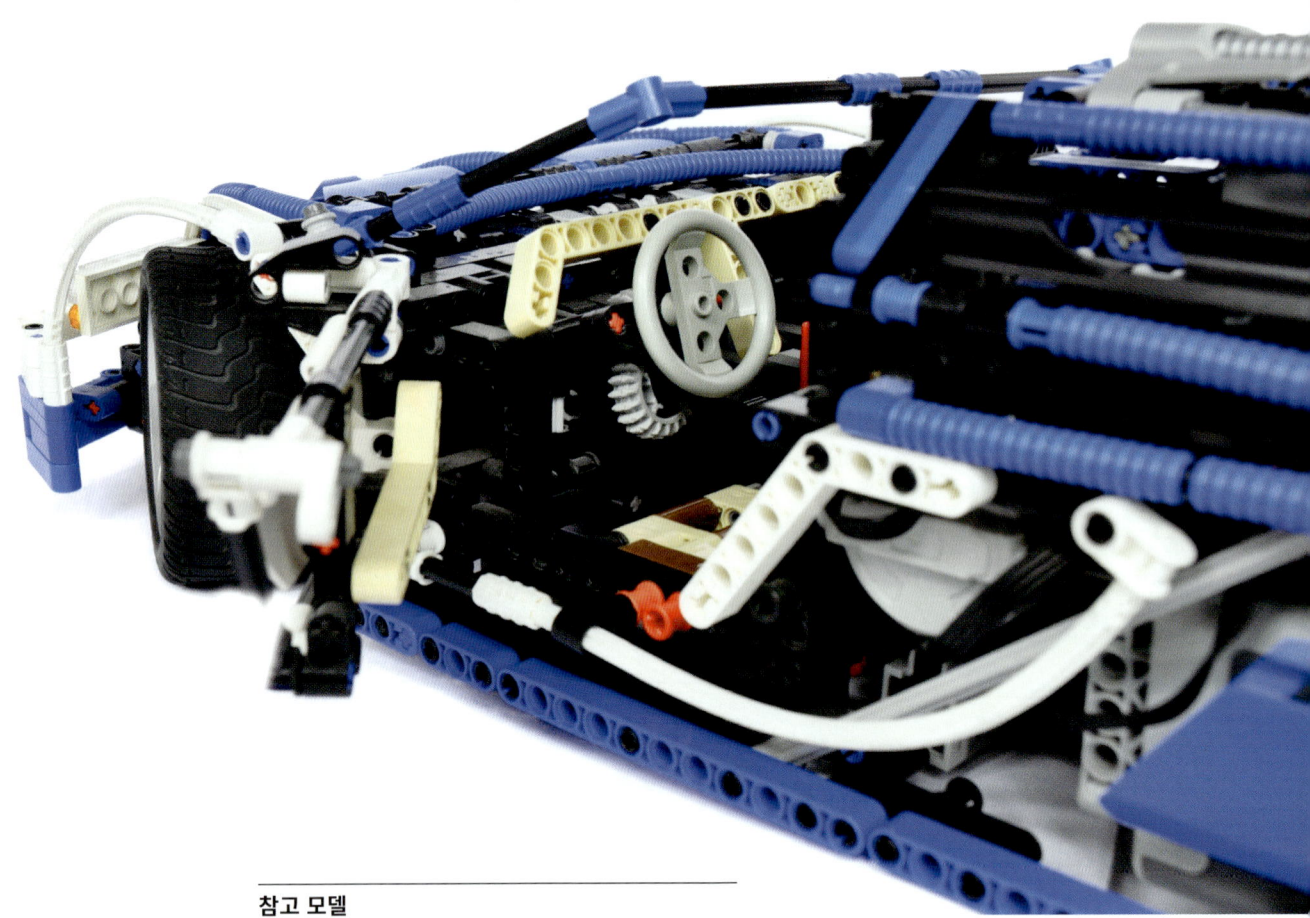

참고 모델

부가티 베이론은 단순한 목적으로 만들어졌습니다. 폭스바겐 그룹이 부가티 브랜드를 소유하고 있는데, 세계에서 가장 빠른 속도로 공공도로를 주행할 수 있는 합법적인 자동차를 제작한다는 사실을 알려주고자 하였습니다. 하지만 최고 속도 400km/h 이상을 낼 수 있으면서 일상적인 용도에 적합하고 대량 생산이 가능한 자동차를 만드는 데까지는 6년의 시간이 걸렸습니다. 베이론은 복잡한 W형 16기통 엔진뿐만 아니라 4개의 터보차저와 10개의 라디에이터를 탑재하고 있습니다. 이 엔진은 V형 8기통 엔진 두 개를 하나로 묶어 1000마력 이상의 파워를 낼 수 있습니다. 12분간 최고 속도로 주행하면 연료가 바닥나고 모든 타이어가 닳아버립니다. 이 베이론 전용 타이어는 오직 프랑스에서만 교환이 가능합니다.[3]

영국의 자동차 리뷰 전문 방송인 탑 기어에서 '지난 10년을 대표하는 최고의 자동차'로 선정된 부가티 베이론은 4개의 정규 모델과 20가지가 넘는 특별 버전을 선보였습니다. 아마도 경쟁사에서 더 빠른 자동차를 만들어 낼 때마다 적극적으로 대응하는 것으로 보입니다.

[3] 프랑스의 유명 타이어 제조사 미쉐린에서 생산한 부가티 전용 타이어를 사용하며, 교체 비용만 3,300만원 가량이 듭니다.

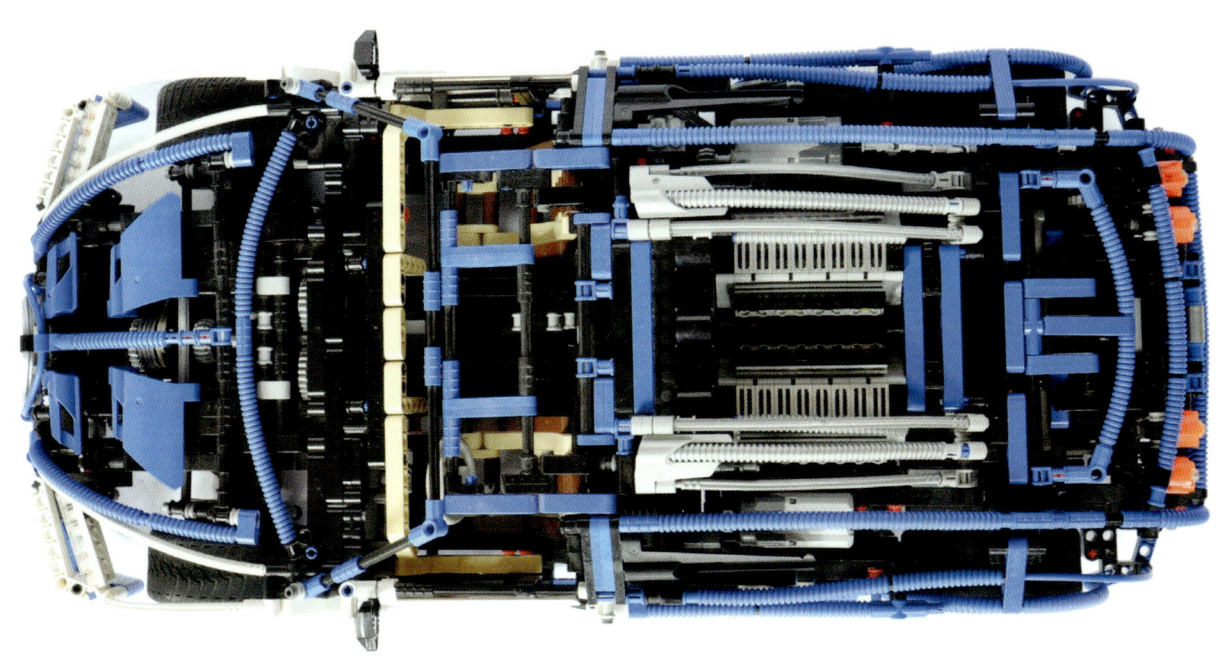

+ 재미있는 사실

실제 부가티 베이론은 수동으로만 지붕을 탈부착할 수 있습니다. 지붕을 떼어 내어 차량 내부에 수납할 수 있으며 비가 올 경우 재빨리 씌울 수 있는 천 재질의 캐노피가 있지만, 130km/h 이상 주행하지 말 것을 권장하고 있습니다.

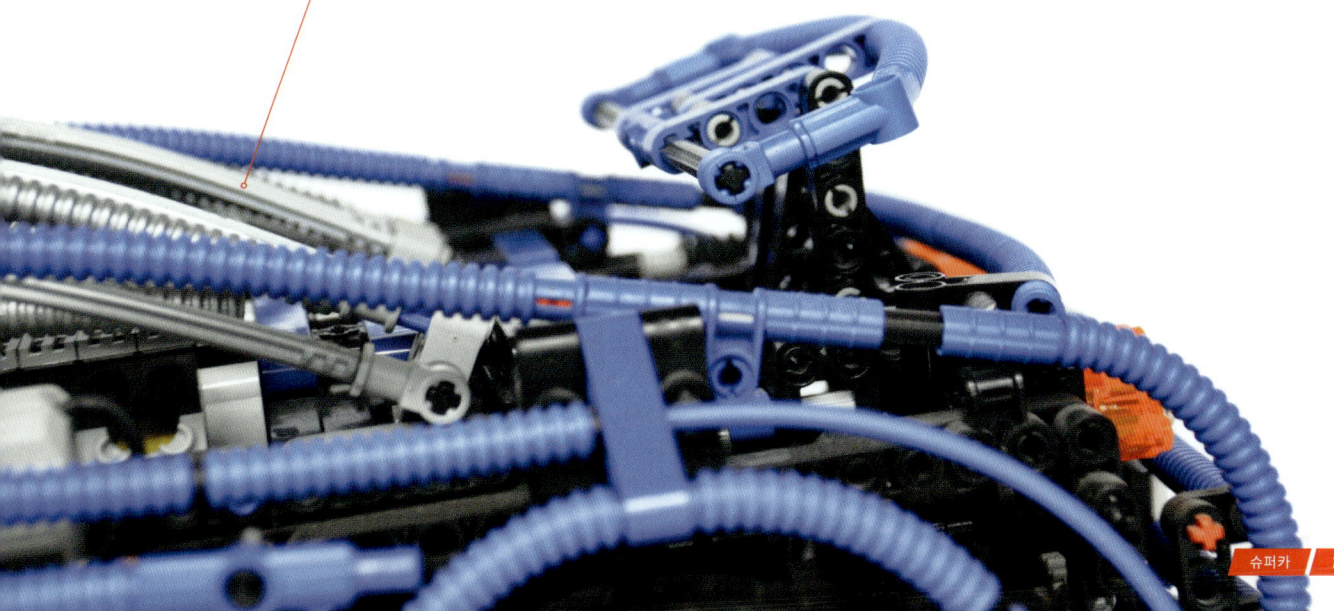

페라리 458 스파이더

브루노jj1(brunojj1) (2012)

+ 컨버터블 기능을
  충실히 재현

작품 소개

작지만 속이 꽉 찬 이 작품은 제품 번호 8653 엔초 페라리와 제품 번호 8145 피오라노와 같은 레고 공식 테크닉 페라리를 계승하고 있습니다. 하지만 이 제품들은 그저 영감을 주었을 뿐이며 이 작품은 우리를 흥분시키는 놀랍고 향상된 몇 가지 기능을 가지고 있습니다. 일반적으로 슈퍼카에는 완벽한 독립 서스펜션, 구동계 원격 조종 시스템, 실제 동작하는 조향 휠 그리고 전조등과 같이 의례 기대하는 기능들이 탑재되곤 합니다. 하지만 이 작품에는 변속기가 빠져있습니다. 그 대신 접이식 지붕이라는 더욱 비범한 메커니즘이 들어 있습니다. 이 장치는 파워 펑션 M 모터 하나와 여러 개의 기어로 구성되어 매끄럽게 동작합니다.

참고 모델

페라리 F430의 완벽한 계승자로 소개된 458 이탈리아와 이 차량의 후기 변형 모델인 스파이더는 F1 경주차를 만드는 페라리의 노하우를 바탕으로 새롭게 설계되었습니다. 이 차량에는 진보된 트랙션 제어 시스템과 전자기력으로 댐핑력이 가변되는 쇽 업소버로 구성된 정교한 서스펜션이 장착되었습니다. 프리필 기능이 적용된 브레이크로 인해 차량의 속도가 100km/h에서 정지하는 데까지 필요한 거리는 27m 정도 밖에 되지 않으며, 메르세데스-벤츠 SLS AMG에서 사용된 것과 같은 반자동 변속기가 적용되어 있습니다.[1] 이 모든 기술들이 한데 모인 덕분에 V형 8기통 엔진이 장착된 458 차량을 이용하여 탑 기어 테스트 트랙에서 랩 타임을 측정하였을 때 V형 12기통 엔진을 갖고 있는 엔초 페라리보다 단 0.1초 밖에 뒤지지 않았습니다.

[1] 트랙션(Traction)은 자동차를 앞으로 주행시키는 견인력을 가리키는 말로, 트랙션 제어는 차량이 갑자기 가속을 할 때 바퀴가 미끄러지지 않고 도로와 접지력을 잘 유지하도록 제어하는 것을 칭합니다. 프리필(Prefill) 기능은 유압 브레이크가 동작하지 않은 정도로 미리 유압을 넣어두는 기능으로 유압을 사용하는 브레이크 시스템의 동작 속도가 빨라지는 효과가 있습니다.

제원	
길이	**46.7** cm
너비	**22.7** cm
높이	**11.9** cm
부품수	**2,077** 개

- **+ 접이식 지붕 덮개**
- **+ 도어**
  수동으로 열림
- **+ 스티어링 휠**
  실제 동작 가능
- **+ 파워 펑션 적외선 수신기**
- **+ 후륜**
  서스펜션이 장착되어 있으며 차량을 구동
- **+ 파워 공급 장치**
  8878 충전식 배터리
- **+ 전조등**
- **+ 원격 조종기**
- **+ 전륜**
  서스펜션이 장착되어 있으며 조향을 담당

트렌디한 도시적인 모습에도 불구하고 실제 458은 환상적인 기계적 발명품으로 가득합니다. 전면 흡기구 그릴에 윙릿**2**이 달려 있고 고속에서는 이 윙릿이 낮아져 다운 포스를 증가시켜줍니다. 내부 디자인은 전 페라리 F1 드라이버 미카엘 슈마허의 조언을 참고하여 설계되었습니다.

2 윙릿은 전면 그릴 내부에 있는 콧수염 모양의 보조 날개를 말합니다. 고속에서 모양이 변하는 윙릿 덕분에 공기 역학적으로 차체를 눌러주는 다운 포스가 발생하여 차량을 안정적으로 조종할 수 있도록 도와줍니다.

포드 머스탱 셸비 GT500

쉬포(*Sheepo*) (2013)

제원	
길이	**60**cm
너비	**24.6**cm
높이	**17.5**cm
부품수	**4,006**개

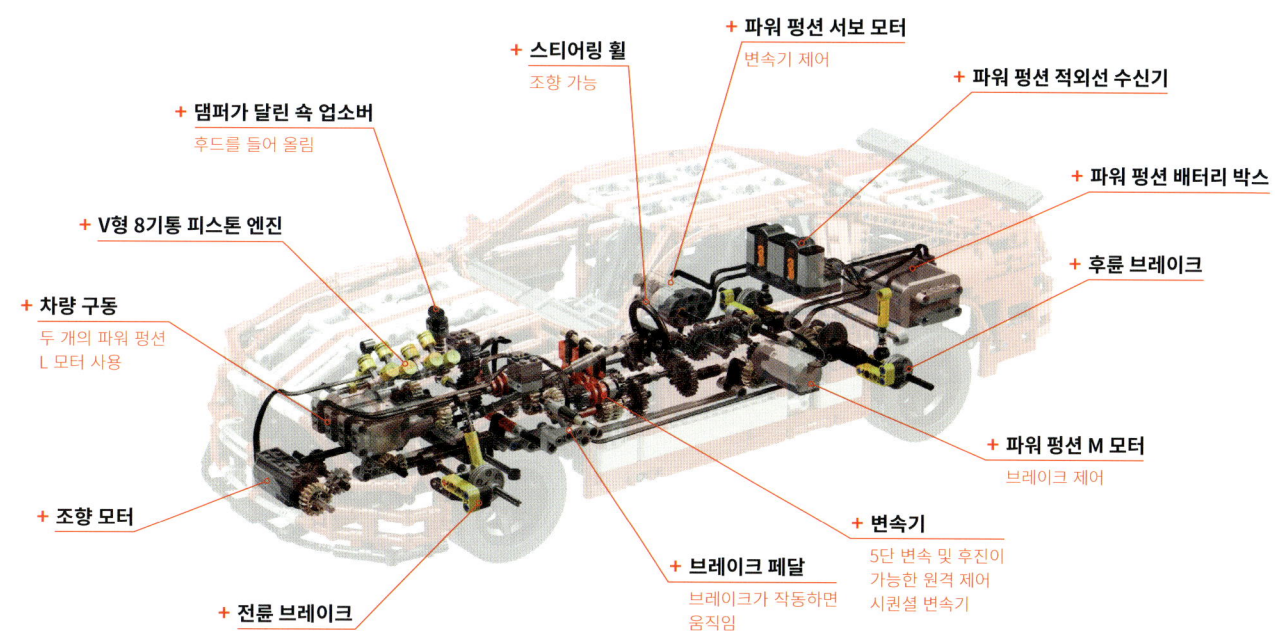

- **댐퍼가 달린 쇽 업소버** — 후드를 들어 올림
- **스티어링 휠** — 조향 가능
- **파워 펑션 서보 모터** — 변속기 제어
- **파워 펑션 적외선 수신기**
- **파워 펑션 배터리 박스**
- **V형 8기통 피스톤 엔진**
- **후륜 브레이크**
- **차량 구동** — 두 개의 파워 펑션 L 모터 사용
- **조향 모터**
- **파워 펑션 M 모터** — 브레이크 제어
- **전륜 브레이크**
- **브레이크 페달** — 브레이크가 작동하면 움직임
- **변속기** — 5단 변속 및 후진이 가능한 원격 제어 시퀀셜 변속기

작품 소개

포드 머스탱 셸비의 GT500을 1:8 스케일로 만든 이 작품은 맥퍼슨 타입 서스펜션을 전륜에 장착하고 후륜에는 활축이 구현되어 있습니다. 탑승칸 내부에 설치된 브레이크 페달을 움직여 실제로 모든 바퀴에서 디스크를 잡아 제동을 실시합니다. 전륜은 포지티브 캠버를 갖고 있고 캐스터와 킹핀 각도 구현되어 있으며 애커먼식 조향 장치를 적용하였습니다.[1] 5단 변속과 후진이 가능한 시퀀셜 변속기는 자동 클러치 기능도 가지고 있으며 후드를 열면 V형 8기통 피스톤 엔진을 볼 수 있습니다. 트렁크를 열수 있으며 심지어 문에는 잠금 기능도 구현되어 있습니다.

이 작품은 테크닉 빔으로 만든 유니 바디[2] 구조로 이루어져 있으며 서스펜션이나 스티어링 시스템 같은 섀시 모듈을 분리할 수 있습니다. 이러한 구조 덕분에 작품을 살짝 손보거나 수정하기가 수월하였고 지난 4개월 간 머스탱을 만드는 데 많은 도움이 되었습니다.

1. 캠버와 캐스터, 킹핀은 자동차 바퀴와 조향축이 기울어져 있는 여러가지 기하학적 각도와 관련된 용어들로, 캠버는 바퀴가 옆으로 벌어진 정도를 말하며 캐스터와 킹핀은 조향축을 기준으로 기울어진 정도를 나타냅니다. 플러스 캠버는 포지티브 혹은 외향 캠버라고도 하며 차량 앞에서 본 바퀴의 윗부분이 지면과 수직한 선을 기준으로 바깥으로 기울어진 상태를 말하는 것으로, 바퀴가 힘을 받았을 때 아래쪽이 과다하게 벌어지는 것을 막을 수 있으며 스티어링 휠을 돌리는 힘이 적게 드는 장점이 있습니다. 애커먼식 조향 장치란 차량이 선회할 때 앞쪽 두 바퀴가 동일한 선회 중심점을 기준으로 원 운동을 할 수 있도록 선회 안쪽에 있는 바퀴의 조향각이 바깥쪽 바퀴의 조향각보다 크게 설계된 시스템입니다.
2. 유니 바디는 모노코크바디라고도 부르며 차량의 기본 뼈대인 프레임과 차체를 하나로 만든 구조를 말합니다.

도전 과제

처음에는 어떠한 전기 부품도 사용하지 않고 이 작품을 만들었습니다. 하지만 나중에 모터로 구동하자는 결심을 한 후로 전기 부품을 차량 내부에 집어넣느라 많은 공을 들여야 했습니다.

참고 모델

셸비사는 포드 머스탱 개조 한정판을 생산해오고 있는 오랜 전통을 가진 회사입니다. 1965년부터 1970년 사이에 활약한 1세대 머스탱을 바탕으로 실시했던 개조 작업은 세계적인 주목을 받았습니다. 그리고 셸비사는 새롭게 출시한 5세대 머스탱을 고성능 버전으로 개조하여 2007년에 다시 돌아왔습니다. 셸비 GT500이라는 이름은 500마력 엔진으로부터 따왔습니다. 튜닝한 서스펜션을 설치하고 더 큰 바퀴와 자체 제작한 전방 범퍼 및 스포일러 등의 바디 키트를 장착하였습니다.

┏ 아메리칸 셸비 1000이라고 불리는 특별한 버전도 있는데 이 차량은 경주 트랙 전용으로 1200마력 엔진을 장착하고 430km/h의 최고 속도를 낼 수 있습니다. 이 차를 소유하고 싶다면 여러분의 GT500을 셸비 공장으로 보내야 합니다. 그곳에서는 차를 해체한 다음 처음부터 다시 만듭니다.

코닉세그 CCX

여헨 크로숍(Jurgen Krooshoop) (2012)

제원	
길이	**44.2** cm
너비	**22.9** cm
높이	**12.4** cm
부품수	**1,967** 개

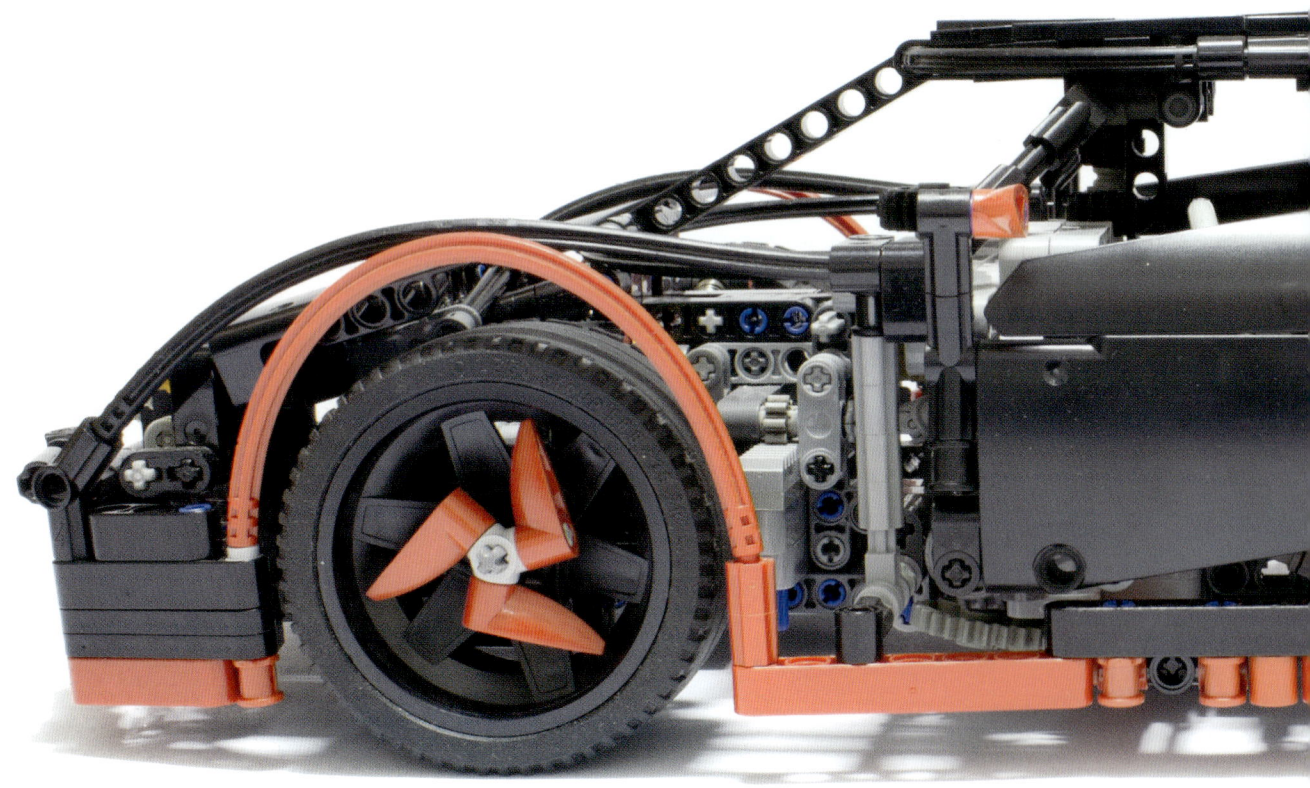

작품 소개

이국적인 모습의 스웨덴산 슈퍼카를 모델로 만든 이 작품은 여러 가지 특징을 가지고 있습니다. 완벽한 독립 서스펜션을 적용하고 전륜에는 포지티브 캐스터[1] 및 캠버로 세팅하였습니다. 애커만 조향 장치를 기반으로 운전석에서 스티어링 휠을 이용하여 실제 조향이 가능한 시스템을 구축하였으며 대시보드 위쪽에 추가적인 조향 핸들을 설치하여 외부에서도 쉽게 조향을 할 수 있도록 하였습니다. V형 8기통 피스톤 엔진과 6속 변속기 그리고 열 수 있는 후드와 트렁크도 만들었습니다. 가장 눈에 띄는 기능은 이 차량의 트레이드 마크인 코닉세그 도어로, 바깥쪽으로 열리면서 위로 올라가는 도어를 구현하였습니다.

[1] 포지티브 캐스터는 일반적인 자전거 앞바퀴처럼 조향축이 진행 방향 반대로 기울어진 모양을 말하며, 차량의 직진성이 좋아지는 장점이 있습니다. (포지티브 캠버는 175쪽 주석 1을 참조하세요.)

도전 과제

역시 독특하게 열리는 코닉세그 도어를 만드는 것이 가장 힘들었습니다. 도어의 동작을 재현하기 위해 특정 범위에서 직선으로 이동하면서 동시에 회전하는 메커니즘을 고안하고 제한된 공간에 집어넣어야 했기 때문입니다.

참고 모델

코닉세그 CCX는 미국 공공도로에서 합법적으로 탈 수 있는 첫 번째 코닉세그로서, 이보다 먼저 생산되었던 1세대 및 2세대 코닉세그와 달리 최고의 안전을 추구하고 세계적인 환경 규제를 충실히 따르도록 제작하였습니다. V형 8기통 엔진에서 뿜어 나오는 800마력의 파워와 함께 최신 기술들이 훌륭하게 융합되어 있으며 포브스가 선정한 가장 아름다운 자동차 10위 안에 선정될 정도로 매력적인 스타일을 가지고 있습니다. 최고 속도가 395km/h에 달하는, 이 믿기 힘들 정도로 빠른 자동차는 4년간 고작 14대만이 생산되었을 정도로 희귀한 차량입니다.

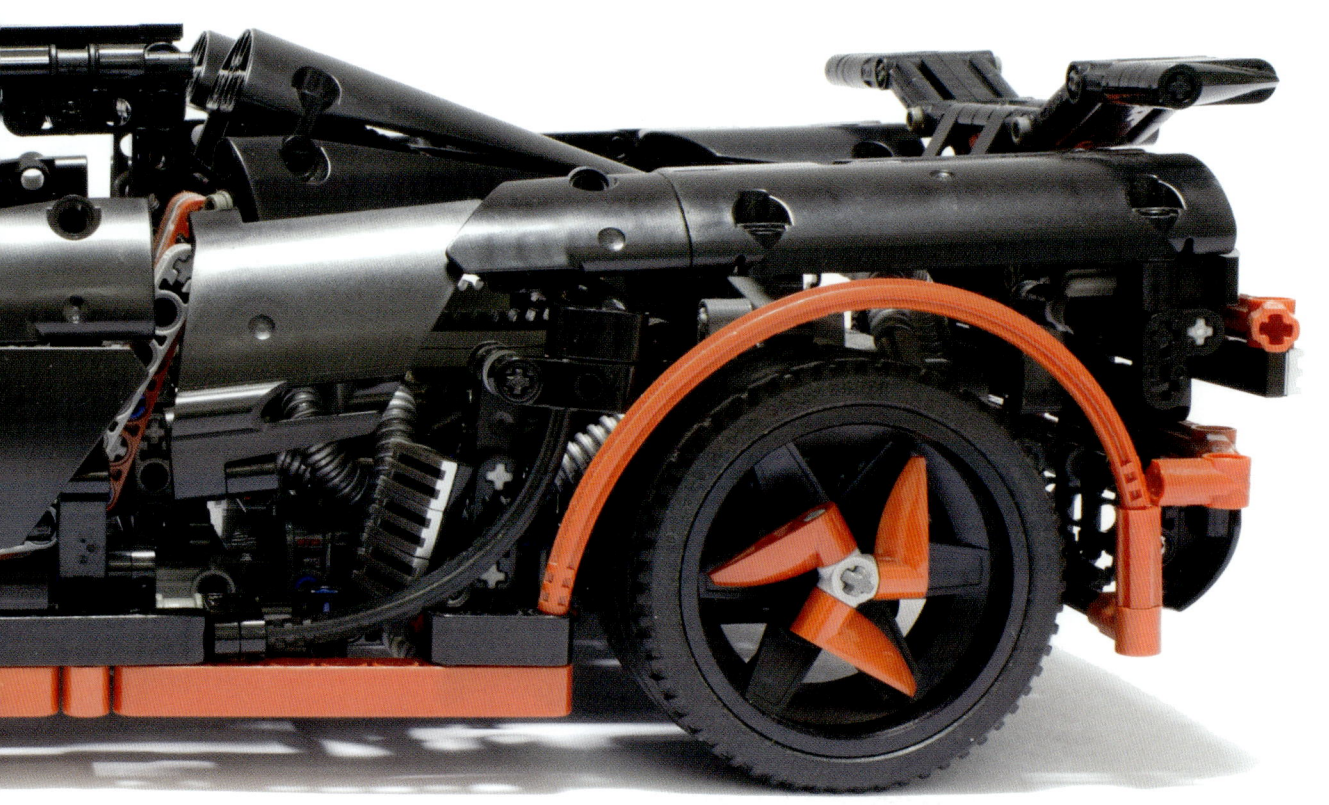

+ 재미있는 사실

코닉세그 제작사는 차량 도어를 여닫는 독특한 시스템을 '2면 나선 동조 구동'이라고 부릅니다.

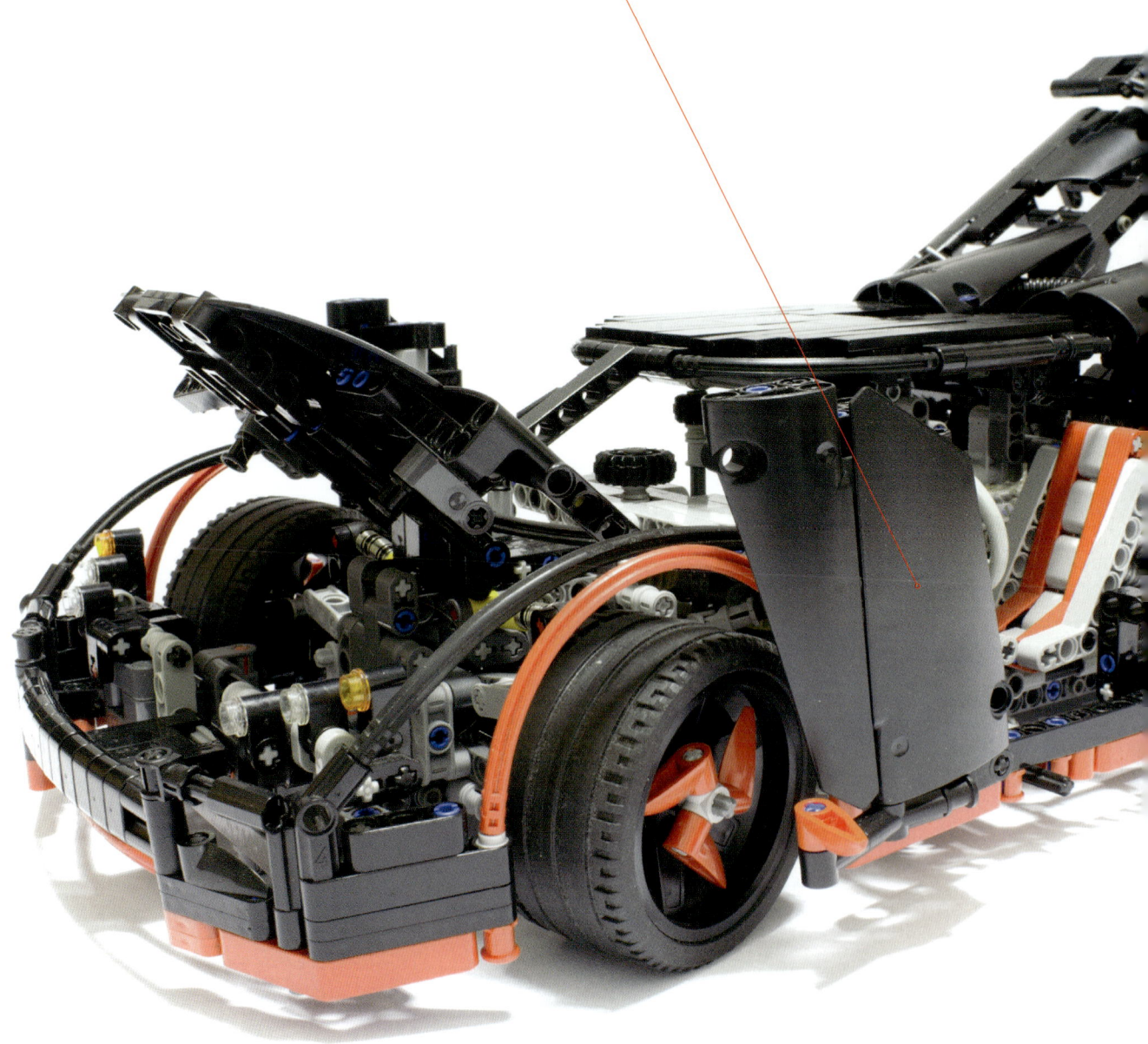

> 이 차량은 CCXR이라고 불리는 특별한 버전이 존재합니다. 이 버전은 에탄올 연료로 주행하는 세계 유일의 친환경 슈퍼카로 여겨지고 있습니다. 에탄올은 실제로 엔진을 더욱 강력하게 해줍니다. 엔진 출력이 1004마력까지 올라가고 최고 속도는 402km/h를 낼 수 있습니다.

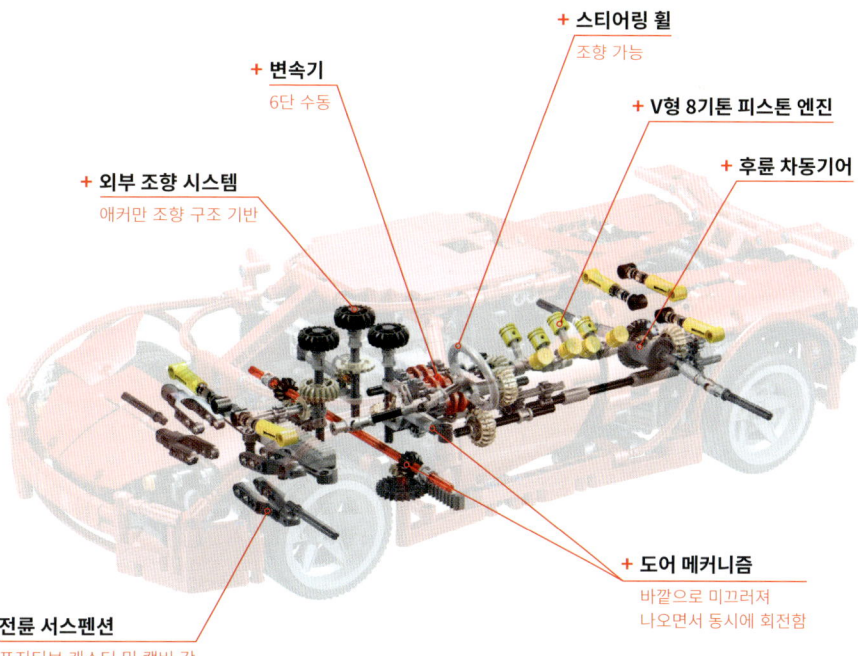

+ **스티어링 휠**
  조향 가능

+ **변속기**
  6단 수동

+ **V형 8기통 피스톤 엔진**

+ **외부 조향 시스템**
  애커만 조향 구조 기반

+ **후륜 차동기어**

+ **도어 메커니즘**
  바깥으로 미끄러져 나오면서 동시에 회전함

+ **전륜 서스펜션**
  포지티브 캐스터 및 캠버 각

람보르기니 아벤타도르

프란시스코 하틀리(Francisco Hartley) (2013)

작품 소개

아벤타도르를 모델로 만든 이 작품에는 제작과 관련된 흥미로운 이야기가 하나 있습니다. 모든 기능이 구현된 섀시를 먼저 만든 후에야 비로소 차체를 더해 작품을 완성할 수 있었습니다. 작품이 모터로 구동되지 않기 때문에 넉넉하게 남아 있는 내부 공간에 기계적으로 움직이는 기능을 집어넣을 수 있었기 때문입니다. 예를 들어 서스펜션, V형 12기통 피스톤 엔진, 중앙 차동 기어를 이용한 사륜구동 시스템, 클러치가 달린 5단 및 후진 변속기, 조향 가능한 스티어링 휠, 공압 쇽 업소버로 동작하는 시저스 도어, 열리는 후드와 트렁크, 수납식 리어 윙 같은 기능들이 빈 공간에 자리 잡았습니다.

세심하게 형태를 재현한 차체는 대부분 스터드 없는 부품들을 사용하였지만 중요한 세부 형태를 묘사하는 데 약간의 브릭을 이용하기도 하였습니다.

도전 과제

가장 어려웠던 과제는 최신 레고 테크닉 제품의 스타일을 따르면서도 진짜처럼 보이는 작품을 만드는 것이었습니다. 일반적으로 요즘 테크닉 제품은 외형보다 기능을 중요시하며 모든 부품을 적재적소에 사용합니다. 또한 외형을 정확하게 묘사하기보다는 상징적인 특징만을 잡아서 틈과 구멍이 뚫린 단순한 형태로 표현합니다.[1]

---

[1] 최근의 공식 테크닉 제품들은 외형에도 상당히 신경을 쓰고 있습니다. 신형 테크닉 패널들을 사용하여 외형에 빈곳이 없도록 채우는 표현 기법을 사용하는 추세입니다.

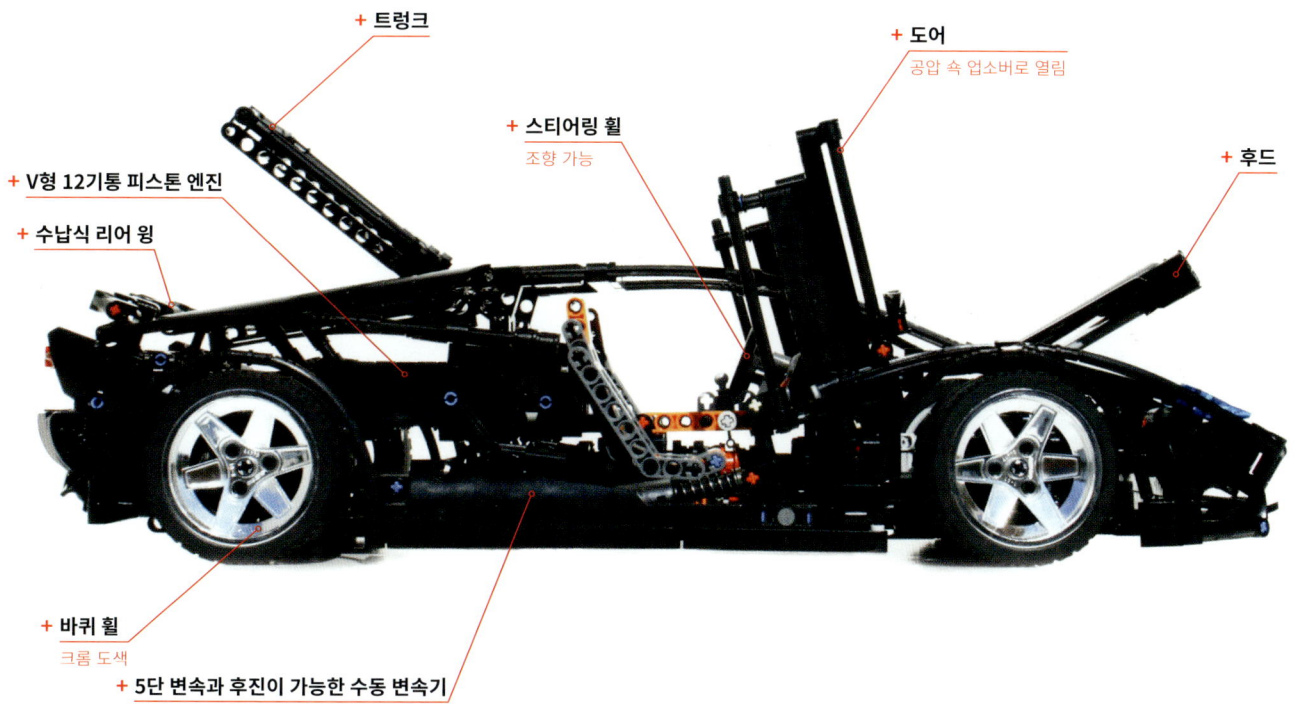

아벤타도르는 탑 기어 테스트 트랙에서 평가를 받았을 때 부가티 베이론 슈퍼 스포츠, 엔초 페라리, 포르쉐 911 GT3 같은 차량들을 제치고 역대 세 번째로 빠른 랩 타임을 기록하였습니다.

참고 모델

거의 반세기 전에 이미 V형 12기통 엔진을 얹은 람보르기니의 플래그십 라인이 등장하였지만 아벤타도르는 람보르기니 혈통을 이은 고작 다섯 번째 밖에 안 되는 모델입니다.[1] 아벤타도르는 바로 전 세대인 무르시엘라고 이후로 10년 만에 등장하였으며 카본 파이버 모노코크 바디와 7단 ISR 변속기와 같은 여러 가지의 진보된 기술을 탑재하여 갈채를 받았습니다.[2]

아벤타도르는 정지 상태에서 100km/h까지 도달하는 데 걸리는 시간이 2.9초라는 믿을 수 없는 가속력을 가지고 있지만, 최고 속도보다는 핸들링을 중요시하는 람보르기니 V형 12기통 엔진 라인의 새로운 방향성을 대표하는 차량입니다.

[1] 람보르기니는 크게 V형 12기통 엔진을 탑재한 플래그십 라인과 V형 10기통 엔진을 장착한 엔트리 라인이 있습니다.
[2] 카본 파이버 모노코크 바디는 탄소섬유강화 플라스틱을 사용한 일체형 차대로 차량의 무게를 줄이는 데 도움이 됩니다. ISR(Independent Shifting Rod) 변속기는 기존 변속기 대비 변속 시간을 50% 가까이 단축하였으며 무게는 79kg에 불과한 새로운 변속기입니다.

람보르기니 가야르도

크로우킬러(Crowkillers) (2009)

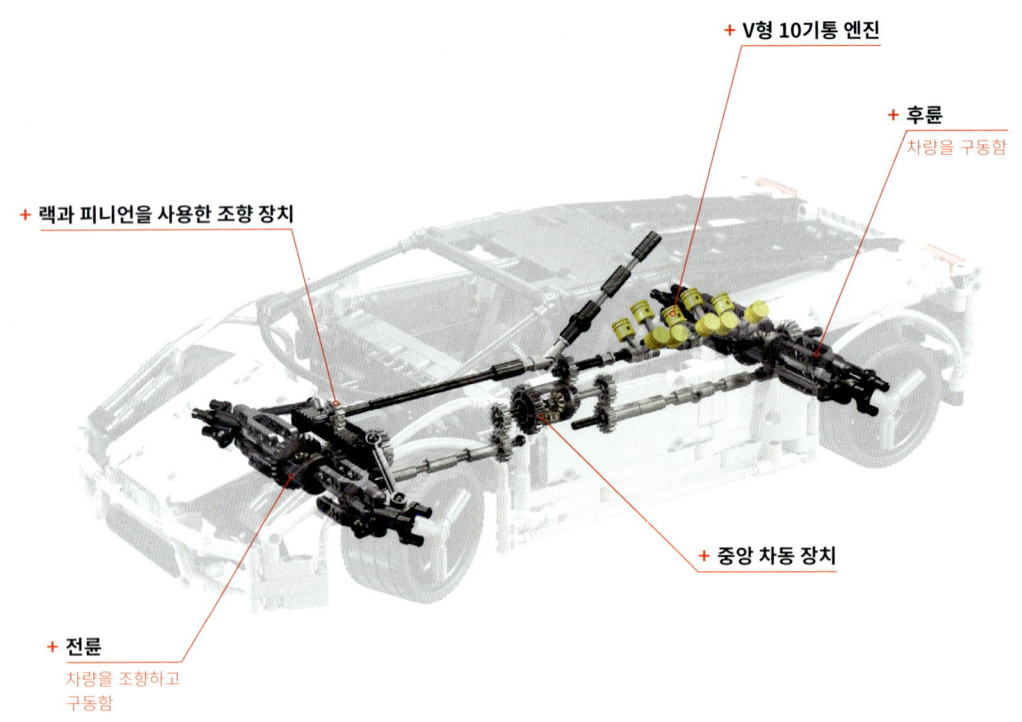

+ V형 10기통 엔진
+ 후륜
  차량을 구동함
+ 랙과 피니언을 사용한 조향 장치
+ 중앙 차동 장치
+ 전륜
  차량을 조향하고 구동함

작품소개

이 작품은 레고 공식 테크닉 제품으로부터 영감을 얻어 제작되었습니다. 중앙 차동장치와 운전석 뒤에 위치한 V형 10기통 엔진을 조합한 사륜구동 동력전달장치를 장착하였습니다. 외부 조향 손잡이가 추가로 달려 있으며 개폐가 가능한 도어와 엔진 베이 커버가 있고, 자체 제작한 크롬 휠을 사용하였습니다. 그리고 신형 테크닉 플레이트 부품만을 사용하여 실제 차량을 충실하게 재현한다는 어려운 작업에 성공하였습니다.

참고모델

람보르기니 가야르도는 10년이라는 오랜 기간 동안 생산되었으며 람보르기니가 가장 많이 생산한 차종이라는 기록을 가지고 있을 정도로 인기 있는 모델입니다. 가야르도는 500마력 엔진과 완전 자동으로 변속되는 반자동 변속기[1] 그리고 시내에서 주행할 때 소음을 줄여주는 배기 플랩이 적용되어 세계에서 14,000대가 넘게 팔려 나갔습니다.

[1] 반자동 변속기(Semiautomatic transmission)란, 일반적으로 수동 변속기처럼 운전자가 클러치페달을 밟아 엔진과 변속기를 단절시키는 과정 없이 운전자가 변속레버를 조작하면 변속기가 자동으로 클러치를 동작시키는 변속기입니다. 가야르도에는 E-Gear 라고 이름 붙인 반자동 변속기 시스템이 탑재되어 있습니다.

이탈리아 교통 경찰은 두 대의 가야르도를 운용하고 있습니다. 이식용 장기 이송이 주목적이지만 이탈리아 고속도로에서 발생하는 응급상황에도 활용합니다. 런던의 수도 경찰도 가야르도 두 대를 임시로 사용해 오고 있으며 파나마 경찰도 현재 한 대를 일선에 배치하였습니다.

람보르기니 미우라 조타

친칠라 상원의원(Senator Chinchilla) (2013)

제원	
길이	42.4 cm
너비	20 cm
높이	10.8 cm
부품수	~1,500 개

작품 소개

슈퍼카 급 차량을 모델로 만든 이 작품은 일반적인 방법과 조금 다른 방식으로 제작되었습니다. 즉, 섀시를 포함하여 거의 모든 부분을 완전히 전통 레고 브릭을 사용하여 제작하였습니다. 보다시피 구식 디자인이기는 하지만 람보르기니 미우라 조타는 완벽한 독립 서스펜션이 장착되어 있고 포지티브 캐스터 각을 갖는 조향 시스템과 5단 변속기 그리고 V형 12기통 엔진이 설치되어 있습니다. 도어와 후드 그리고 트렁크를 열 수 있으며 전조등은 차체 안에서 솟아오릅니다. 그리고 좌석을 앞뒤로 움직여 위치를 조정할 수도 있습니다.

도전 과제

이 작품을 만들면서 크게 두 가지 근본적인 문제를 해결해야 했습니다. 한 가지는 우선 상대적으로 크기가 작은 섀시 내부에 V형 12기통 엔진과 5단 변속기를 가로로 배치하는 것이었고, 또 다른 한 가지는 다소 색다른 방식(187쪽 참고)으로 열리는 육중한 후드와 트렁크를 설치할 수 있도록 견고한 차체를 만들어야 했습니다.

참고 모델

1970에 제작된 조타는 람보르기니 미우라의 단 한 가지 버전입니다. 실제 미우라는 V형 12기통 엔진을 얹은 람보르기니의 첫 번째 플래그십 차량이었습니다. 이 차량은 두 개의 좌석과 미드십 엔진을 장착한 고성능 스포츠카의 트렌드를 선도했다고 알려져 있습니다. 조타는 미우라의 성능을 강화한 레이싱용 버전으로 무게를 무려 360kg이나 줄인 반면 출력은 90마력을 올리는 등 다양한 부분이 개조되었습니다. 이 차량은 람보르기니 레이싱 팀에게 테스트를 받은 한 개인 소유자에게 판매되었지만 이듬해 충돌 사고로 전소되고 말았습니다.

미우라는 창립자인 페루치오 람보르기니가 만들고자 했던 차량과는 상당한 거리가 있었습니다. 그러나 1966년 제네바 모터쇼에서 미우라 프로토타입은 강렬한 인상을 심어 주었고, 이 차량이 공장 라인에서 생산될 수 있으리라 확실시되었습니다.

맥라렌 MP4-12C

디키 클레인(Dikkie Klijn) (2014)

작품 소개

맥라렌 MP4-12C를 모델로 하여 만든 이 차량은 모터로 구동되지는 않지만 실제 자동차의 외형만을 재현하는 수준을 넘어섰으며, 이 차에는 거의 진짜 같은 섀시가 들어 있습니다. 어떤 면에서는 작품 안에 작품이 들어 있다고 할 수 있습니다. 이 작품에는 전통적인 슈퍼카의 모든 기능이 구현되어 있습니다. 예를 들어 완전한 독립 서스펜션과 V형 8기통 엔진 그리고 3단 변속 및 후진이 가능한 수동 변속기와 실제 동작하는 스티어링 휠을 가지고 있습니다. 정확한 외형을 제작하기 위해 신형과 구형 테크닉 패널을 조합하고 이와 함께 브릭과 플레이트로 직접 만든 패널을 더하여 차체를 묘사하였으며 차체의 도어와 엔진 커버를 열 수 있도록 만들었습니다.

모듈러 방식으로 제작된 섀시에는 라디에이터와 배기 시스템 그리고 엔진처럼 작품의 스케일에 맞도록 묘사한 부품들이 자리 잡고 있습니다. 전체 작품을 만드는 데 16개월이 걸렸으며 25개의 모듈로 쉽게 분리할 수 있지만 모두 합쳐 놓았을 때는 상당히 견고합니다.

참고 모델

2011년에 소개된 맥라렌 MP4-12C(혹은 간단히 12C)는 13년 간의 공백을 깨고 맥라렌이 생산한 첫 번째 양산 차량이자 전설적인 맥라렌 F1 모델의 계승자입니다. F1 기술을 광범위하게 적용하여 만들었고, 하나의 카본 파이버 모노코크로 감싸여 있습니다. 이 모노코크의 무게는 고작 80kg 밖에 나가지 않으며 제조하는 데 4시간이 걸립니다. (맥라렌 F1의 껍데기를 제조하는 데는 3,000시간이 걸렸습니다.) 12C는 616마력을 내는 V형 8기통 엔진을 사용하여 차량을 구동시키며 수동 프리 셀렉트 옵션을 갖는 7단 변속기와 코너를 돌 때 안쪽 바퀴에 제동을 걸어 코너 밖으로 미끄러지는 것을 막아주는 브레이크 어시스트 조향 장치 그리고 200km/h에서 정지하는 데 5초가 걸리는 브레이크를 장착한 채로 등장하였습니다.[1] 이 차는 세계에서 가속이 가장 빠른 자동차 10대 중 한 대로 꼽힙니다.

[1] 프리 셀렉트 변속기는 1930년대 주로 사용된 수동 변속기의 일종으로 다음에 사용할 기어 단수로 레버를 움직여 놓으면 클러치 조작 없이 변속이 가능합니다.

제원

길이	**47** cm
너비	**21.6** cm
높이	**13** cm
부품수	**~2,000** 개

머슬 카

크로우킬러(Crowkillers) (2014)

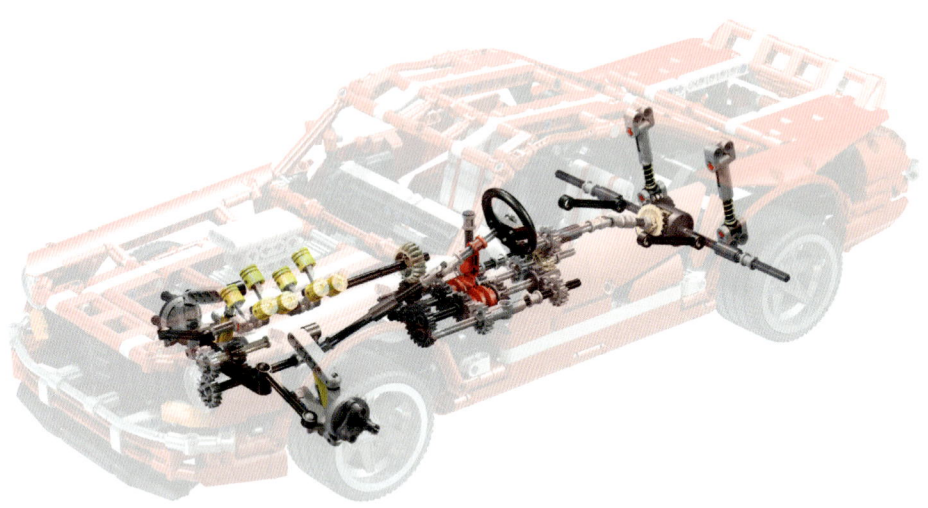

제원	
길이	**49.5** cm
너비	**21.1** cm
높이	**14.7** cm
부품수	**~1,887** 개

작품 소개

1960년대의 머슬카에 보내는 러브레터와 같은 이 작품에는 4단 변속기와 전륜의 독립 서스펜션 및 후륜의 부동 차축 그리고 스티어링 휠로 움직이는 조향 시스템과 구식 V형 8기통 엔진이 재현되어 있습니다.[1]

포드 머스탱, 시보레 카마로, 폰티악 GTO로부터 영감을 받았으며 앞 범퍼에 달린 스포일러와 별도 제작한 크롬 휠 그리고 거대한 엔진 흡기구 등 차체 모양을 세심하게 재현하였습니다. 차량의 도어와 트렁크를 열 수 있으며 후드는 위쪽과 앞쪽으로 동시에 열리는 시보레 후드를 참고하여 만들었습니다.

[1] 부동 차축(Floating Axle)이란 차량의 무게가 차축에 걸리지 않도록 베어링 허브 구조가 적용된 차축을 이야기합니다. 일반적으로 트럭의 뒷바퀴처럼 양단의 바퀴가 일자형 차축으로 연결되고 속 업소버가 섀시와 차축 사이에 연결되어 있는 구조를 가지고 있습니다.

도전 과제

이 작품의 형태를 잡는 데 몇 가지 도전 과제가 있었습니다. 차량 내부가 실제 자동차처럼 보이도록 변속기를 매우 평평하게 만들고 지붕은 유선형으로 만들어야 했습니다. 또한 후드를 들어 올릴 때 후드 위로 튀어나와 있는 흡기구와 간섭이 발생하지 않아야 했습니다.

파가니 존다

사리엘(Sariel) (2012)

제원

길이	**48**cm
너비	**23.9**cm
높이	**14**cm
부품수	**~800**개

작품 소개

이 작품은 모델로 삼았던 실제 차량처럼 괴물 같은 성능을 가진 레고 슈퍼카를 목표로 제작되었습니다. 이를 위해 4개의 레고 RC 모터를 기반으로 만들었으며 12개의 AA 건전지를 사용합니다. 사륜구동 시스템과 독립 서스펜션을 통해 여러 모터의 합산 파워를 분배합니다. 섀시는 크게 앞쪽과 뒤쪽 파트로 나누어져있으며 각 파트에는 차동 기어로 연결된 두 개의 RC 모터가 위치하고 각자 하나의 차축을 구동시킵니다. 파워 펑션 M 모터로 조향을 하며 플렉서블 액슬로 만들어진 초경량 차체 덕분에 작품의 무게는 채 2kg이 나가지 않습니다. 새 건전지를 사용하면 최고 속도를 15.4km/h까지 낼 수 있지만 건전지가 그리 오래 버텨주지는 못합니다.

도전 과제

첫 번째 도전 과제는 무게를 줄이면서 충분히 내구력이 좋은 동력전달장치를 만드는 것이었습니다. 이 동력전달장치는 이전에 사용하지 않던 레고 부품으로 만들었으며 충분히 견뎌 낼 수 있다는 것이 확인되었습니다.

+ 재미있는 사실

이 작품은 무시 못할 만한 최고 속도를 낼 수 있음에도 불구하고 아무런 브레이크 장치가 구비되어 있지 않습니다. 야외에서 주행을 할 때 감속이 필요할 경우에는 모터를 이용하여 자체적으로 제동을 할 수 있습니다.[1] 이런 동작을 하면 후륜에 설치된 차동기어의 베벨기어가 갑자기 쪼개지기도 합니다. 이 주행 방법은 후륜 구동축을 사실상 망가뜨리는 방법이지만 여전히 전륜 구동만 가지고도 충분히 주행할 수 있습니다.

참고 모델

전직 람보르기니의 직원이었던 호라시오 파가니는 페라리 같은 슈퍼카에 도전할 수 있는 자동차 제작 작업에 착수하였습니다. 그는 슈퍼카에 필적할 수 있는 첫 번째 수제작 자동차인 파가니 존다 C122를 만들었습니다. 그 후로 다양한 존다 변형 모델이 만들어졌으며, 각 모델마다 최첨단 레이싱 기술과 빈티지 감성의 세심한 수공예를 독특하게 조합하여 슈퍼카 팬들을 놀라게 만들었습니다.

---

[1] 앞으로 돌던 모터를 갑자기 뒤로 돌리면 제동하는 효과를 낼 수 있습니다. 하지만 구동축에 상당한 물리적 손상을 주는 방법이기도 합니다.

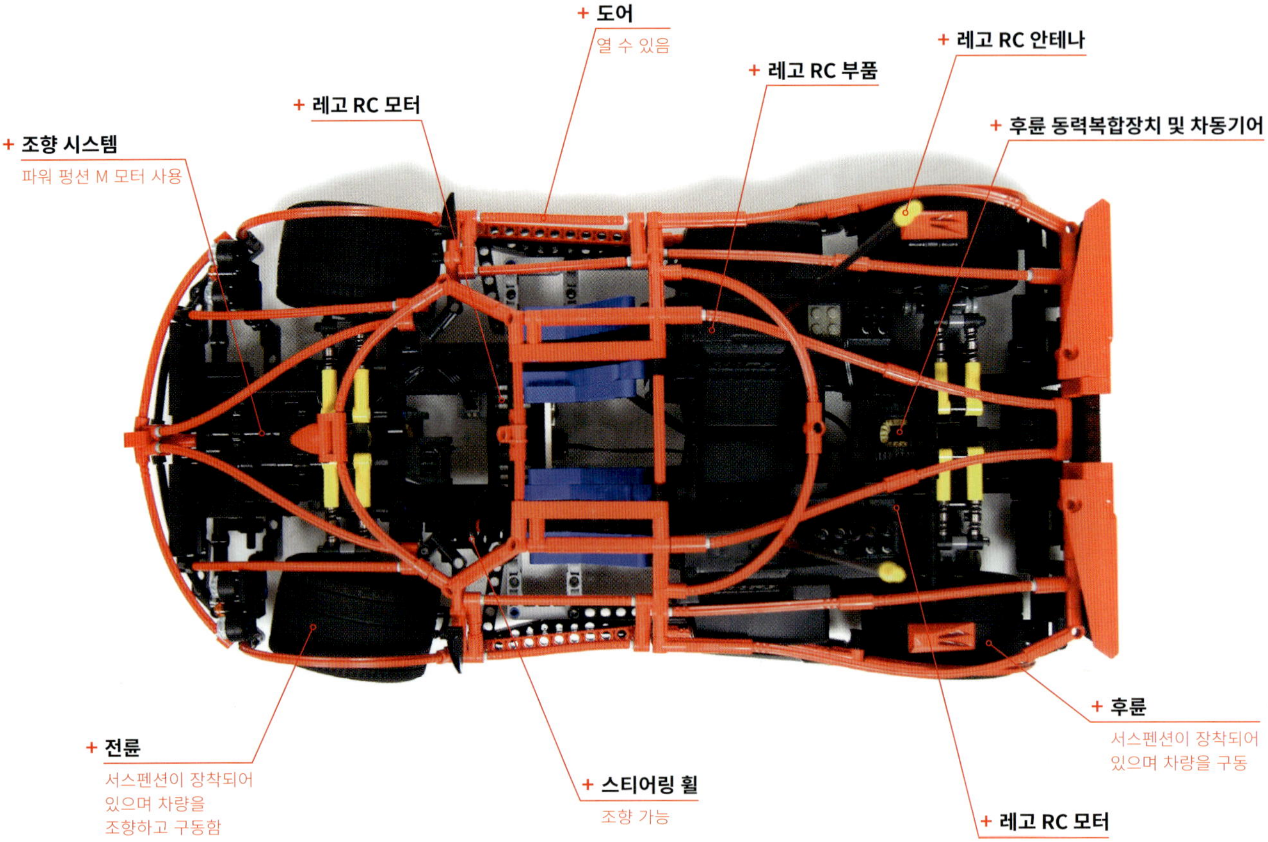

+ **도어**
열 수 있음

+ **레고 RC 부품**

+ **레고 RC 안테나**

+ **레고 RC 모터**

+ **후륜 동력복합장치 및 차동기어**

+ **조향 시스템**
파워 펑션 M 모터 사용

+ **전륜**
서스펜션이 장착되어 있으며 차량을 조향하고 구동함

+ **스티어링 휠**
조향 가능

+ **레고 RC 모터**

+ **후륜**
서스펜션이 장착되어 있으며 차량을 구동

194 | 놀랍고도 섬세한 레고 테크닉

각 변형 모델별로 몇 대 밖에 생산되지 않는 존다는 세계에서 가장 이국적인 자동차 중에 하나로 여겨지고 있습니다. 사실, 라인 생산 방식은 파가니 존다에게는 달갑지 않은 말입니다. 대부분의 존다는 15대에서 25대만을 생산하고 있고 어떤 모델은 3대나 5대로 제한하기도 하며 단 한 대 뿐인 모델들도 여러 종류가 있습니다.

포르쉐 911(997) 터보 카브리올레 PDK

쉬포(Sheepo) (2011)

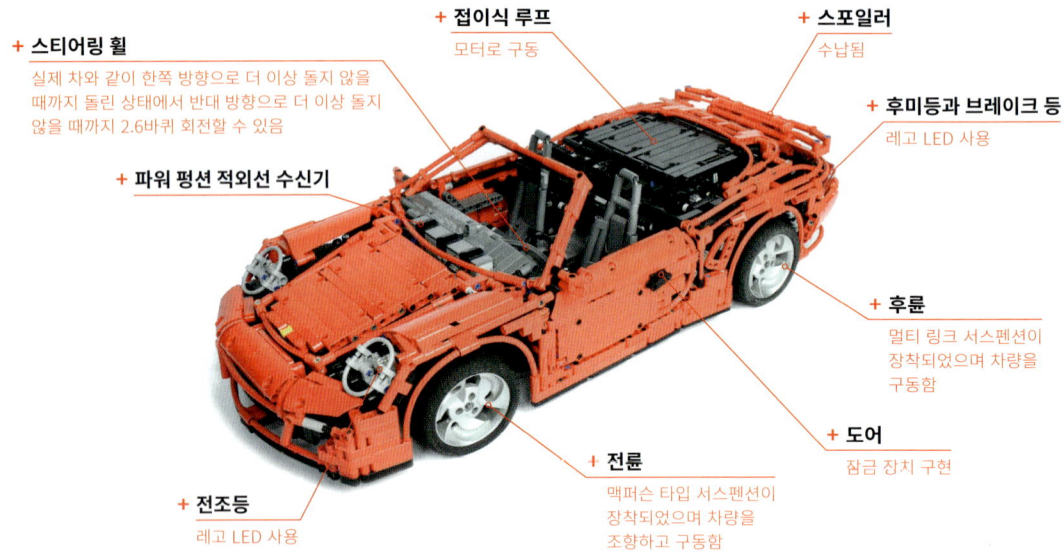

+ **스티어링 휠**
실제 차와 같이 한쪽 방향으로 더 이상 돌지 않을 때까지 돌린 상태에서 반대 방향으로 더 이상 돌지 않을 때까지 2.6바퀴 회전할 수 있음

+ **접이식 루프**
모터로 구동

+ **스포일러**
수납됨

+ **후미등과 브레이크 등**
레고 LED 사용

+ **파워 펑션 적외선 수신기**

+ **후륜**
멀티 링크 서스펜션이 장착되었으며 차량을 구동함

+ **도어**
잠금 장치 구현

+ **전륜**
맥퍼슨 타입 서스펜션이 장착되었으며 차량을 조향하고 구동함

+ **전조등**
레고 LED 사용

제원

길이	**59.2** cm
너비	**24.9** cm
높이	**17.5** cm
부품수	**~4,000** 개

작품 소개

포르쉐 911을 1:7.5 비율로 재현한 이 작품은 가능한 실제 차량과 비슷하게 재현하는 데 중점을 두었습니다. 이 작품은 실체 차량과 같이 7단 변속 및 후진이 가능한 듀얼 클러치 변속기, H형 6기통 엔진[1], 중앙 차동기어를 사용하는 사륜구동 시스템, 맥퍼슨 타입 전륜 서스펜션, 멀티링크 타입의 후륜 서스펜션, 모든 바퀴에 장착된 브레이크 디스크, 핸드브레이크와 함께 동작하는 브레이크 등이 재현되어 있습니다.

차체는 실제 불이 나오는 전조등과 후미등, 차량 내부에서 레버로 열수 있는 후드, 잠금 장치가 있는 도어를 포함하여 세부 형태까지 자세하게 표현하였습니다. 또한 수납식 스포일러, 모터로 구동되는 컨버터블 루프 그리고 실제 차량과 똑같은 회전 비를 갖는 스티어링 휠도 놓칠 수 없는 감상 포인트입니다. 이 작품으로 코너링을 하려면 실제 911의 스티어링 휠 회전 횟수와 동일하게 스티어링 휠을 돌려주어야 합니다. 이 작품은 실제 911 포르쉐가 평범해 보일 정도입니다.

도전 과제

변속기를 제작하는 것이 도전 과제였습니다. 길이가 거의 20cm에 달하는 이 변속기는 천 개 이상의 부품으로 만들어졌으며, 제대로 동작시키는 데만 8개월이 소요되었습니다. 이 변속기는 완벽한 시퀀셜 타입으로 모터 하나만으로 변속이 가능해야 했으며 무게가 3.6kg인 작품을 주행시킬 수 있을 정도로 견고해야 했습니다. 하지만 이 변속기를 만드는 것은 단지 도전의 일부분이었습니다. 변속기를 기준으로 스케일에 맞는 작품을 만드는 것도 정말 쉽지 않았습니다.

[1] H형 6기통 엔진이란 수평 대향 엔진을 부르는 말로, 실린더가 마주 보며 수평으로 배치된 엔진으로 실린더 움직이는 모습이 권투 선수가 주먹을 뻗는 모습과 유사하다여 하여 박서 엔진이라고도 부릅니다.

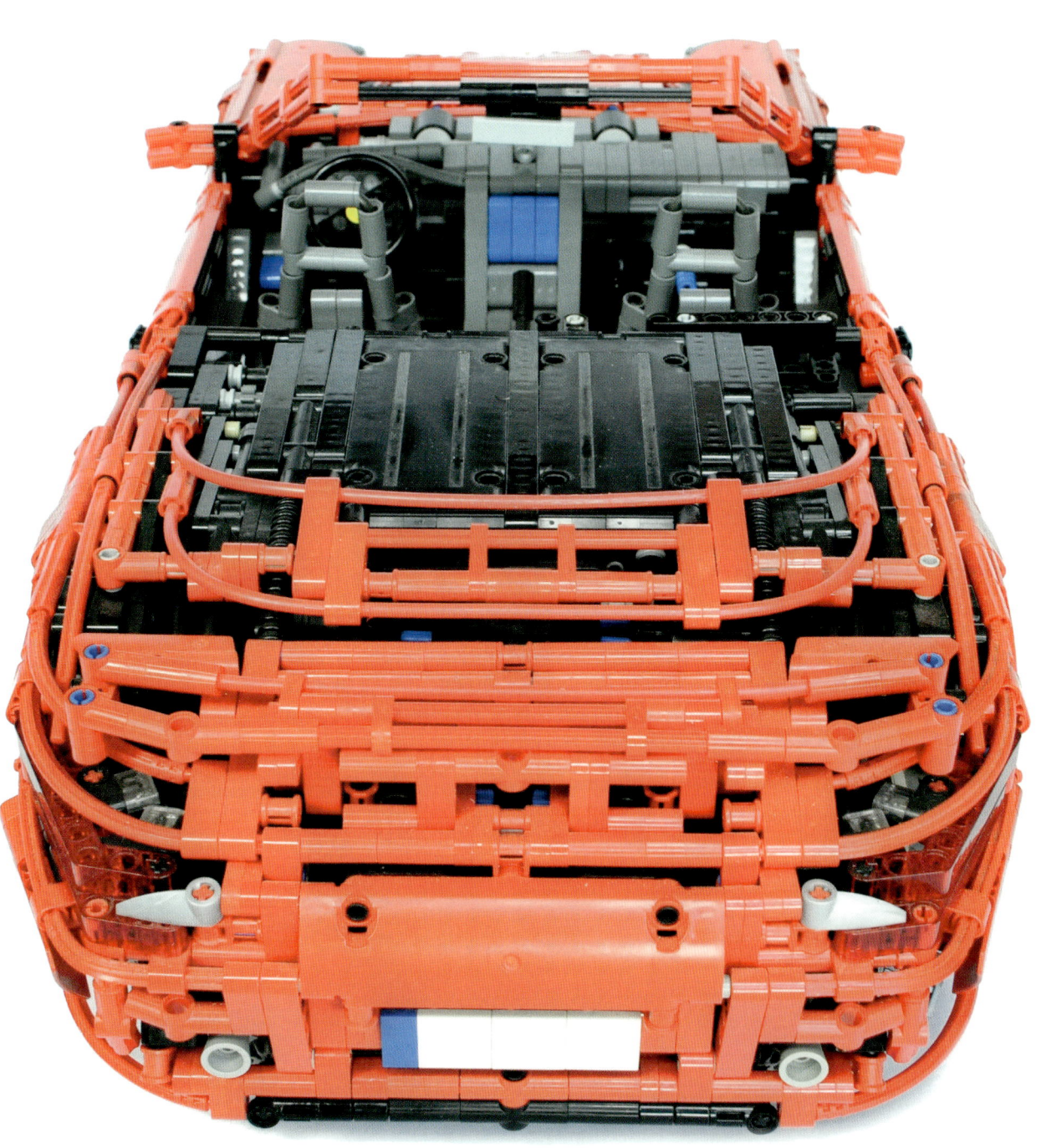

이론적으로는 엔진이 후륜 뒤쪽에 위치하는 구조는 고성능 차량에게 가장 좋지 않은 형태입니다. 하지만 포르쉐는 최첨단 기술을 사용하여 구조적 한계를 뛰어넘는 엄청난 결과들을 달성해 내고 있습니다. 변속기, 동력전달장치, 서스펜션과 관련된 방대한 양의 포르쉐 독점 특허를 가지고 있으며 911은 환상적인 핸들링과 스피드로 유명합니다.

참고 모델

911은 포르쉐의 플래그십 스포츠카로서 1959년에 첫 번째 모델이 디자인되었고 1963년에 데뷔하였습니다. 이 차량이 대단한 성공을 거두다 보니 26년간 거의 변화가 없는 채로 판매되었습니다. 2+2 시트와 뒤쪽에 위치한 H형 6기통 엔진의 기본 콘셉트를 그대로 유지하면서 6세대를 이어왔습니다.[2] 1세대 911에는 130마력 엔진이 탑재되었던 것에 반해 최신 모델에는 500마력 이상을 내뿜는 엔진이 들어 있습니다.

[2] 일반적인 세단 차량은 뒤쪽에 3명이 앉을 수 있는 시트가 있는 반면 2+2 시트는 앞쪽에 운전석과 조수석을 합쳐 2개의 시트가 있고 뒤쪽에도 2개의 시트가 있습니다. 보통 스포츠카에 사용되는 구조로, 뒤쪽 시트는 아이들이나 탈 수 있을 정도로 비좁은 경우가 대부분입니다.

+ 재미있는 사실

이 작품은 같은 해 출시되었던 8070 같은 레고 테크닉 슈퍼카 세트보다 세 배 이상 많은 부품을 사용하였습니다. 확실히 이제 레고 그룹도 좀 분발해야 할 것 같습니다.

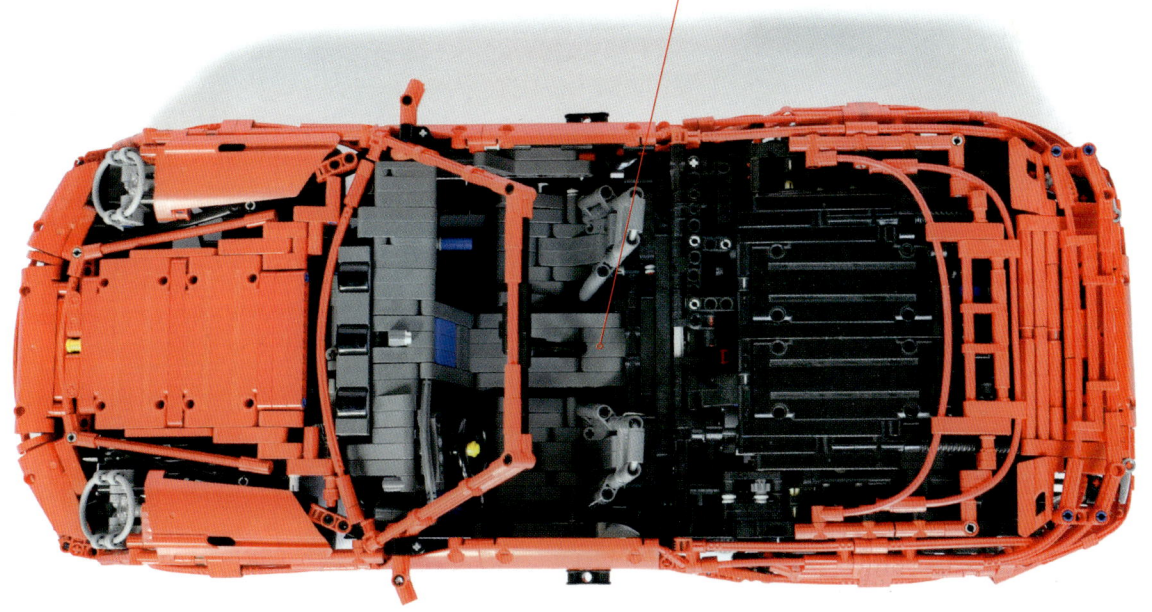

뱀파이어 GT

크로우킬러(*Crowkillers*) (2012)

제원	
길이	**44.2**cm
너비	**20.3**cm
높이	**11.9**cm
부품수	**1,925**개

+ 재미있는 사실
검은색의 원조 작품과 그 후에 흰색으로 변형한 두 작품 모두 판매되어 자선기금으로 사용되었습니다.

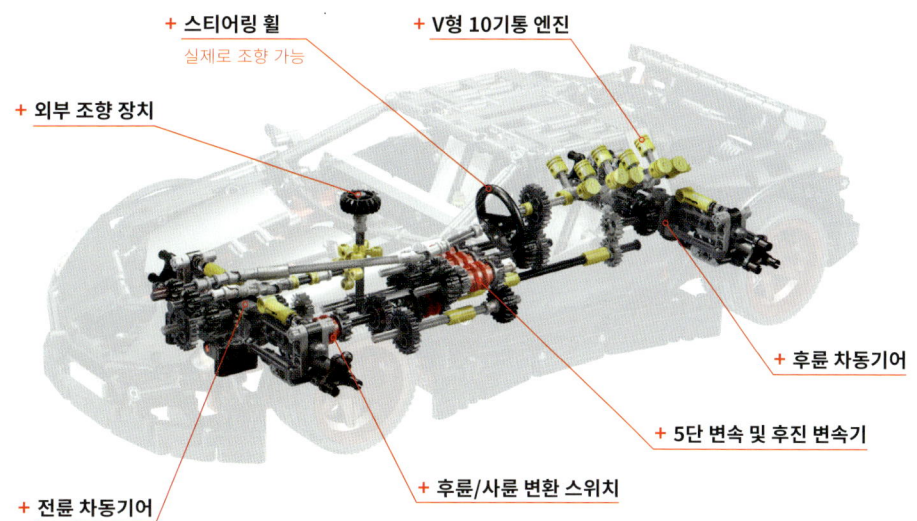

- 스티어링 휠 (실제로 조향 가능)
- V형 10기통 엔진
- 외부 조향 장치
- 후륜 차동기어
- 5단 변속 및 후진 변속기
- 후륜/사륜 변환 스위치
- 전륜 차동기어

작품 소개

가상의 슈퍼카를 모델로 하여 만든 이 작품은 완전 독립 서스펜션, 5단 변속 및 후진 변속기, 중장 차동장치, 후륜 구동에서 사륜구동으로 바꿀 수 있는 동력전달장치, V형 10기통 엔진, 걸-윙 도어, 실제 동작하는 스티어링 휠과 함께 외부 조향 휠을 추가적으로 장착하고 있습니다.[1] 재미 있는 형태가 많은 뱀파이어의 차체는 패널을 이용하여 제작하였으며 위협적인 인상을 풍깁니다. 후드와 트렁크를 열 수 있으며 자체 제작한 빨간색 크롬 휠이 달려 있습니다. 이 휠은 여러분을 틀림없이 동네에서 가장 멋진 차를 가진 사람으로 만들어 줄 것입니다.

1 걸-윙 도어는 갈매기가 날개를 펼친 형상과 비슷해서 붙여진 이름으로 경첩이 루프에 위치하고 있어 이를 중심으로 위로 열리는 형태입니다. 대표적으로 벤츠 SLS와 영화 〈백 투더 퓨처〉에 등장하는 드로리언 등에 적용되어 있습니다.

도전 과제

가장 어려웠던 도전 과제는 변속기였습니다. 이 변속기의 변속단 배열은 포드 머스탱이나 스바루 임프레자와 같이 후진 단이 1단 앞에 있는 것이 아니라 5단 다음에 오도록 되어 있습니다. 이와 같은 변속 단 배열로 인해 1단 기어와 후진 기어가 서로 변속기 정반대편에 멀리 떨어져 위치하면서 두 기어가 유사한 기어 비를 갖도록 제작해야 했습니다.[2]

2 1단과 후진 단이 서로 마주보고 같은 입력 축을 사용하는 구조는 1단과 후진 단 기어비가 비슷하기 때문에 기어를 어느 정도 공유할 수 있어 비교적 구현이 간편하지만 5단과 후진 단이 마주보고 같은 축을 공유하게 되면 가장 고단과 저단을 한 축에서 동작시켜야 하기 때문에 제작이 꽤 까다로워집니다.

무한궤도 차량

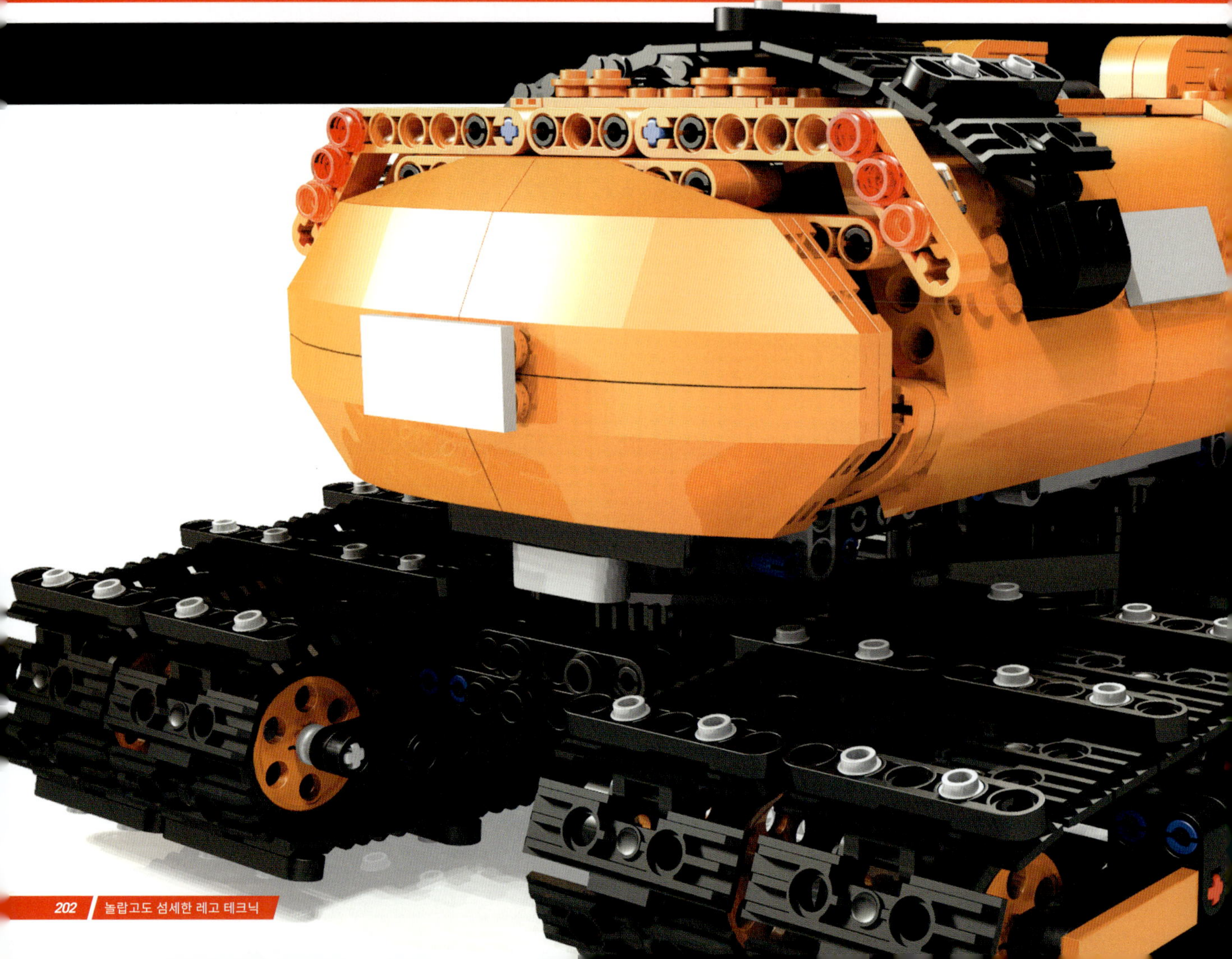

204	교량 설치 차량
208	K2 흑표 전차
212	랜드 레이더
214	프리노스 레이트울프
218	스타크래프트 시즈 탱크
222	스틸즈킨 인드릭
224	백호 T1H1

교량 설치 차량

마지(Mahj) (2011)

작품 소개

이 교량 설치 차량은 원격 조종만으로 교량을 설치하고 직접 설치한 교량을 건넌 다음 교량을 다시 회수할 수 있도록 만들었습니다. 모터 두 개를 사용하여 차량의 무한궤도를 구동시키고 또 다른 모터 두 개를 사용하여 교량을 내리고 펼칠 수 있습니다. 그런 다음 차량은 후진을 통해 간단하게 교량에서 분리되어 자유롭게 교량을 지나가게 됩니다. 차량이 반대편으로 건너가자마자 뒤로 돌아 교량과 연결하는 고리를 바닥으로 내립니다. 교량 회수 과정은 설치 과정을 역순으로 반복합니다. 접힌 교량을 차량 위에 싣고 차량은 주행을 계속할 수 있습니다.

도전 과제

가장 큰 도전 과제는 교량 그 자체였습니다. 한쪽에서 교량을 설치하고 반대쪽에서 회수할 수 있도록 교량을 접었다 펼 수 있어야 했습니다. 차량 내부에 설치된 모터로 두 개의 리니어 액추에이터를 구동시켜 교량을 접는 동작을 수행합니다. 교량의 양단은 대칭이기 때문에 교량 양 끝단 모두에 교량 연결 고리를 안쪽으로 집어넣을 수 있습니다. 교량을 회수할 때 교량을 안정적으로 들어 올릴 수 있도록 연결 부위를 견고하게 만들었습니다.

제원
길이 **36.8**㎝
너비 **14.5**㎝
높이 **14.5**㎝

참고 모델

교량 설치 차량은 오로지 군용으로 사용됩니다. 전시에 군용 장비들이 강이나 도랑 같은 장애물을 재빠르게 지나갈 수 있도록 도와줍니다. 대개 일반 탱크의 차대를 기본으로 하여 교량 설치 차량을 만듭니다. 전용 장갑을 장착하지만 대부분 무장은 하지 않습니다. 이 차량은 1차 세계 대전에서 처음 선보였으며 몇 가지 현대식 모델은 100미터가 넘는 다리를 설치할 수 있고, 무게가 60톤이 넘는 차량도 버텨 낼 수 있습니다.

설치 과정 중에 교량을 수직으로 세우면 멀리 떨어진 곳에서도 그 모습을 볼 수 있습니다. 그래서 비밀 작전을 위해 설계된 교량 설치 차량은 차체와 수평하게 교량을 이동시켜 설치하기도 합니다.

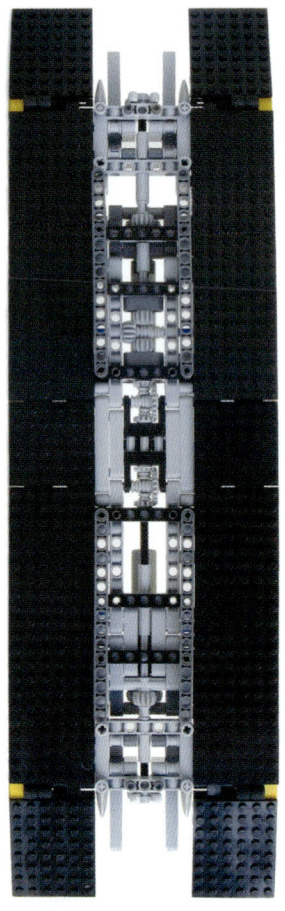

+ 재미있는 사실
레고 파워 펑션 팀은 덴마크에서 열린 공식 레고 이노베이션 페어에서 파워 펑션 시스템으로 무엇을 만들 수 있는지에 대한 예제로 이 작품을 선보였습니다.

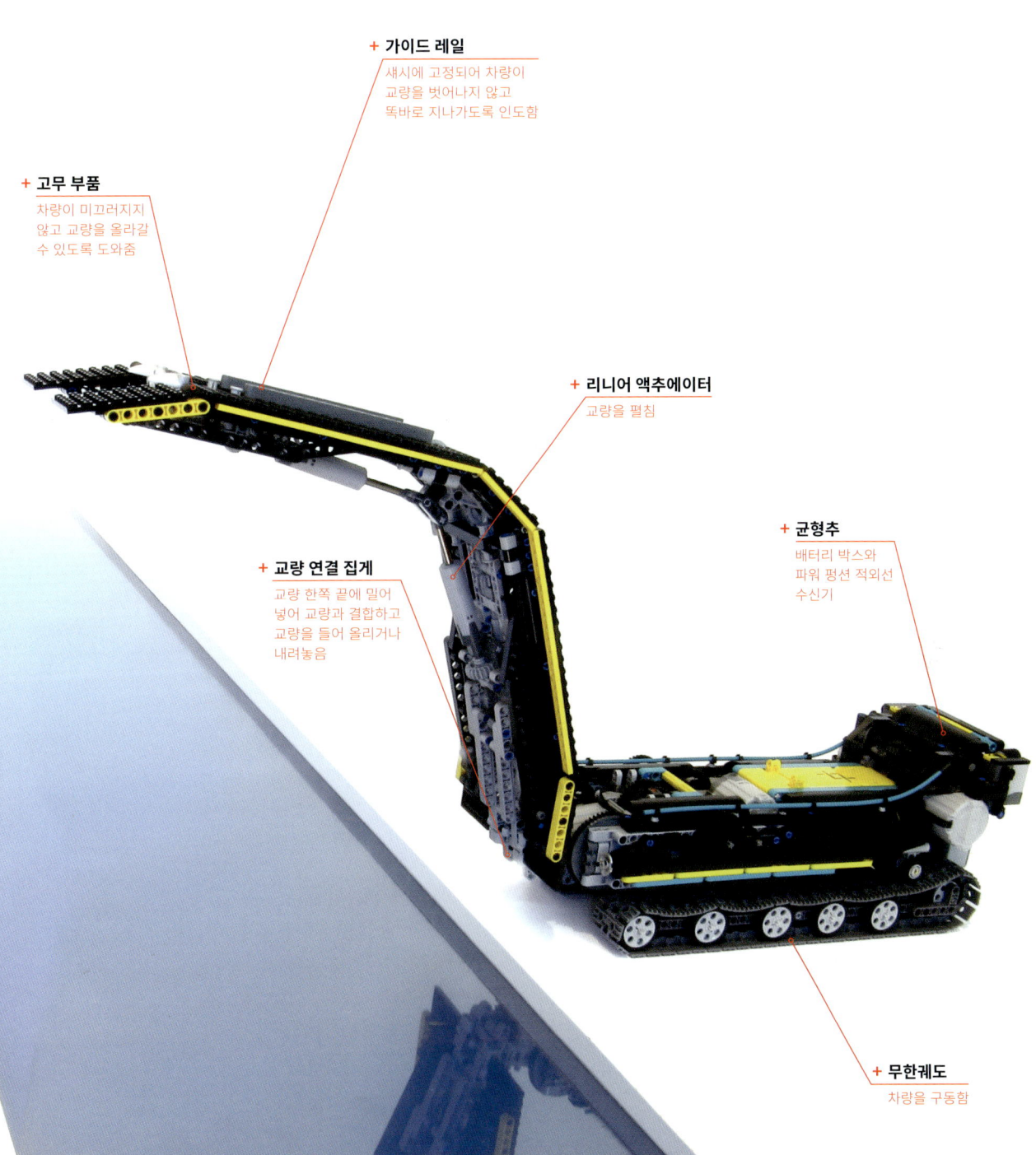

+ **가이드 레일**
섀시에 고정되어 차량이 교량을 벗어나지 않고 똑바로 지나가도록 인도함

+ **고무 부품**
차량이 미끄러지지 않고 교량을 올라갈 수 있도록 도와줌

+ **리니어 액추에이터**
교량을 펼침

+ **교량 연결 집게**
교량 한쪽 끝에 밀어 넣어 교량과 결합하고 교량을 들어 올리거나 내려놓음

+ **균형추**
배터리 박스와 파워 펑션 적외선 수신기

+ **무한궤도**
차량을 구동함

K2 흑표 전차

사리엘(Sariel) (2013)

제원	
길이	**48**cm
너비	**20.6**cm
높이	**16**cm
부품수	**~2,500**개

작품 소개

이 작품은 인상적인 서스펜션 시스템을 자랑하는 대한민국의 주력 탱크인 K2 흑표 전차를 모델로 하여 제작하였습니다. 무한궤도 내부에 달린 12개의 보조 바퀴는 토션 바에 달려 있으며 어떤 순간에도 원격으로 이 토션 바의 각도를 조절할 수 있습니다. 이는 장애물을 통과하는 중에도 뜻에 따라 각 무한궤도 서스펜션의 높이를 조절할 수 있다는 뜻입니다. 이 작품은 강력한 구동 시스템 덕분에 민첩하게 움직일 수 있으며 포탑 앞쪽이 열리면서 모습을 드러내는 레고 스프링 대포가 감추어져 있습니다. 물론 포탑을 선회시키고 주포의 높이를 조절하는 것 또한 원격으로 조종할 수 있습니다.

도전 과제

차체 내부는 거대한 서스펜션 높이 조절 시스템, 두 개의 파워 펑션 XL 모터, 세 개의 파워 펑션 적외선 수신기, 파워 펑션 배터리 박스, 포탑 회전용 파워 펑션 M 모터 등으로 꽉 들어차 있습니다. 포탑에는 단 하나의 파워 펑션 M 모터만 들어 있지만 동력을 분배해 주는 기어 박스를 사용하여 주포의 높낮이를 조절하거나 스프링 대포를 발사할 수 있습니다. 실제 탱크만큼 납작한 형태를 유지하며 작품 안에 이 모든 부품들을 집어넣는 것이 도전 과제였습니다. 하지만 조금 지나치게 납작하게 만든 것 같습니다.

참고 모델

K2 흑표 전차는 현대 군사 무기에서 유행하는 각이 진 날카로운 모양을 하고 있습니다. K2 전차는 3초마다 새 포탄을 발사할 수 있는 자동 장전 장치와 차체 높이를 낮추거나 차체를 어떤 방향으로도 기울일 수 있는 완벽한 능동 서스펜션 시스템을 탑재하고 있습니다. 최신의 탐지 기술, 전파 방해 기술, 전자 대응 장치뿐 아니라 텅스텐 코어가 들어간 포탄을 사용하고 있으며 박격포와 같은 곡선형 궤적으로 목표물에 자동으로 유도되는 특별한 타입의 포탄을 발사하여 산 넘어 보이지 않는 목표물을 효과적으로 공략할 수 있는 능력도 가지고 있습니다.

+ 재미있는 사실
포신의 끝단은 레고 미니 피규어 스케일의 쓰레기통으로 만들었습니다.

+ 완벽한 기능을 갖춘 서스펜션 시스템

K2 흑표 전차는 최소한의 변경을 통해 구경 140mm짜리 포를 장착할 수 있는 세계 유일의 탱크입니다.[1] K2의 미래 개발 계획에는 재래식으로 발사되는 포탄을 대신할 전열화학포[2]에 대한 테스트가 포함되어 있습니다.

1 K2에는 기본적으로 120mm 구경의 포가 장착되어 있습니다.
2 전열화학포는 화약이 폭발하는 힘만으로 포탄을 가속시키는 재래식 화포에 추가적으로 외부에서 전기 에너지(플라즈마)를 인가하여 포탄 가속력을 증대시킨 포입니다.

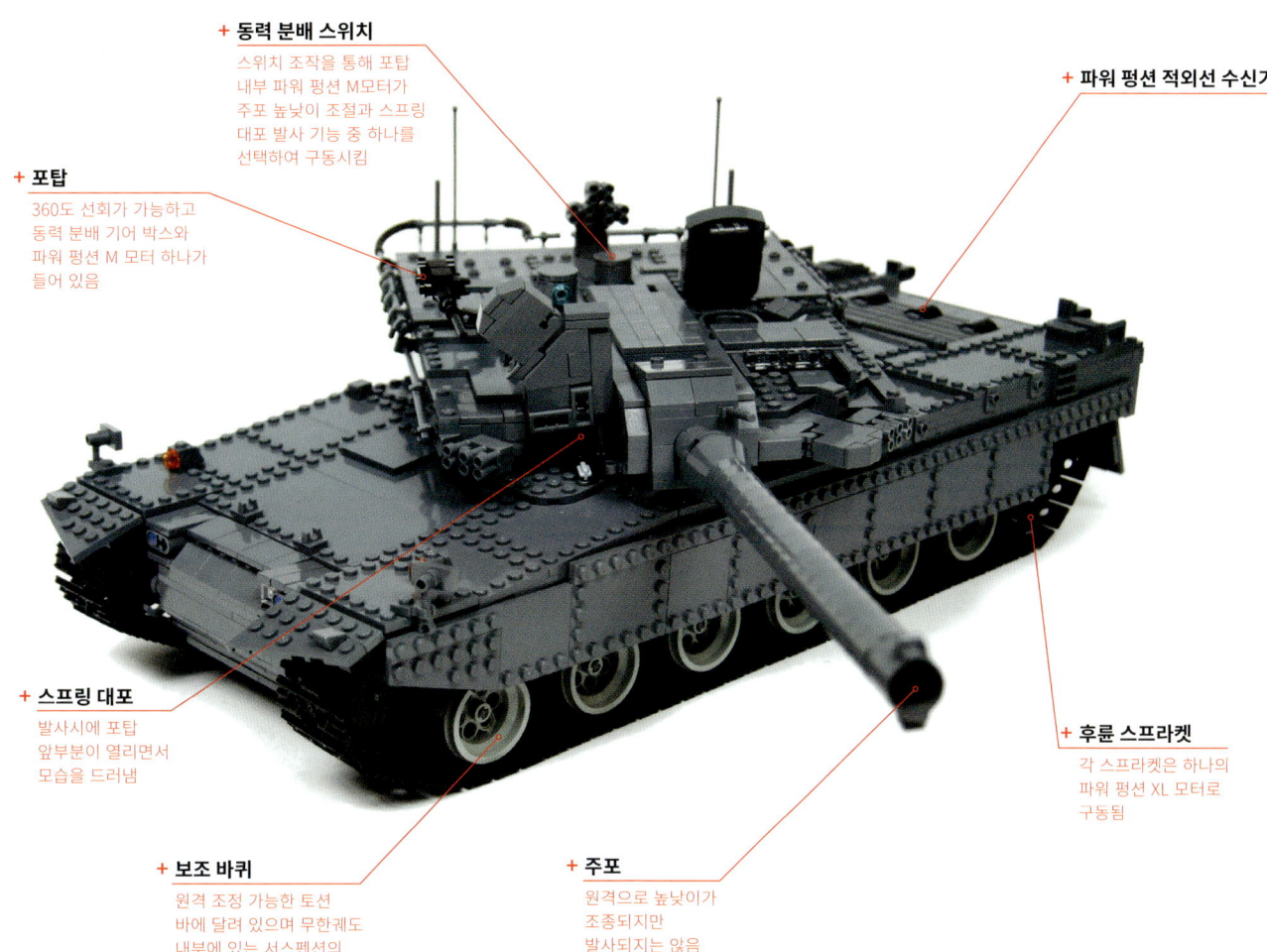

+ 동력 분배 스위치
스위치 조작을 통해 포탑 내부 파워 펑션 M모터가 주포 높낮이 조절과 스프링 대포 발사 기능 중 하나를 선택하여 구동시킴

+ 파워 펑션 적외선 수신기

+ 포탑
360도 선회가 가능하고 동력 분배 기어 박스와 파워 펑션 M 모터 하나가 들어 있음

+ 스프링 대포
발사시에 포탑 앞부분이 열리면서 모습을 드러냄

+ 보조 바퀴
원격 조정 가능한 토션 바에 달려 있으며 무한궤도 내부에 있는 서스펜션의 높낮이를 조절함

+ 주포
원격으로 높낮이가 조종되지만 발사되지는 않음

+ 후륜 스프라켓
각 스프라켓은 하나의 파워 펑션 XL 모터로 구동됨

랜드 레이더

제렉(Jerac) (2012)

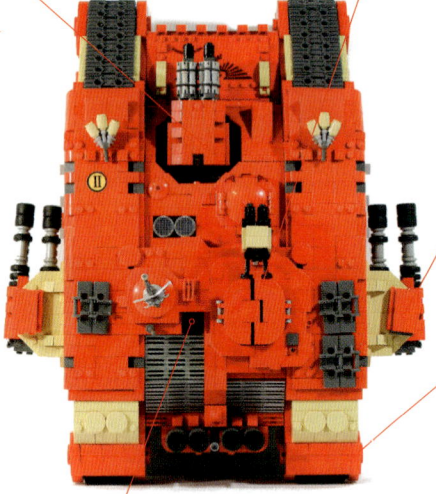

+ 중앙 포탑
측면 포탑과 함께 좌우 방향 전환과 상하 각도 조절 가능

+ 사령관 해치
해치를 열면 두 개의 파워 펑션 적외선 수신기가 나옴

+ 측면 포탑
좌우 방향 전환 및 상하 각도 조절 가능

+ 후륜 스프라켓
파워 펑션 XL 모터 두 개를 조합하여 구동

+ 파워 펑션 적외선 수신기

작품 소개

이 미니 피규어 스케일의 작품은 SF 장르 게임인 워해머 40,000에 등장하는 랜드 레이더 탱크를 모델로 하여 제작하였습니다. 움직이기 전까지는 실제 게임에 등장하는 모델로 착각할 만큼 똑같이 생겼습니다. 이 작품은 네 개의 파워 펑션 XL 모터로 구동되고 무게가 3.5kg 이상 나가며 주변에 조그만 가구를 밀어버릴 정도로 육중합니다. 중앙 포탑은 좌우 방향 전환 및 상하 발사 각도를 조절할 수 있고 두 개의 측면 포탑도 동일한 기능을 가지고 있으며 중앙 포탑의 동작을 따라 똑같이 움직입니다. 제작에 8개월이 소요된 이 작품은 불이 들어오는 전조등이 달려 있으며 차체에는 실제 차량의 모든 세부 형태가 재현되어 있습니다.

도전 과제

작품의 과도한 무게를 지탱하기 위해 다중으로 보강된 동력전달장치가 필요했습니다. 작품을 제작하는 동안 무게를 이기지 못하고 수많은 기어가 깨지는 바람에 이 작품은 '기어 갈이'라는 별명을 얻었습니다. 차체 앞부분에 작품 이름이 쓰여 있는 곳을 자세히 들여다보면 깨먹은 기어 개수를 확인할 수 있습니다. 하지만 진짜 도전 과제는 포탑의 동기화 메커니즘을 제작하는 것이었습니다. 세 개의 모든 포탑은 단 두 개의 파워 펑션 M 모터로 동작되며 각 포탑은 제한 장치를 가지고 있어서 최대 동작 위치에 도달하면 동작을 멈추지만 아직 최대 위치에 이르지 못한 다른 포탑들은 여전히 움직일 수 있습니다. 이러한 동작을 수행하기 위해서는 고무줄과 수많은 기어들로 이루어진 복잡한 메커니즘이 필요했습니다.

참고 모델

워해머 40,000에 등장하는 가장 큰 무한궤도 차량 중 하나인 랜드 레이더는 탱크와 병력 수송 역할을 동시에 소화합니다. 두터운 장갑과 화끈한 화력으로 무장한 이 탱크는 전장 어떤 곳이라도 병력을 수송한 다음 적진을 초토화시킬만한 화력 지원으로 병력을 보호하는 역할을 거뜬히 수행해 냅니다. 인공지능 운전 기능이 들어 있어 승무원 없이도 작전을 수행할 수 있습니다.

제원

길이 37.6 cm
너비 21.6 cm
높이 13.6 cm
부품수 ~3,100 개

무한궤도 차량

프리노스 레이트울프

디자이너-한(Designer-Han) (2007)

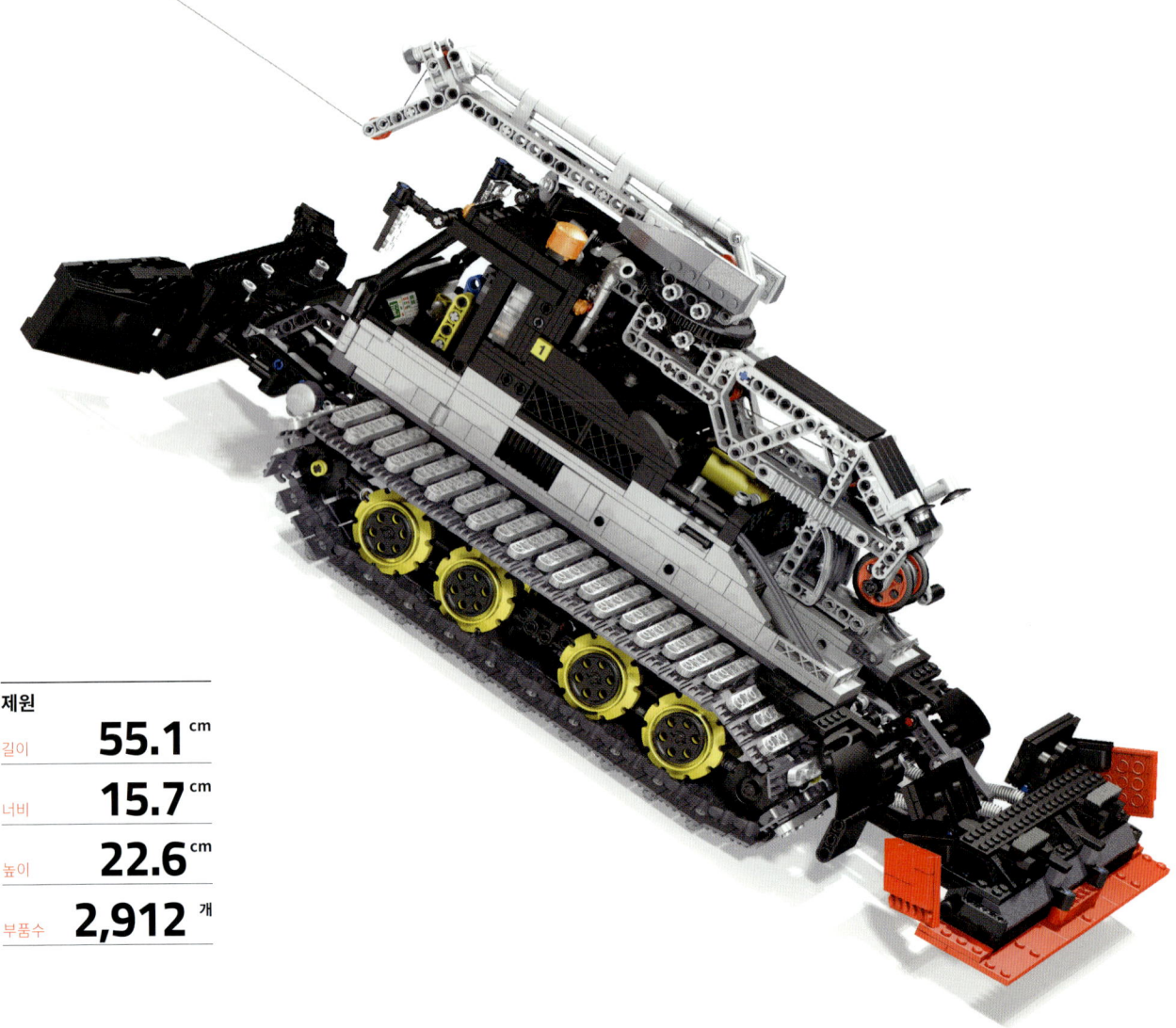

제원
길이 **55.1** cm
너비 **15.7** cm
높이 **22.6** cm
부품수 **2,912** 개

작품 소개

이 작품은 스키장 같은 곳에서 눈을 고르게 다질 때 사용하는 차량을 모델로 만들었습니다. 파워 펑션 XL 모터 두 개로 후륜 스프라켓을 구동하고 공압 시스템을 이용하여 앞쪽 스프라켓의 차고를 조절합니다. 또한 V형 6기통 엔진을 탑재하였고 높이를 조절할 수 있는 블레이드를 전면에 부착하였습니다. 그리고 눈을 고를 때 사용하는 회전식 롤러 커터를 후방에 장착하였습니다. 또한 뒤편에 설치된 붐에는 수동 윈치가 달려 있습니다. 한쪽에 두 개의 무한궤도를 나란히 붙여 장착하고 무한궤도에 표면에 두께가 얇은 테크닉 빔 부품을 붙여 눈에서 미끄러지지 않도록 하였습니다.

도전 과제

섀시 안에 있는 모든 전기 부품을 눈에 닿지 않도록 안전하게 배치하는 것과 속 업소버에 달린 전륜 스프라켓을 이용하여 무한궤도가 느슨해지지 않도록 하는 것이 주요한 도전 과제들이었습니다. 모든 기능을 구현할 수 있도록 내부 공간을 여유 있게 남겨 놓고 견고한 섀시를 만드는 것 또한 쉽지 않았습니다.

참고 모델

레이트울프는 이탈리아의 프리노스사에서 생산하는 고급 모델 중 하나로 스키장에서 슬로프를 고르게 다지는 데 사용되고 있습니다. 435마력의 엔진으로 구동되며 극한의 날씨에도 견딜 수 있도록 특별하게 설계되었습니다. 또한 닻처럼 사용할 수 있는 850m 길이의 윈치를 가지고 있습니다.

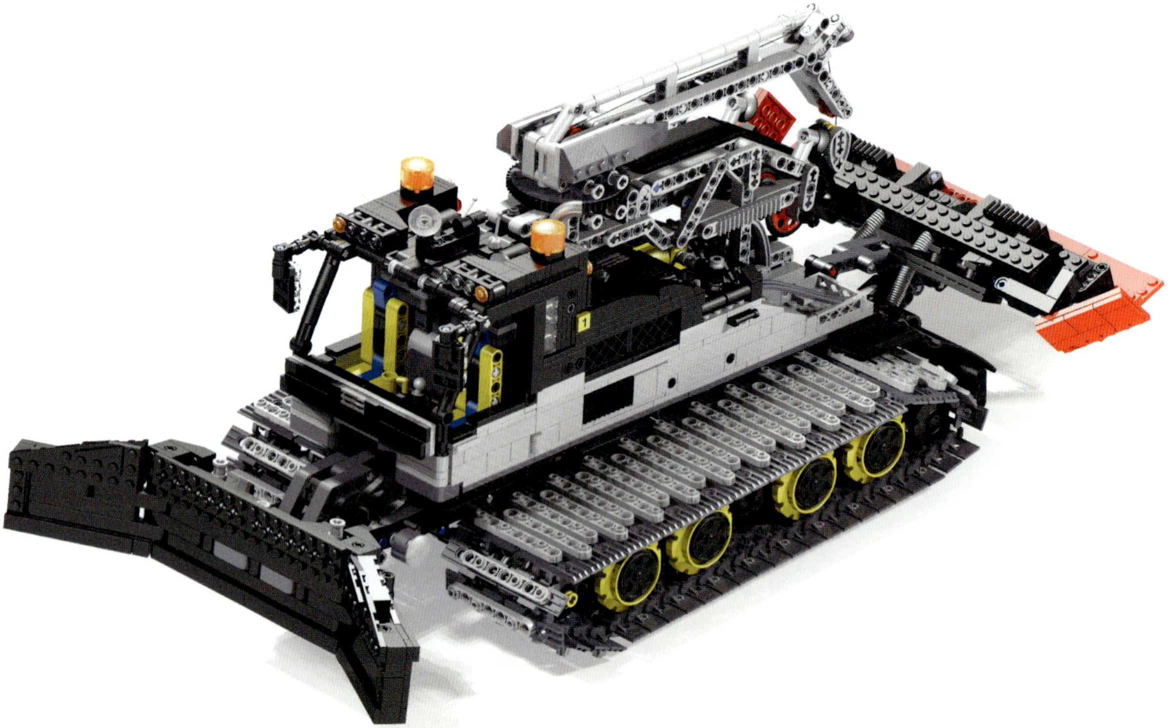

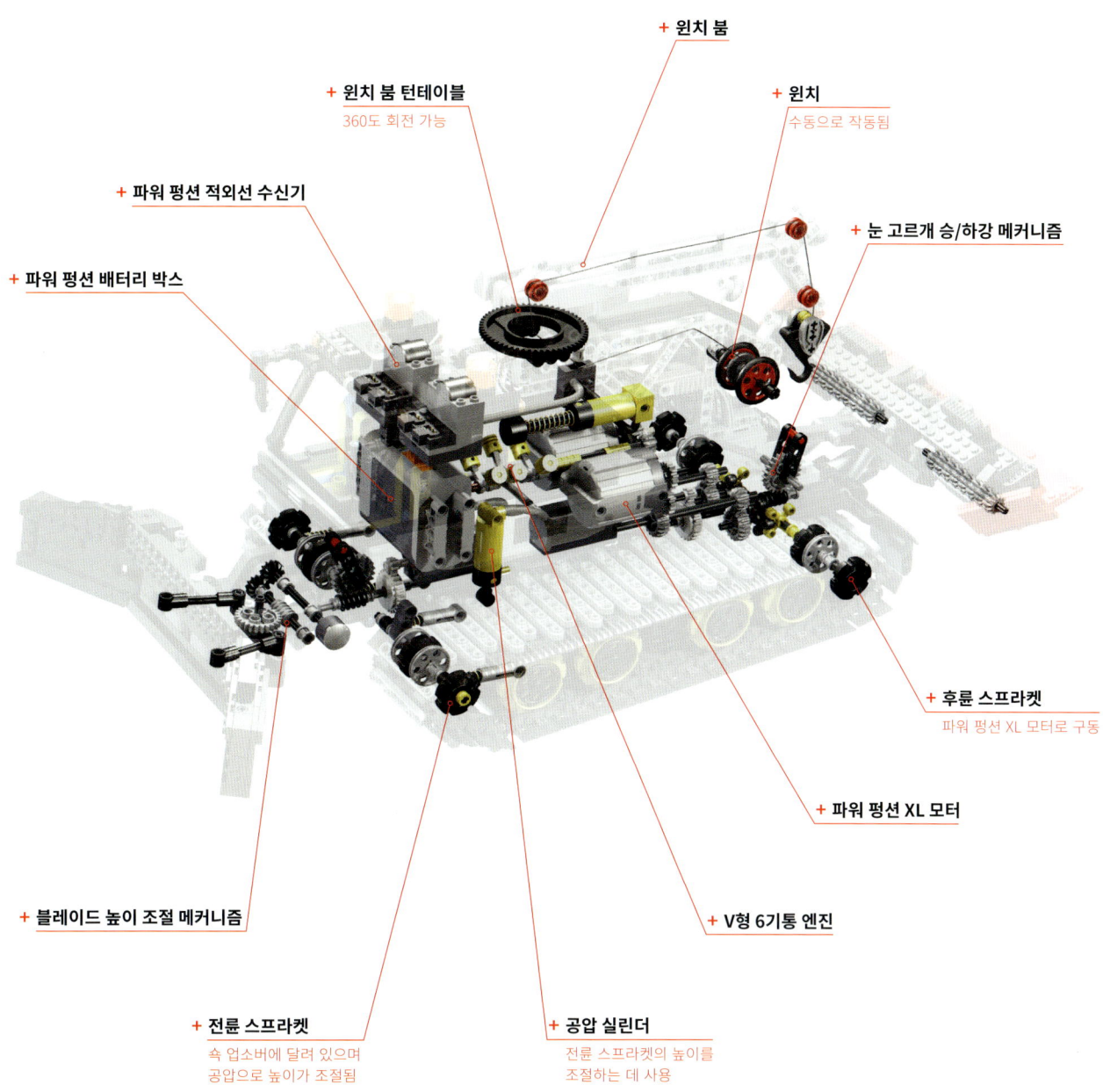

- **윈치 붐**
- **윈치 붐 턴테이블**
  360도 회전 가능
- **윈치**
  수동으로 작동됨
- **파워 펑션 적외선 수신기**
- **눈 고르개 승/하강 메커니즘**
- **파워 펑션 배터리 박스**
- **후륜 스프라켓**
  파워 펑션 XL 모터로 구동
- **파워 펑션 XL 모터**
- **블레이드 높이 조절 메커니즘**
- **V형 6기통 엔진**
- **전륜 스프라켓**
  속 업소버에 달려 있으며
  공압으로 높이가 조절됨
- **공압 실린더**
  전륜 스프라켓의 높이를
  조절하는 데 사용

무한궤도 차량 | 217

스타크래프트 시즈 탱크

드레이크민(Drakmin) (2012)

제원
길이 **62.2** cm
너비 **45.7** cm
높이 **22.9** cm
부품수 **~5,000** 개

작품 소개

이 거대한 작품은 스타크래프트의 아이콘인 시즈 탱크의 여러 가지 기능을 재현하기 위해 11개의 모터와 복잡하게 얽힌 공압 시스템을 사용합니다. 이 탱크에는 모터로 구동되는 여섯 개의 무한궤도, 방향이 전환되는 포탑, 포신의 길이가 늘어나는 주포가 있으며 주포에는 스프링으로 발사되는 대포 두문이 장착되어 있습니다. 가장 인상적인 부분은 탱크 모드와 시즈 모드 사이의 변신 과정을 충실히 재현한 점입니다. 전방과 후방에 위치한 무한궤도가 측면으로 벌어지는 동시에 아래쪽으로 움직여 시즈 탱크를 들어올리는 동안 두 개의 복잡한 아웃트리거가 중앙에 위치한 무한궤도 안쪽에서 밖으로 빠져나오면서 변형을 완료합니다.

도전 과제

복잡한 섀시와 복합적으로 움직이는 구동부를 이용하여 무게가 거의 5kg에 육박하는 차체를 스스로 들어올릴 수 있도록 만드는 데 꼬박 일 년이 걸렸습니다. 가장 어려웠던 부분은 차대 안쪽에 수납된 아웃트리거가 모터로 구동되는 무한궤도 사이를 통과해서 펼쳐지는 기능을 구현하는 것이었습니다.

참고 모델

테란 진영에서 가장 무시무시한 유닛 중에 하나인 시즈 탱크는 일반적인 탱크처럼 사용할 수 있으며 또한 시즈 모드로 변형하여 광범위한 지역을 강력하게 타격하는 고정식 장거리 곡사포로 운용할 수 있습니다.

스타크래프트 II의 시즈 탱크에는 두 가지 디자인이 있습니다. 하나는 게임 메뉴에 있는 유선형의 굴곡이 많은 모양이고 다른 하나는 게임 중에 나오는 보다 육중한 모양입니다. 이 작품은 그 두 가지 형태에서 각자 가장 멋진 부분만을 조합하여 만들고자 하였습니다.

스틸즈킨 인드릭

마지(Mahj) (2010)

작품 소개

가상의 북극 탐사 차량을 모델로 만든 이 작품은 독립적인 두 개의 모터로 구동되는 네 개의 무한궤도를 장착하고 있습니다. 무한궤도의 진행 방향을 바꾸는 방식으로 조향을 하며 야간작업을 위해 강력한 전조등이 달려 있습니다. 빠르지는 않지만 높이 쌓인 눈을 헤치고 지나갈 수 있으며 짐이 가득 실린 화물용 썰매 두 개를 별다른 어려움 없이 끌 수도 있습니다. 섀시가 견고하고 안정되어 있으며 습기에 민감한 모든 전기 부품들이 눈에 닿지 않을 만큼 지상에서 충분히 떨어져 있습니다. 또한 차체가 가볍고 탑승 공간이 완전히 밀폐되어 있기 때문에 실내가 습하지 않고 아늑합니다.

도전 과제

이 작품은 1950년대 북극과 남극 지역을 탐험하는 데 사용되었던 '터커 스노-캣'이라는 차량에서 영감을 받아 제작하였습니다. 일반적으로 눈이 많은 북극 지방에서 사용하는 차량에는 눈에 잘 띄도록 오렌지색을 칠하기 때문에 이 작품 역시 오렌지색으로 설정하여 사실감을 높였습니다.

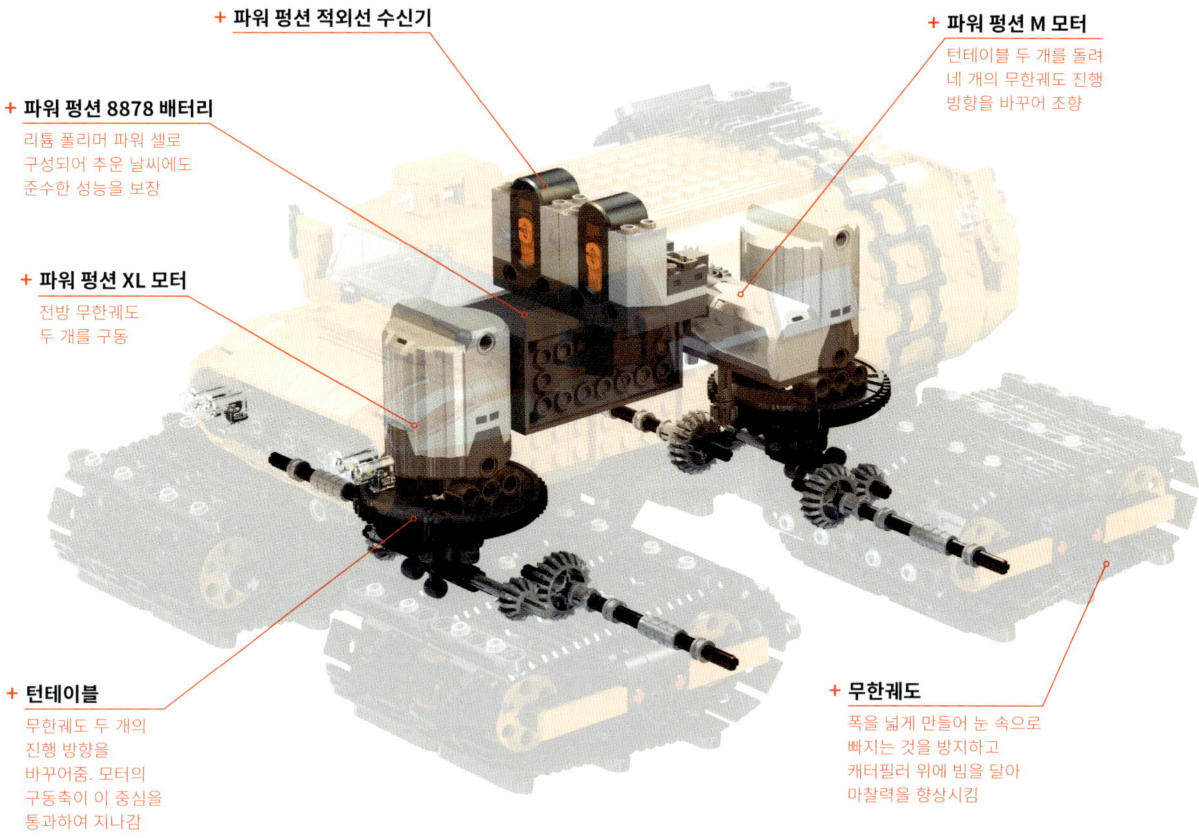

+ **파워 펑션 적외선 수신기**

+ **파워 펑션 8878 배터리**
리튬 폴리머 파워 셀로 구성되어 추운 날씨에도 준수한 성능을 보장

+ **파워 펑션 M 모터**
턴테이블 두 개를 돌려 네 개의 무한궤도 진행 방향을 바꾸어 조향

+ **파워 펑션 XL 모터**
전방 무한궤도 두 개를 구동

+ **턴테이블**
무한궤도 두 개의 진행 방향을 바꾸어줌. 모터의 구동축이 이 중심을 통과하여 지나감

+ **무한궤도**
폭을 넓게 만들어 눈 속으로 빠지는 것을 방지하고 캐터필러 위에 빔을 달아 마찰력을 향상시킴

제원	
길이	**28.7**^{cm}
너비	**23.1**^{cm}
높이	**16**^{cm}
부품수	**1,250** 개

백호 T1H1

규타(gyuta) (2010)

제원
길이 **58**cm
너비 **26**cm
높이 **18**cm

작품 소개

대부분의 레고 탱크 창작품들이 주행 성능이나 서스펜션 그리고 외적 수려함에 주로 초점을 맞춘 것에 반해 이 작품은 실제 탱크와 같이 포신으로 포탄을 발사하는 기능을 구현하는 데 중점을 두었습니다. 포탑 내부에 구현된 자동 장전 메커니즘은 BB탄을 사용하는 에어 소프트 건과 유사합니다. 총 네 발의 포탄을 장전할 수 있으며 파워 펑션 XL 모터 하나로 발사와 자동 장전을 연속적으로 수행하고 파워 펑션 M 모터 하나로 포신의 상하 각도를 조절합니다. 상부 포탑과 하부 차체는 물리적으로 완전히 독립된 시스템으로, 포탑은 아무런 제한 없이 자유롭게 회전할 수 있습니다. 차체에는 총 10개의 보조 바퀴가 있고 각 바퀴는 고무줄을 이용한 독립적인 서스펜션을 가지고 있습니다. 그리고 차동 기어 세 개와 파워 펑션 XL 모터 세 개를 조합한 삼중 차동동력전달장치가 있어서 일반 자동차를 조향하는 것처럼 조향 휠을 돌려 손쉽게 조향할 수 있습니다. 이 동력전달장치에는 포탑의 좌우 회전을 위한 파워 펑션 M 모터도 같이 위치하고 있습니다.

도전 과제

본래 흑표 전차에는 위장 무늬가 있지만 UN 평화 유지군 탱크라는 설정을 통해 흰색 버전이 되었으며 정확한 비율을 고집하며 만들지는 않았습니다. 대신 포탄 발사와 장전 메커니즘을 구현하는 데 가장 많은 시간을 소모했습니다. 포신의 상하 각도가 바뀌더라도 발사 및 장전이 가능한 구조를 만드느라 포탑의 크기가 다소 커졌습니다. 물론 구동 시스템을 만드는 데에도 수많은 시행착오를 거쳤습니다. 포탑과 차체를 완벽히 분리하기 위해 두 개의 배터리 박스를 사용하여 작품의 무게가 상당합니다. 차량의 무게를 줄이기 위해 최대한 적은 수의 부품을 사용하면서도 세 개의 파워 펑션 XL 모터에서 뿜어져 나오는 파워를 견딜 수 있도록 섀시에 충분한 강성을 확보해야 했습니다. 향후 포탄의 사거리와 장탄수를 늘리고 등판 및 기동 성능을 보완한 개선 모델을 만들 예정입니다. 참고로 작품명에 있는 T1H1은 포탑(Turret) 버전 1, 차체(Hull) 버전 1을 의미합니다.

참고 모델

대한민국 K2 흑표 전차를 모델로 삼아 제작을 시작하였으나 외관의 디테일한 재현보다는 포탄 발사 기능 구현에 중점을 두고 제작하였습니다(흑표에 대한 자세한 내용은 208쪽 참고).

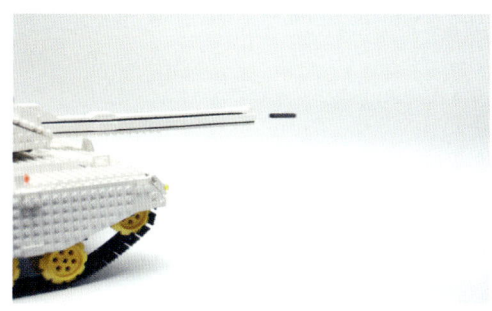
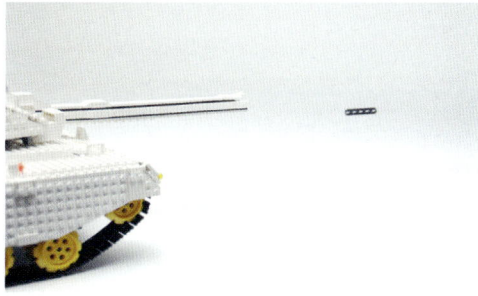

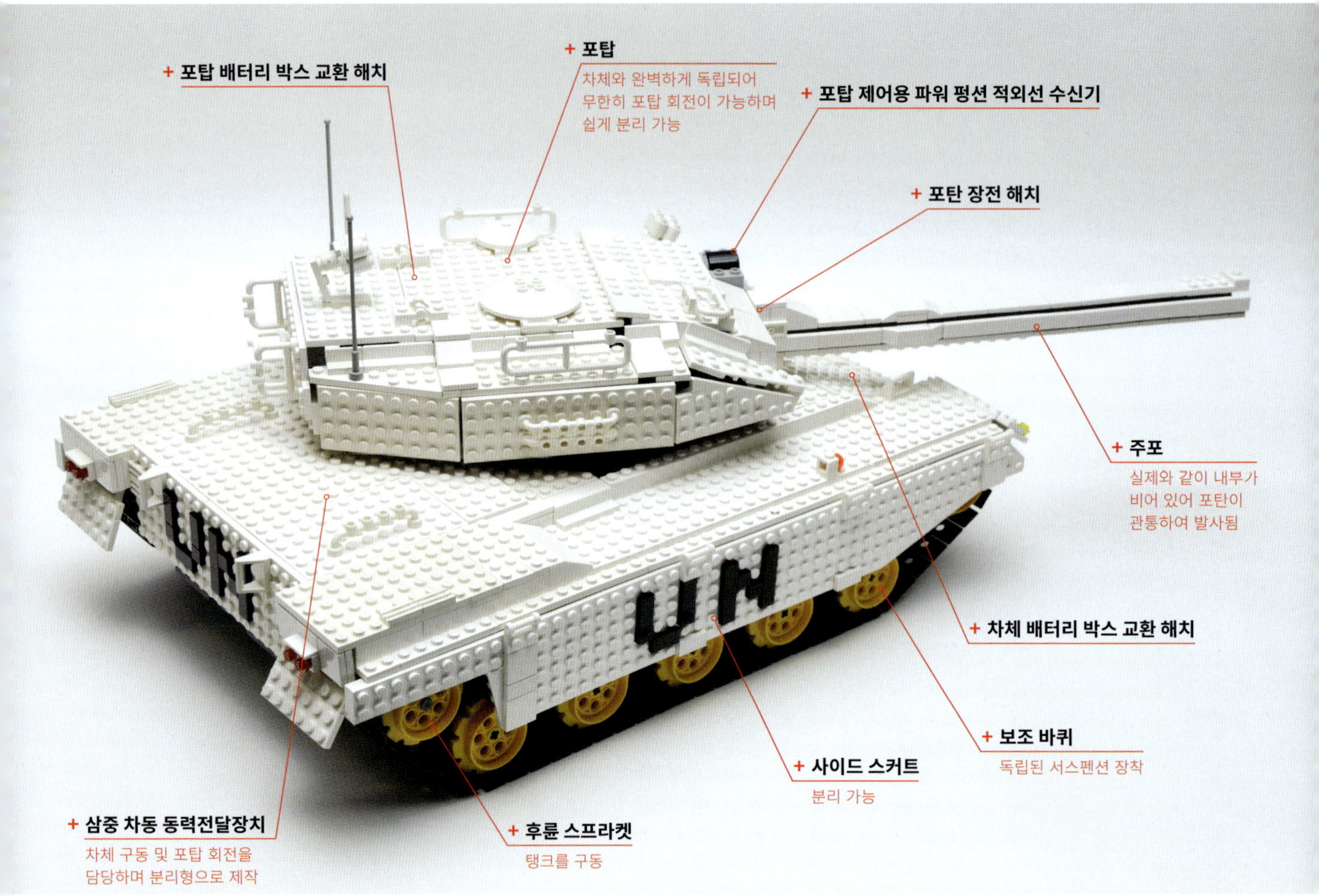

- **포탑 배터리 박스 교환 해치**
- **포탑**
  차체와 완벽하게 독립되어 무한히 포탑 회전이 가능하며 쉽게 분리 가능
- **포탑 제어용 파워 펑션 적외선 수신기**
- **포탄 장전 해치**
- **주포**
  실제와 같이 내부가 비어 있어 포탄이 관통하여 발사됨
- **차체 배터리 박스 교환 해치**
- **보조 바퀴**
  독립된 서스펜션 장착
- **사이드 스커트**
  분리 가능
- **후륜 스프라켓**
  탱크를 구동
- **삼중 차동 동력전달장치**
  차체 구동 및 포탑 회전을 담당하며 분리형으로 제작

┌
　UN(국제연합) 소속의 모든 차량은 흰색입니다.
이는 실용적이기도 하지만 상징적으로 의미 있는
선택이기도 합니다. 평화를 수호하는 UN군으로서
자신들의 존재를 잘 보이도록 드러내는 것이 이치에
맞기 때문입니다.

트럭

230	아메리칸 트럭		**244**	만 후크 리프트 트럭
234	덤프 트럭 10×4		**248**	만 TGS 6×4 시멘트 트럭
236	카마즈 다카르 랠리 트럭		**252**	피터빌트 379 플랫톱
238	켄워스 953 오일필드 트럭		**254**	스카니아 R 4×2 하이라인
240	켄워스 W900L 덤프 트럭		**258**	견인 트럭 XL
242	KZKT-7428 루세치			

아메리칸 트럭

투레고오어낫투레고(*2LegoOrNot2Lego*) (2013)

+ 파워 펑션 XL 모터
트럭을 구동함

+ 파워 펑션 적외선 수신기

+ 파워 펑션 배터리 박스

+ 전조등
불이 켜짐

+ 후미등
불이 켜짐

+ 유니버설 조인트
서스펜션의 상하
진동을 상쇄

+ 조향 시스템
애커만 조향 방식

+ 파워 펑션 서보 모터
조향 제어

+ 차동기어가 설치된 차축

제원	
길이	**48** cm
너비	**16.8** cm
높이	**23** cm
부품수	**1,783** 개

작품소개

이 작품은 미국의 대형 트레일러를 대표하는 켄워스, 피터빌트, 맥, 오토카, 웨스턴 스타 그리고 프라이트라이너 트럭들의 주요 특징을 잘 조합하여 만들었습니다. 이 작품은 다양한 기능을 가지고 있으면서 외형 역시 매력적입니다. 완벽한 서스펜션과 애커만 방식 조향 장치가 창작되어 있고, 모터로 구동될 뿐 아니라 원격으로 조종할 수도 있습니다. 후드 아래는 디트로이트 DD15 디젤 엔진이 자리 잡고 있습니다. 네 가지의 복잡한 고유 색이 더해졌으며 이는 창작가의 트레이드마크이기도 합니다. 트레일러를 연결하면 다섯 번째 바퀴(트레일러 고정 장치)가 자동으로 잠깁니다.

도전과제

레고 정식 쇽 업소버는 너무 커서 작품의 전체적인 설계를 다시 손보지 않고서는 실제 동작하는 서스펜션을 만들기가 어려웠습니다. 그래서 레고 정식 쇽 업소버를 고무벨트로 대체하고 많은 시도를 통해 작지만 효과적인 서스펜션 시스템을 만들었습니다.

다섯 번째 바퀴(트레일러를 트럭에 연결하는 장치)란 용어는 마차를 사용하던 시절에서 유래되었습니다. 짐을 실은 마차가 방향을 전환하기 위해서는 말과 짐차를 수평하게 연결한 부분이 좌우로 회전할 수 있어야 했습니다. 초기 마차들은 간단하게 여분의 바퀴를 마차 뒤쪽 프레임에 고정하고 이를 연결 장치로 사용했습니다. 당시 마차들은 주로 사륜이었기 때문에 이 장치를 다섯 번째 바퀴라고 부르게 되었습니다.

덤프 트럭 10×4

디자이너-한(Designer-Han) (2009)

작품 소개

이 작품은 네덜란드의 지나프 X5450 5축 덤프 트럭을 모델로 만들었습니다. 앞쪽의 3축은 조향이 가능하며 뒤쪽의 2축은 실감나는 동력전달장치를 거쳐 V형 8기통 엔진에 연결됩니다. 수동으로 동작하는 공압 시스템을 이용하여 적재함을 세워 올리거나 세 번째 바퀴를 지면에서 들어 올릴 수 있습니다. 섀시는 견고하고 인상적인 적재 성능을 보여줍니다. 적재함을 레고 부품으로 가득 채우고서도 트럭을 이리저리 운전할 수 있습니다.

도전 과제

실제 트럭과 같이 세 번째 바퀴를 들어 올리면 조향 시스템으로부터 분리되고 동시에 '직진' 상태로 고정됩니다. 이 기능을 재현하는 것이 이 작품에서 가장 어려운 부분이었습니다.[1]

참고 모델

지나프(Ginaf)는 다프(DAF)와 협업을 하는 네덜란드의 트럭 제조사로 엔진, 동력전달장치 그리고 탑승 공간을 만들고 있습니다. X5450 트럭은 2003년 등장하였으며 강력한 직렬 6기통 엔진으로 다섯 개 차축 중 네 개를 구동합니다. 제일 뒤쪽 바퀴도로 조향을 할 수 있어서 조향 능력이 매우 뛰어납니다.

[1] 지면과 접촉하는 부위가 작아질수록 차량의 주행 저항이 감소하여 연료 사용량이 줄어들기 때문에 고속도로를 정속으로 주행하는 경우에는 세 번째 바퀴를 들어 올려 땅에 닿지 않은 채로 주행을 합니다.

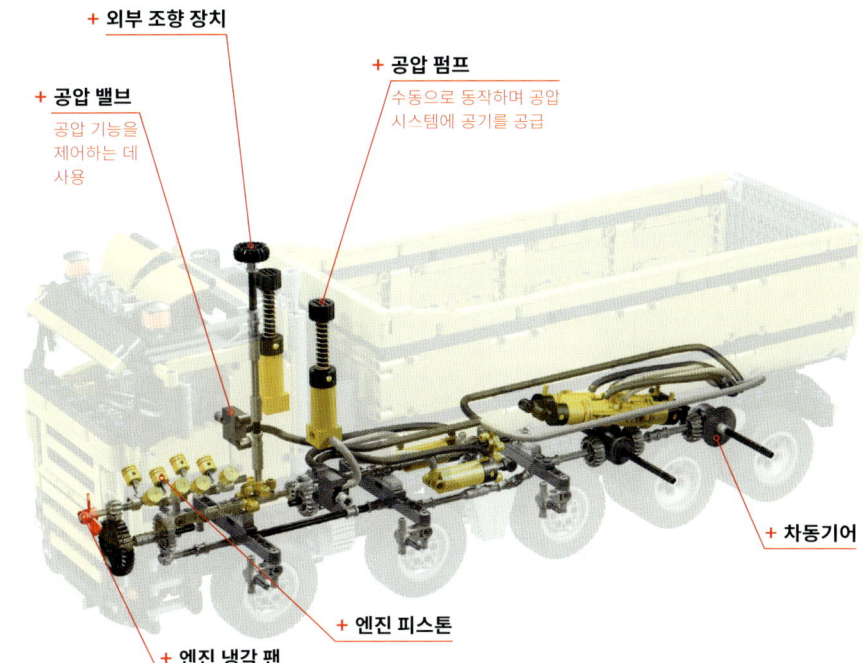

+ **외부 조향 장치**

+ **공압 밸브**
공압 기능을 제어하는 데 사용

+ **공압 펌프**
수동으로 동작하며 공압 시스템에 공기를 공급

+ **차동기어**

+ **엔진 피스톤**

+ **엔진 냉각 팬**

제원
길이	**53.3** cm
너비	**18** cm
높이	**22** cm
부품수	**2,454** 개

+ **재미있는 사실**
복잡한 공압 시스템 내부에 항상 압축 공기가 들어 있기 때문에 적재함을 올린 채로 내버려 두면 실제 트럭과 유사하게 적재함이 서서히 내려갑니다.

카마즈 다카르 랠리 트럭

마랏 안드리브(Marat Andreev) (2014)

작품 소개

다카르 랠리 팀의 '카마즈 마스터'를 기리기 위해 만든 이 작품은 실물과 흡사한 외형과 동력 성능을 겸비하고 있는 한편 작가의 스티커 제작 실력 또한 잘 보여주고 있습니다. 작품은 사륜구동 주행이 가능하며 조향이 가능합니다. 그리고 와트 링크 구조로 구현된 활축 서스펜션이 장착되어 있습니다.[1] 이 작품은 등판성능보다는 속도에 초점을 맞추어 설계하였기 때문에 세심하게 균형을 잡고 차량 무게를 최대한 줄이기 위해 파워 펑션 M 모터 두 개를 사용하여 차량을 구동하였습니다. 서스펜션의 강도를 조절할 수 있으며 서스펜션이 오르락내리락 움직이는 모습은 정말 인상적입니다.

도전 과제

실제 트럭의 색상을 정확하게 재현하는 것이 도전 과제였습니다. 원조 카마즈 마스터의 색상에 대한 기록이 온전치 않을 뿐 아니라 실제 차량 색과 일치시키려면 두 가지 톤의 파란색 레고 부품이 필요했기 때문입니다.

참고 모델

카마즈는 러시아에서 가장 큰 트럭 제조사입니다. 1988년에 결성된 카마즈 레이싱 팀은 지옥의 내구 레이스로 유명한 파리 다카르 랠리에 참가한 후 얼마 지나지 않아 상위권을 다투는 팀 중에 하나가 되었습니다. 이 레이싱 트럭은 850마력을 내뿜는 V형 8기통 미드십 엔진, 보강된 섀시 그리고 군용에 버금가는 서스펜션을 장착하고 있습니다. 이 트럭은 12미터 길이의 점프에도 끄떡없으며 비포장도로에서 최고 165km/h까지 속도를 낼 수 있습니다. 카마즈 마스터 팀은 현재까지 다카르 경주에서 12번의 우승 트로피를 들어올렸습니다.

1 와트 링크(병렬 링크) 서스펜션은 증기 엔진으로 유명한 제임스 와트가 고안한 Z 모양의 링크가 적용된 서스펜션으로, 차축 좌우 방향으로 움직임이 적은 장점이 있습니다. 또한 활축 서스펜션이란 일자형 차축이 속 업소버나 링크 구조를 거쳐 차체에 연결되어 차축이 자유롭게 움직일 수 있는 구조의 서스펜션을 말합니다.

켄워스 953 오일필드 트럭

투레고오어낫투레고(2LegoOrNot2Lego) (2011)

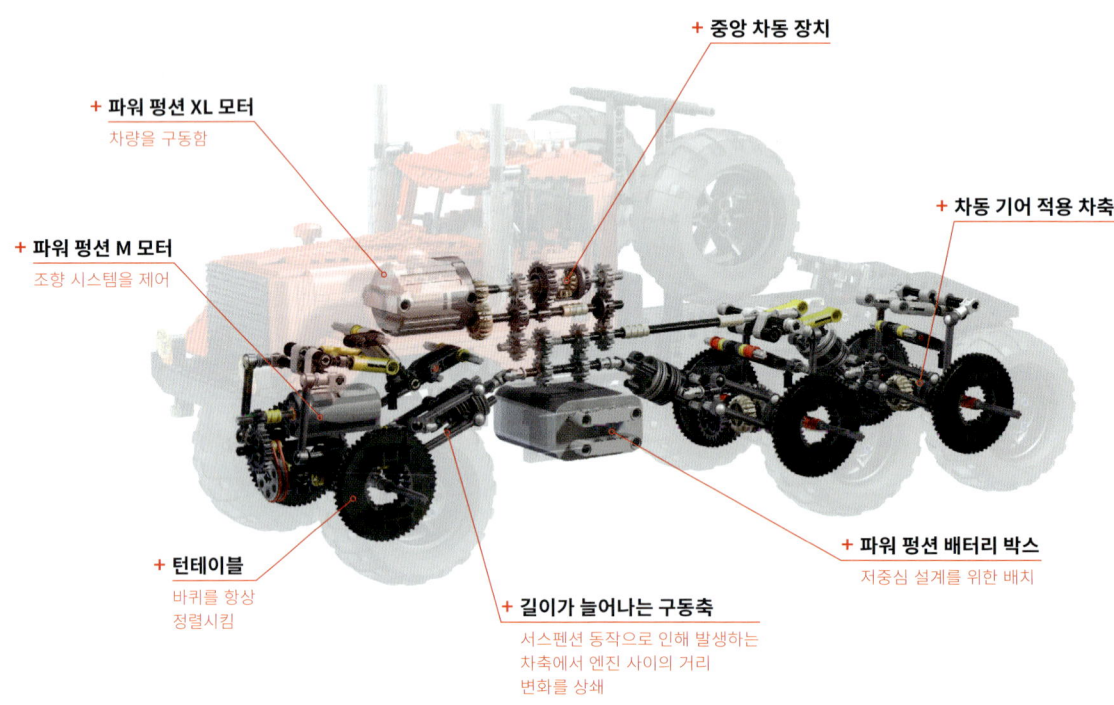

+ **파워 펑션 XL 모터**
  차량을 구동함

+ **중앙 차동 장치**

+ **파워 펑션 M 모터**
  조향 시스템을 제어

+ **차동 기어 적용 차축**

+ **턴테이블**
  바퀴를 항상 정렬시킴

+ **길이가 늘어나는 구동축**
  서스펜션 동작으로 인해 발생하는 차축에서 엔진 사이의 거리 변화를 상쇄

+ **파워 펑션 배터리 박스**
  저중심 설계를 위한 배치

제원

길이	**51.6** cm
너비	**19.8** cm
높이	**24.9** cm
부품수	**1,654** 개

작품 소개

이 작품은 켄워스 953 6×6 중형 트럭을 모델로 만들었으며 복잡한 서스펜션 시스템을 가지고 있습니다. 이 서스펜션은 세 개의 부동 차축과 튼튼한 동력전달장치 하나로 이루어져 있으며 그 내부에는 중앙 차동기어 및 길이가 늘어나는 구동축이 들어 있습니다.[1] 여섯 개의 바퀴 모두 차량을 구동할 수 있으며 턴테이블로 고정되어 있습니다. 턴테이블은 바퀴들을 잘 정렬시켜 주며 베어링과 같은 역할을 합니다. 트레일러가 연결되면 다섯 번째 바퀴(트레일러 고정 장치)가 자동으로 연결됩니다.

도전 과제

오프로드 트럭이 가질 수밖에 없는 전형적인 도전 과제들에 직면하였습니다. 우선 충분한 지상고를 확보하면서도 안정적인 주행을 하도록 절충안을 찾아야 했습니다. 서스펜션은 작동 범위가 길고 차량의 무게를 견딜 수 있도록 제작해야 했으며 강력한 힘을 전달할 수 있도록 동력전달장치를 보강해야 했습니다.

[1] 서스펜션의 작동 길이가 긴 덕분에 엔진에서 부동 차축까지의 거리가 많이 변화하게 됩니다. 그래서 길이가 변하는 구동축을 적용하여 이를 보완해 주어야 합니다.

참고 모델

켄워스 953 오일필드 트럭은 험준한 지형과 극한의 기후 조건에서도 무거운 화물을 수송할 수 있도록 설계되었습니다. 서 있으면 높이가 거의 4m에 달하는 이 괴물 같은 자동차는 여섯 개의 바퀴로 주행하며 이 바퀴 하나가 사람보다 크고 타이어 총 무게는 900kg이나 나갑니다. 거대한 후드 아래는 457마력의 V형 12기통 디젤 엔진이 자리 잡고 있습니다. 거칠고 강력한 이 트럭은 거대한 공기 필터, 에어컨 그리고 2리터가 넘게 들어가는 연료통을 가지고 있기 때문에 사우디아라비아의 사막에서 자주 사용됩니다. 이 트럭은 켄워스의 모토처럼 '작업을 위해 만들어진' 차량입니다.

켄워스 W900L 덤프 트럭

엠_롱거(M_Longer) (2012)

작품 소개

켄워스 트럭은 테크닉 창작가들에게 인기가 많습니다. 이 작품을 보면, 크롬 부품을 대량으로 사용하지 않고서는 켄워스 트럭을 제대로 재현하기 어렵다는 사실을 알 수 있습니다. 원격으로 구동하고 조향할 수 있으며 모터로 구동되는 적재함 메커니즘, 들어올릴 수 있는 두 번째 차축과 실제 불이 들어오는 전조등이 있습니다. 탑승칸 내부 모습을 재현할 수 있는 공간을 확보하기 위해 배터리와 파워 펑션 적외선 수신기를 후드 아래에 두었습니다.

도전 과제

이 작품의 섀시는 상세하게 묘사된 차체와 화물칸의 무게로 인해 상당한 하중을 받고 있습니다. 이 작품과 같이 차대가 긴 트럭의 프레임이 휘지 않도록 견고하게 만드는 작업이 쉽지 않았습니다. 또한 적재함을 들어올리는 메커니즘이 적재함 아래에 들어갈 정도로 조밀하면서도 적재함을 거뜬히 들어올릴 수 있도록 강력하게 제작하는 과정은 만만치 않은 작업이었습니다.

+ **화물칸**
  들어 올려 적재물을 쏟아 낼 수 있음

+ **파워 펑션 적외선 수신기**

+ **전원 버튼**
  후드 상단에 숨어 있음

+ **세 번째와 네 번째 차축**
  차량을 구동시킴

+ **두 번째 차축**
  들어 올릴 수 있음

+ **도어**
  열림

+ **전륜**
  조향가능

제원
- 길이 **55**cm
- 너비 **15**cm
- 높이 **18**cm

참고 모델

W900 모델(W는 워싱턴(Worthington)을 의미)은 오래된 켄워스 트럭으로 장거리 화물 수송을 위해 설계되었습니다. 625마력까지 낼 수 있는 엔진을 탑재하고 다양한 옵션을 선택하여 사용자가 원하는 대로 차체를 구성할 수 있었기 때문에 운전자는 W900를 집처럼 편안하게 느꼈고 물건을 제 시간에 배달할 수 있었습니다.

KZKT-7428 루세치

사리엘(Sariel) (2013)

제원
길이 **175.3** cm
너비 **20.8** cm
높이 **21.6** cm
부품수 **~6,000** 개

작품 소개

KZKT-7428 루세치를 모델로 한 이 작품은 K2 흑표 전차를 이동시키기 위해 특별히 제작되었습니다(208쪽 참고). 이 차량은 트레일러를 포함한 길이가 거의 1.8m에 이르고 8륜구동, 독립 서스펜션 그리고 원격으로 잠기는 트레일러 연결 장치를 가지고 있습니다. 위아래로 움직일 수 있는 후미등과 아웃 트리거는 차량의 완성도를 더욱 높여 주고 있습니다. 이 모든 것들은 블루투스 통신을 통해 제어됩니다. PC에 연결된 게임 컨트롤 패드를 이용하여 명령을 내리면 이를 마인드스톰 NXT에서 읽어 들이는 방식입니다. 이렇게 하면 탱크 수송 차량과 적외선으로 제어되는 탱크가 서로 간섭 없이 동시에 움직일 수 있습니다.[1]

[1] 파워 펑션 조종기 하나는 두 개의 모터를 제어할 수 있고 또한 네 개의 독립된 채널을 가지고 있기 때문에 최대 8개의 모터를 독립적으로 움직일 수 있습니다. 하지만 이미 탱크에서 1, 2, 3번 세 개의 채널을 사용하고 있었기 때문에 NXT의 블루투스 통신 기능을 이용하여 컴퓨터에서 블루투스를 통해 내리는 명령을 NXT에서 수신한 다음, 유선 및 적외선을 이용하여 모터를 제어할 수 있도록 만들었습니다.

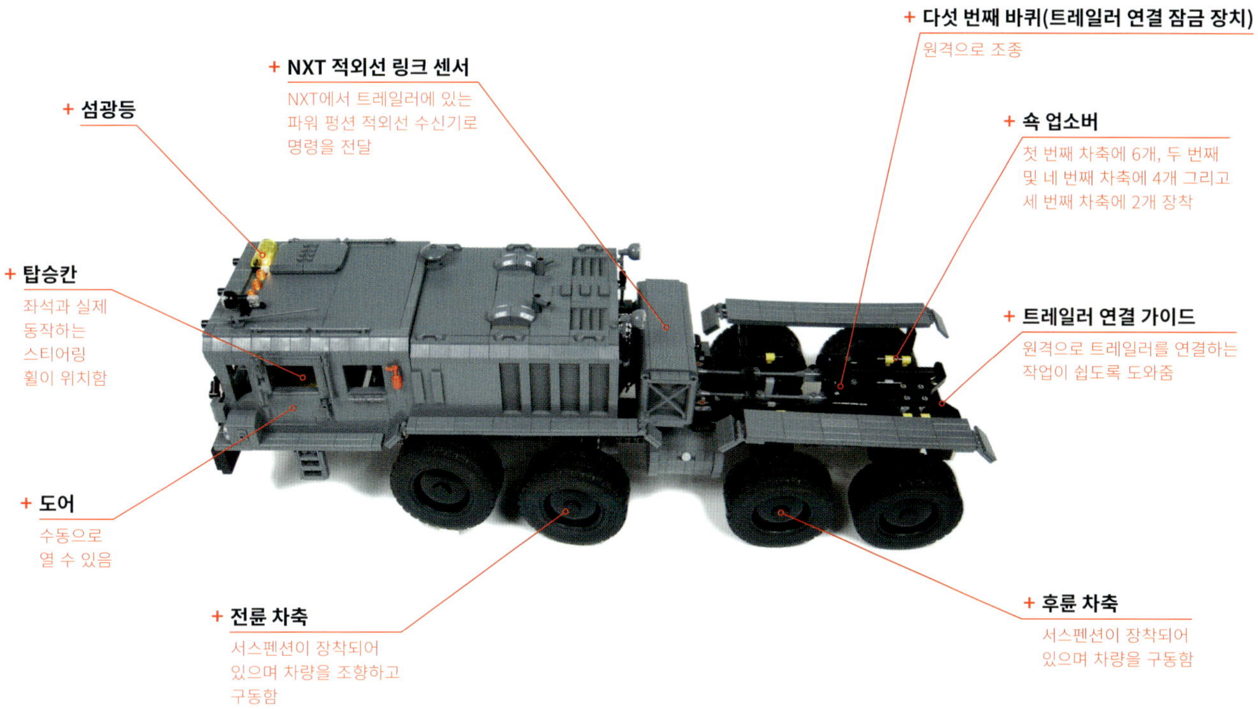

+ **섬광등**

+ **NXT 적외선 링크 센서**
NXT에서 트레일러에 있는 파워 펑션 적외선 수신기로 명령을 전달

+ **다섯 번째 바퀴(트레일러 연결 잠금 장치)**
원격으로 조종

+ **탑승칸**
좌석과 실제 동작하는 스티어링 휠이 위치함

+ **쇽 업소버**
첫 번째 차축에 6개, 두 번째 및 네 번째 차축에 4개 그리고 세 번째 차축에 2개 장착

+ **트레일러 연결 가이드**
원격으로 트레일러를 연결하는 작업이 쉽도록 도와줌

+ **도어**
수동으로 열 수 있음

+ **전륜 차축**
서스펜션이 장착되어 있으며 차량을 조향하고 구동함

+ **후륜 차축**
서스펜션이 장착되어 있으며 차량을 구동함

도전 과제

NXT 제어기에 사용할 제어 프로그램을 작성하는 것을 제외하면 차량의 구조가 가장 큰 도전 과제였습니다. 이 작품은 앞으로 튀어나온 무거운 탑승 공간과 2.5kg 짐을 올려도 트레일러가 휘지 않고 화물을 수송할 수 있도록 견고한 차체 프레임과 서스펜션이 필요했습니다. 작품의 무게를 더이상 늘리지 않아도 구조를 보강할 수 있도록 여러 번의 시행착오를 겪어야 했습니다.

참고 모델

KZKT-7428 루세치는 소련이 만든 8륜구동 견인 차량으로, 70톤에 달하는 화물을 끌어올려 실은 다음 어떤 형태의 지형이나 기후 조건에서도 화물을 수송할 수 있도록 설계되었습니다. 650마력의 엔진에는 미리 엔진을 덥혀주는 예열 시스템이 장착되어 영하 50°C에서도 엔진을 기동시킬 수 있습니다. 8륜구동, 견고한 동력전달장치 그리고 성인의 평균 키만한 바퀴가 달려 있는 이 트럭은 여러분을 어떤 곳이든지 데려다 줄 수 있습니다.

만 후크리프트 트럭

제니퍼 클락(Jennifer Clark) (2003)

제원	
길이	**47**cm
너비	**14**cm
높이	**17**cm
부품수	**1,800**개

작품 소개

이 작품은 실제로 후크리프트를 운전하는 기사로부터 기술적인 내용과 동작 원리에 대한 조언을 듣고 제작했습니다. 뒤쪽 두 개의 차축에는 각각 서스펜션이 구현되어 있으며 그중 하나는 차량을 구동시킵니다. 앞쪽의 두 차축에는 조향 시스템이 적용되어 있고, 컨테이너 적재 받침과 공압식 컨테이너 적재 장치도 구현되어 있습니다. 모든 기능은 서드-파티에서 제작한 무선 조종 시스템을 이용하여 원격으로 조종됩니다. 차체는 화이트인치 철거 회사의 대표 색상으로 재현하였으며 실제 화이트인치 트럭을 토대로 직접 제작한 다량의 스티커를 붙였습니다.

도전 과제

파워 펑션이 나오기 전에 제작한 작품이다 보니 상대적으로 작은 섀시 안에 전기 및 공압 기능 부품을 집어넣는 것 못지않게 많은 도전 과제들이 있었습니다. 힘이 약한 9V 모터를 사용하고 서드-파티가 만든 제어 시스템을 통합하느라 애를 먹었습니다. 하지만 가장 큰 도전 과제는 컨테이너를 들어 올리는 것이었습니다. 공압 시스템은 힘이 너무 부족했고 그 당시에는 리니어 액추에이터가 아직 나오기 전이었기 때문에 스터드 없는 테크닉 빔을 사용해서 직접 리니어 액추에이터를 제작하였습니다. 실을 당기면 액추에이터가 늘어나며 컨테이너 받침대를 들어올리게 됩니다. 간단한 방법처럼 보이지만 완성된 컨테이너 적재 메커니즘은 무려 1.25kg 무게의 짐을 들어올릴 수 있습니다.

참고 모델
후크리프트 트럭은 다양한 길이의 컨테이너를 수송하는 데 사용됩니다. 30톤의 짐을 실을 수 있으며 필요할 때는 덤프트럭처럼 사용할 수도 있습니다. 후크리프트 트럭은 운전사가 탑승 칸에서 내릴 필요 없이 좁은 공간에서도 신속하고 정확하게 짐을 싣고 내릴 수 있기 때문에 많은 사랑을 받고 있습니다.

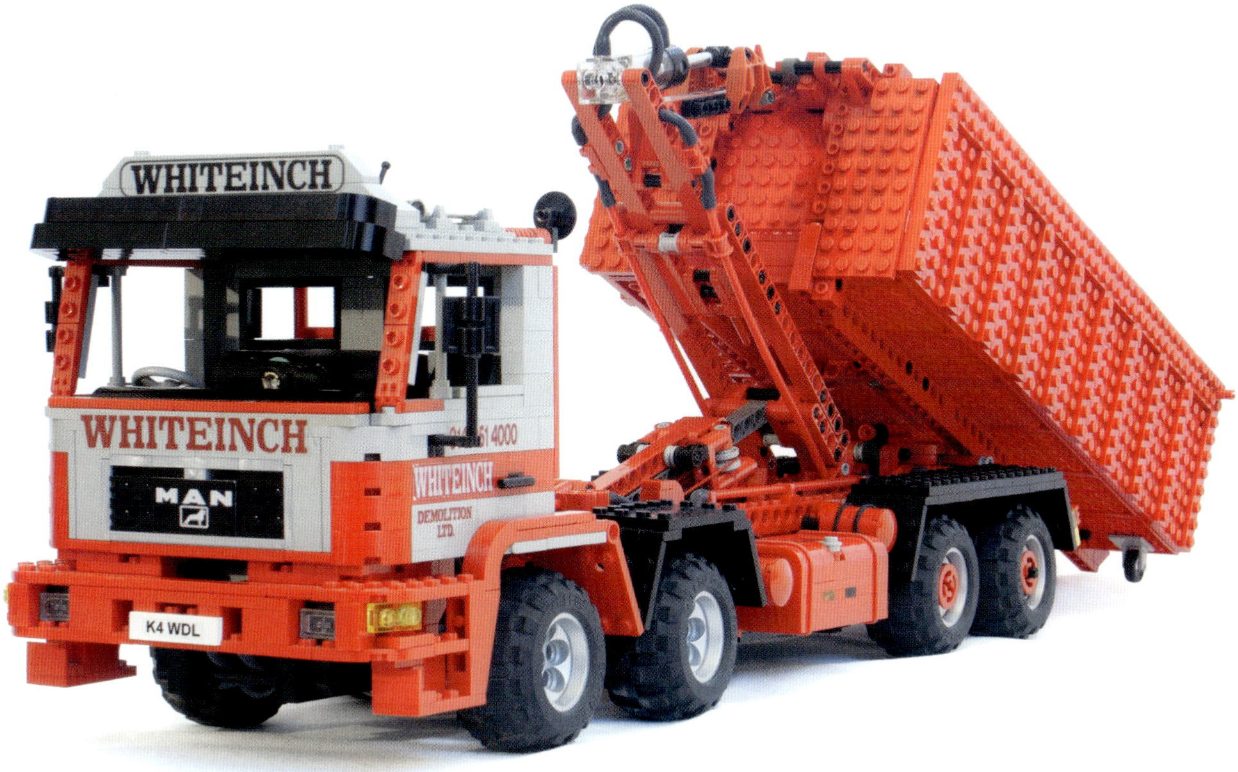
WHITEINCH
WHITEINCH
MAN
WHITEINCH
DEMOLITION
LTD.
K4 WDL

WHITEINCH
WHITEINCH
MAN
WHITEINCH
DEMOLITION
LTD.
K4 WDL

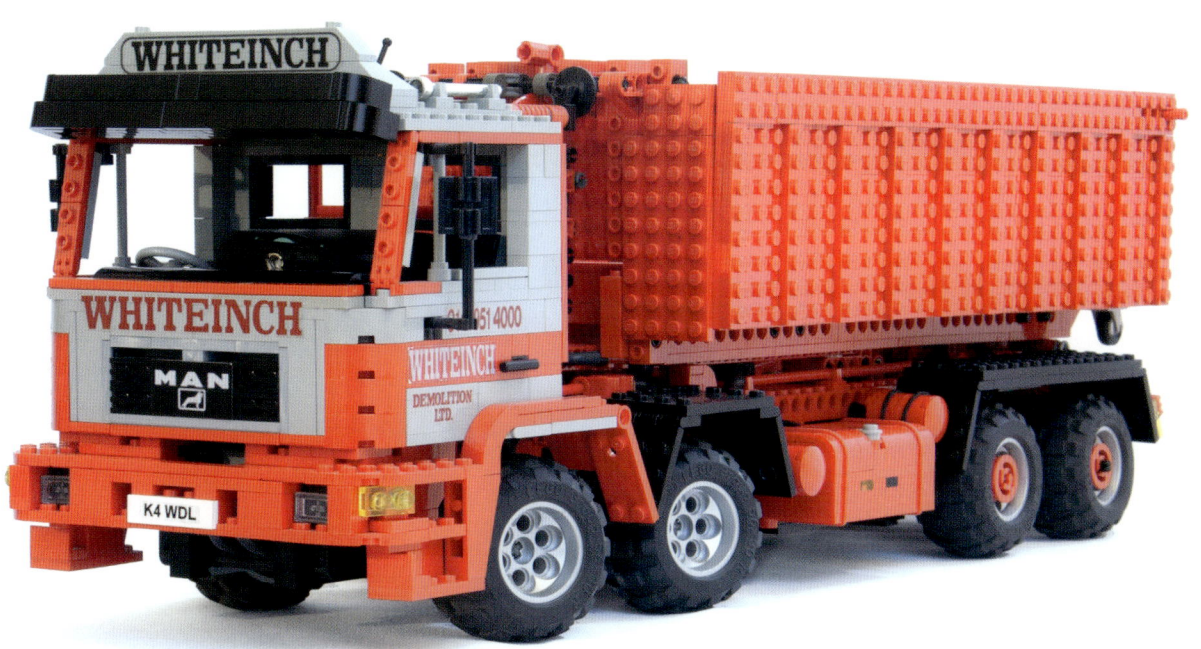

만 TGS 6×4 시멘트 트럭

라세 들르안(Lasse Deleuran) (2013)

+ **파워 펑션 배터리 박스**
교환이 쉽도록 외부에 배치

+ **믹서 드럼**
회전함

+ **시멘트 배출구**

+ **전조등**
불을 켤 수 있음

+ **두 개의 전륜**
축마다 약간 다른 각도로 조향됨

+ **파워 펑션 적외선 수신기**

+ **후륜**
차량을 구동함

1. 중앙 복귀 조향(Return-to-center steering) 시스템이란 고무줄이나 스프링 등으로 인해 조향된 바퀴가 중앙으로 돌아오는 기능이 있는 조향 시스템입니다. 코너링 후 직선으로 주행을 하고자 할 때 조종간을 놓기만 하면 조향 바퀴가 알아서 중앙으로 복귀되기 때문에 조종이 한결 쉬워집니다.

작품 소개

만 TGS 시멘트 트럭을 모델로 삼은 이 작품은 레고 공식 제품인 모델 팀 시리즈의 스케일과 같은 1:25로 제작되었습니다. 모터를 이용하여 차량을 주행하거나 믹서 드럼을 회전시킬 수 있습니다. 앞쪽 두 개의 차축에는 중앙 복귀 조향 장치가 적용되어 있고 전조등을 켤 수 있습니다.[1] 크기는 작지만 여러 가지 움직이는 기능들이 구현되어 있으면서 견고할 뿐 아니라 실제 같은 외형까지 갖추고 있는 대표적인 작품입니다.

제원	
길이	**36.3** cm
너비	**13.5** cm
높이	**19.8** cm
부품수	**1,519** 개

도전 과제

이 작은 작품에 상당히 많은 기능을 집어넣으려고 하다 보니 이로 인해 여러 가지 도전 과제들이 양산되었습니다. 가장 큰 도전 과제는 앞쪽 두 조향축이 각자 약간 다른 각도로 조향되는 메커니즘을 재현하는 것이었습니다. 수직 방향으로 배치한 파워 펑션 서보 모터가 테크닉 빔으로 복잡하게 구성된 시스템을 거쳐 조향 장치를 구동시킵니다. 또한 믹서 드럼은 내부가 비어 있는 구조물을 둘러싸는 방법으로 조심스럽게 만들어 실제 적재물을 담을 수 있도록 만들었으며 차량을 구동시키는 모터와 연결되어 있습니다.

참고 모델

TGS는 독일의 트럭 제조사인 만(MAN)에서 생산하는 가장 튼튼한 트럭입니다. 이 트럭은 무거운 짐을 싣고 비포장도로를 달릴 수 있는 견고한 섀시를 바탕으로 제작됩니다. 고출력 디젤 엔진을 갖추고 있으며 각 구성품을 조밀하게 배치하고 전반적으로 효율성에 초점을 맞추어 설계된 이 트럭은 현대 유럽 트럭을 대표하는 훌륭한 모델입니다.

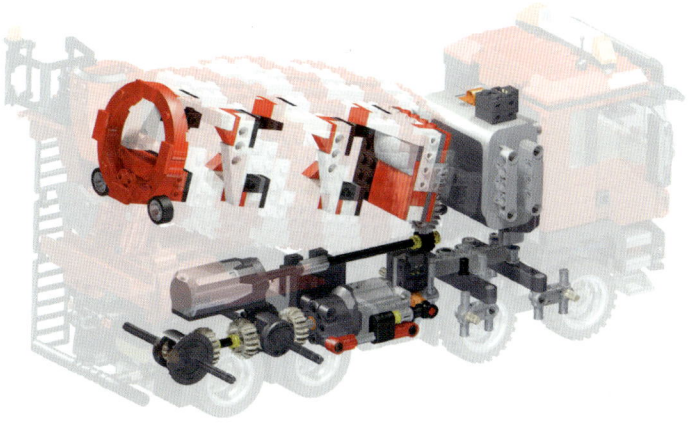

+ **재미있는 사실**

이 작품의 믹서 드럼은 실제로 동작합니다. 레고 축구공을 담아 두었다가 뒤쪽 슈트를 통해 비워 낼 수 있습니다. 이 기능 덕분에 코펜하겐에서 열린 2011 레고 월드 페어에서 '공 다루는 엄청난 기계'라는 합동 작품전의 일부로 참가했습니다. 이 작품전은 여러 작가들이 모여 거대한 '루브 골드버그 장치'[2]를 구성한 것으로, 가장 화려한 방법으로 레고 축구공을 이동시키는 것이 목적입니다.

2 루브 골드버그 장치는 미국 만화가 '루브 골드버그'가 고안한 연쇄 반응에 기반을 둔 장치로, 생김새나 작동 원리는 복잡하지만 하는 일은 단순한 기계를 칭하기도 합니다.

피터빌트 379 플랫탑

제드(ZED) (2011)

제원	
길이	**33.8** cm
너비	**11.2** cm
높이	**16** cm

+ 침대 칸
분리할 수 있으며
내부에 파워 펑션
배터리가 들어 있음

+ 디트로이트 DD15 디젤 엔진
조향 장치를 구동하는 파워 펑션
M 모터가 숨어 있음

+ 후륜
서스펜션이
달려 있으며
차량을 구동함

+ 탑승칸
스티어링 휠, 시트가
재현되어 있으며
도어가 열림

+ 전륜
조향 가능

작품 소개

구형 피터빌트 379 트럭을 1:22 스케일로 재현한 이 작품은 외형에 중점을 두고 제작한 것처럼 보이지만 사실은 레이싱을 목적으로 만들었습니다. 무게는 최소화하면서 민첩성은 최대화할 수 있도록 설계하였습니다. 후드를 열어보면 알 수 있듯이 파워 펑션 XL 모터 하나로 주행하며 파워 펑션 M 모터 하나로 조향됩니다. 그리고 눈에 잘 띄지 않는 침대칸 내부에 대형 배터리 박스가 들어 있습니다. 조향 모터는 실제 차량의 엔진을 묘사한 웨지 벨트와 라디에이터와 결합되어 엔진의 일부를 이루고 있습니다. 탑승칸 내부는 간단하게 꾸며져 있으며 열 수 있는 도어가 달려있습니다. 뒤쪽 두 개의 차축은 차량을 구동시키며 섀시와 차축을 작은 고무 부시로 연결한 형태의 간단한 서스펜션이 구현되어 있습니다. 이 작품의 아름다운 외관은 모든 메커니즘을 교묘하게 숨기고 있지만 주행 성능까지 감추지는 못합니다.

도전 과제

솔직히 말해 테크닉 모델처럼 보이지 않는 평범한 레이싱 머신을 만드는 작업은 정말 쉽지 않았습니다. 거대한 파워 펑션 XL 모터와 거의 차폭에 달하는 배터리 박스를 포함하여 모든 전자 부품을 보이지 않도록 작품 안에 집어넣는 작업은 상당한 창작 능력을 필요로 했습니다. 또한 침대칸은 배터리 교환을 위해 분리할 수 있어야 했습니다.

참고모델

다른 수많은 피터빌트 트럭처럼 구식 379 트럭은 개인 고객의 요구에 맞추어 제작되었습니다. 구매자는 섀시 길이, 엔진, 침대칸의 크기 그리고 차량의 색상도 고를 수 있었습니다. 이 때문에 많은 379 트럭들이 저마다 독특한 모습을 하고 있으며 이 작품이 모델로 삼은 실제 트럭 역시 주문 제작된 차량 중에 하나로, 침대칸 길이가 짧은 플랫탑 형태를 취하고 있습니다.

스카니아 R 4×2 하이라인

라세 들르안(Lasse Deleuran) (2012)

제원	
길이	26.2 cm
너비	13.3 cm
높이	16.5 cm
부품수	873 개

작품 소개

스카니아 R을 모델로 하여 1:25 스케일로 만든 이 작품은 실제 차량과 같은 외형과 튼튼한 구조 그리고 트럭의 기본 기능을 재현하는 데 중점을 두고 제작하였습니다. 실제로 동작하는 기능들 중에는 애커만 방식 조향 장치와 동력전달장치뿐만 아니라 트레일러를 체결하는 메커니즘과 후진 시 자동으로 전개되는 트레일러 받침대가 구현되어 있기 때문에 원격으로 트럭을 조종하여 트레일러를 체결하고 분리할 수 있습니다.

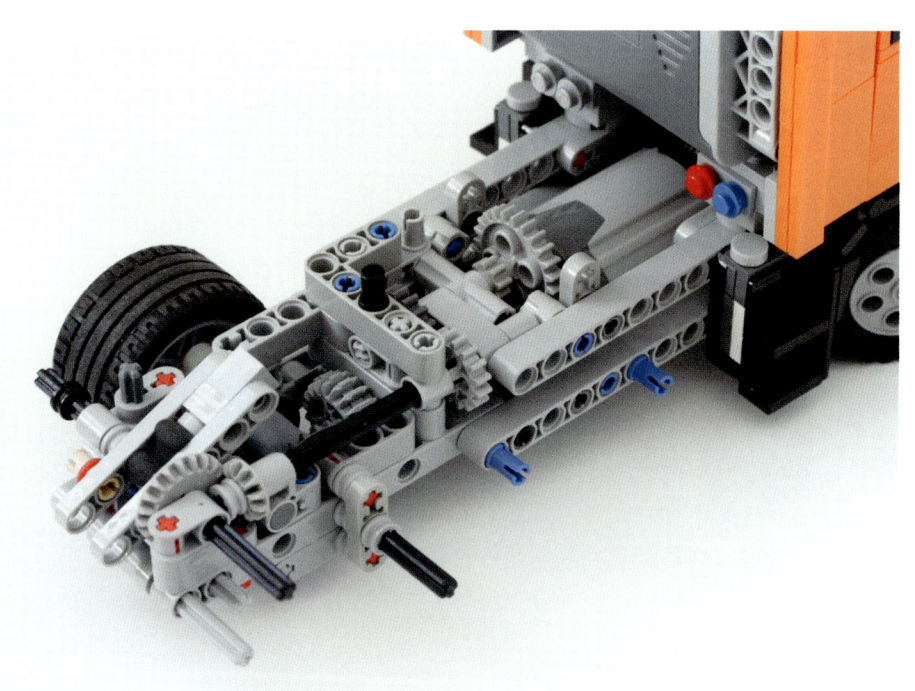

도전 과제

이 작품을 만드는 데 크게 두 가지의 도전 과제가 있었습니다. 첫 번째는 작은 고무 부시 부품을 이용하여 트레일러 체결 메커니즘을 만드는 것이었습니다. 트럭이 트레일러 밑으로 후진해 들어가면 연결 장치가 체결되고 후진을 계속하면 특정 시점에 다시 분리됩니다.[1] 두 번째 도전 과제는 트레일러의 받침대 메커니즘으로, 이 또한 고무 부시를 이용하여 비슷한 원리로 동작합니다. 원격으로 조향과 주행이 가능한 작품 내부에 이 장치들을 함께 구현한 것은 대단한 성과였습니다.

[1] 1×2 빔의 크기와 비슷한 고무 부시를 톱니가 하나인 기어처럼 사용하여 트레일러 고정 장치를 해제시켜 줍니다. 차량 구동 모터와 동기화된 특정 축에 이 부시를 달아 놓으면 차량이 특정 거리를 움직일 때마다 한 번씩 고정 장치를 해제할 수 있습니다.

+ 파워 펑션 적외선 수신기

+ 파워 펑션 배터리 박스
손쉽게 분리 가능

+ 트레일러 받침대
트레일러가 분리되면
자동으로 전개됨

+ 전륜
애커만 방식으로 조향됨

+ 후륜
강력한 파워 펑션
XL 모터로 구동됨

+ 트레일러 체결 메커니즘
원격으로 트럭을 조종하여
트레일러를 체결하거나
분리 가능함

참고모델

스카니아 R은 유명한 스웨덴 회사 스카니아의 플래그십 차량입니다. 이 트럭에는 네 개의 좌석이 배치되어 있고 730마력 엔진을 포함하여 다양한 엔진을 탑재할 수 있습니다. 스카니아 R은 세계에서 가장 강력한 트럭이라는 별명을 가지고 있으며, 2010년 '올해의 인터내셔널 트럭'을 수상하면서 유럽에서 가장 아름다운 트럭 중에 하나라는 평가를 받았습니다. 이로 인해 레고 창작자들에게 창작 대상으로 많은 인기를 얻고 있습니다.

견인트럭 XL

디키 클레인(Dikkie Klijn) (2012)

작품 소개

아메리칸 스타일의 견인 트럭을 모델로 만든 이 작품은 모든 바퀴에 서스펜션이 적용되어 있으며 두 축은 조향을 하고 나머지 두 축은 차량을 구동시킵니다. 크레인은 길이를 늘거나 방향을 바꿀 수 있으며 모터로 구동되는 두 개의 윈치가 달려 있습니다. 또한 공압식 아웃트리거, 모든 기능이 동작하는 휠 리프트[1], 경광등이 달려 있어 실제로 불이 켜지는 완벽한 전조등 세트도 재현되어 있습니다. 풍부한 세부 묘사, 직접 제작한 스티커, 열 수 있는 도어와 후드 등으로 이루어진 차체 내부에는 차량과 붐을 구동하는 모터 동력 전달 시스템과 아웃트리거를 구동하는 유압 동력 전달 시스템 전체 패키지가 자리 잡고 있습니다. 그리고 뒤쪽 바퀴 상단에 있는 여러 개의 라커에는 몇 가지 기능을 제어하는 수동 스위치가 들어 있습니다.

도전 과제

대형 작품을 제작할 때면 충분히 견고한 차대를 만들고 기계 파트가 보이지 않도록 내부에 숨겨야 하는 도전 과제를 만나게 됩니다. 하지만 이 작품에서 이런 일반적인 과제들보다 우선했던 것은 바로 붐이었습니다. 붐은 길이를 늘일 수 있는 메커니즘을 갖고 있으면서도 무거운 짐을 들어 올릴 수 있어야 하며 또한 외형은 완벽하게 매끈해야 했습니다.

1 휠 리프트는 차량의 바퀴를 들어 올려 견인하는 장치를 말합니다.

제원

길이 **83.1**cm

너비 **19.3**cm

높이 **25.9**cm

부품수 **4,200**개

참고 모델

이 차량은 길이를 늘이거나 회전할 수 있는 긴 붐과 함께 휠 리프트 견인 장치가 장착된 일반적인 회전 붐 타입 견인차입니다. 붐은 도랑이나 헤어나오기 어려운 곳에 빠져 있는 차량을 꺼내는 데 도움이 됩니다. 또한 차량을 높은 곳에 올려놓는 데도 사용됩니다.

- **이중 윈치**
- **경광등** 번쩍임
- **후드** 열 수 있음
- **붐** 길이 연장 메커니즘이 구현됨
- **후미등** 불이 켜짐
- **휠 리프트 견인 장치** 전기와 공압으로 동작
- **전륜** 서스펜션이 적용되어 있으며 조향됨
- **아웃트리거** 공압으로 전개되며 안정성을 추가로 확보함
- **두 번째 차축** 서스펜션이 적용되어 있으며 조향됨
- **세 번째 및 네 번째 차축** 서스펜션이 적용되어 있으며 차량을 구동함
- **아웃트리거** 공압으로 전개되며 안정성을 추가로 확보함

10 선박

264	연안 지원함
266	스탠 터그 4011 SL 가봉
270	소금쟁이

연안 지원함

에퍼만(Efferman) (2014)

작품 소개
이 작품은 포이트 슈나이더 프로펠러라는 이름의 독특한 추진 시스템을 근간으로 만들어졌습니다. 완벽하게 원격으로 조종할 수 있으며 실제로 물위에서 움직일 수 있습니다. 이 프로펠러는 종종 달걀 거품기라는 애칭으로 불리는데, 배의 추진 프로펠러와 방향키 역할을 동시에 수행할 수 있는 특별한 터빈 여러 개가 한 쌍으로 이루어져 있습니다.

이 프로펠러를 레고 부품으로 재현하다 보니 덩치가 꽤 커지게 되었고, 배는 이 프로펠러의 성능에 적합한 크기로 만들어야 했습니다. 무게가 3.5kg인 이 작품은 물에서 평형을 유지하며 떠 있을 수 있을 뿐만 아니라 배에 장착된 추진 시스템이 많은 장점을 지니고 있다는 점에서 매우 인상적입니다.

배 뒤쪽 아래에는 레고 선박 세트에서 사용하는 52×12 크기의 통짜 선체 부품을 넣었고, 배 앞부분 아래쪽에는 레고 상자 세 개를 넣어 배가 떠 있도록 만들었습니다. 뒤쪽 갑판 위에 놓인 머스크 컨테이너 안에는 파워 펑션 배터리와 파워 펑션 적외선 수신기처럼 무거운 부품들이 들어 있습니다. 배 앞쪽 근처에 동그란 플랫폼은 헬기 이착륙장입니다.

도전 과제
이 복잡한 작품을 물에 뜨도록 만들고 내부에 추진 시스템을 집어넣는 두 가지 작업이 주요 도전 과제였습니다. 네 개의 날개가 달린 두 개의 프로펠러는 배 앞머리 근처에 서로 나란히 위치하고 있으며 하나의 모터로 구동됩니다. 또 다른 모터 하나는 날개의 피치를 조절하여 배 진행 방향을 효과적으로 제어합니다. 배 뒤쪽 아래에 있는 핀이라고 부르는 수중 날개는 배가 운항 중이지 않을 때도 선체가 안정적으로 떠 있도록 도와줍니다.

사이클로이드 추진 방식은 상당히 거대한 선박도 움직이게 만들 수 있습니다. 1938년 미완의 독일 항공모함 그라프 체펠린 호에 포이트 슈나이더 프로펠러 두 개가 선미 보조 스러스터로 사용되었습니다.

제원	
길이	**72.9**^{cm}
너비	**21.6**^{cm}
높이	**33.5**^{cm}
부품수	**~1,500** 개

측면도

+ 피치 조정 축
날개를 회전시키는 동안 웜기어를 이용하여 모든 추진 날개의 피치를 조절하고 유지시킴

+ 추진 모터
턴테이블을 구동하여 프로펠러를 회전시킴

+ 턴테이블
테크닉 소형 턴테이블을 이용하여 프로펠러와 선체를 연결해주며 피치 조절 축이 턴테이블을 관통하여 지날 수 있도록 함.

+ 프로펠러 헤드
턴테이블과 같이 회전하고 여러 날개를 함께 고정시킴

+ 추진 날개
회전하는 동안 피치가 연속적으로 변하여 원하는 방향으로 추진력을 발생시킴

참고모델

포인트 슈나이더 프로펠러는 수직 날개가 달린 수력 발전기 터빈을 참고하여 설계되었습니다. 이 터빈은 피치를 조절하여 물을 바로 흘려보내거나 심지어 반대로 흘려보낼 수도 있습니다. 이 원리는 소위 말하는 사이클로드 추진을 가능케 합니다. 선박은 두 개의 프로펠러를 이용하여 어떤 방향으로든지 즉시 이동하거나 선회할 수 있습니다. 이 기능은 특히 배의 속도와 자세를 쉽고 안정적으로 조종할 수 있어야 하는 예인선이나 연락선 그리고 기뢰 제거함에 유용하게 사용됩니다. 1928년 첫 시험에 들어간 포인트 슈나이더 프로펠러는 독일과 영국 선박에 일찌감치 적용되었습니다. 그리고 1990년대 최근까지 미 해군에서 사용해 왔습니다.

저면도

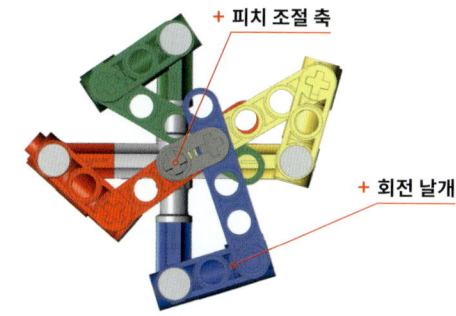

+ 피치 조절 축

+ 회전 날개

선박

스탠 터그 4011 SL 가봉

에드윈 코르스타니에(Edwin Korstanje) (2013)

제원	
길이	**140.2**cm
너비	**39.1**cm
높이	**80**cm
부품수	**~38,000**개

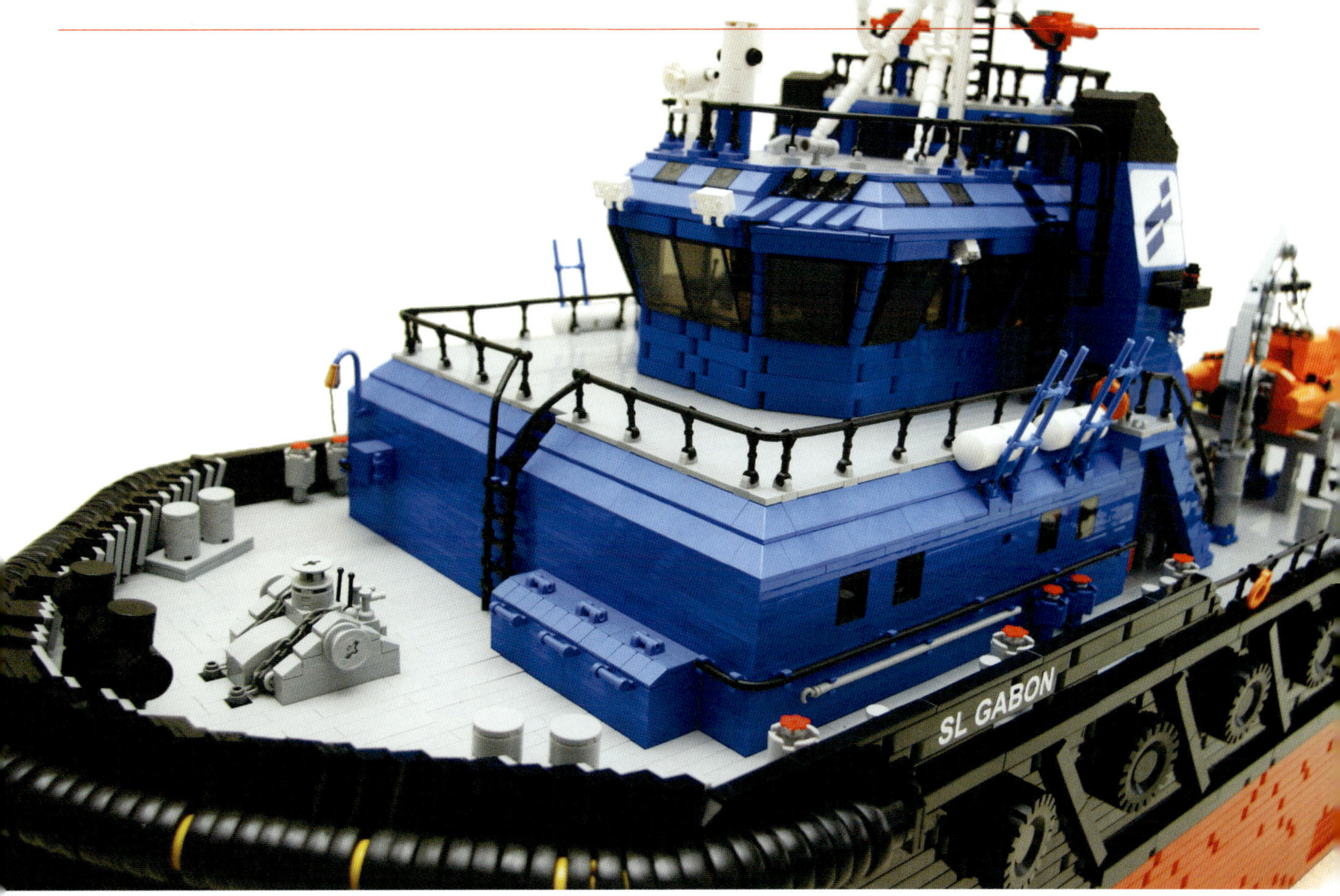

작품 소개

스탠 터그 4011 SL 가봉 예인선을 모델로 만든 1:30 스케일의 이 작품은 레고 부품을 약 40kg정도 보유 하고 있을 때 비로소 만들어 볼 수 있습니다. 선체는 테크닉 빔으로 만들어서 일반인이 위에 올라설 수 있을 정도로 튼튼합니다. 갑판과 상부 구조는 테크닉 브릭을 사용하였고, 빔으로 만든 조타실과 함께 잘 어우러져 있습니다.

실제 선박을 소유하고 있는 회사에서 의뢰하여 제작한 이 작품에는 두 개의 크레인, 모터로 구동되는 윈치, 실제로 동작하는 닻, 고무보트 한 척 그리고 작품에 생명을 불어 넣어 주는 40개의 레고 LED가 설치되어 있습니다. 제작을 의뢰한 회사는 작품에 대한 감사 선물로 창작가가 실제 스탠 터그 예인선이 움직이는 모습을 볼 수 있도록 아프리카 여행을 보내 주었습니다.

도전 과제

가장 어려웠던 점은 순전히 작품의 크기와 무게보다는 테크닉 빔과 레고 브릭을 결합해서 세부를 상세히 묘사하면서도 작품이 부서지지 않고 이동시킬 수 있을 정도로 튼튼한 작품을 만드는 것이었습니다. 자체 제작한 크롬 부품과 동판 부품을 사용한 세부 묘사가 시선을 잡아 끕니다.

참고 모델

루마니아의 겔라티 조선소에서 건조된 스탠 터그 4011은 다목적 연안 예인선으로 아프리카 가봉에 살고 있는 스미트 람날코씨가 소유하고 있습니다. 배의 길이는 40m가 넘으며 V형 16기통 선박용 캐터필러 엔진 두 개가 장착되어 있고, 총 5,000마력을 뿜어냅니다. 해난 구조선, 소방선은 물론 예인선 등 다양한 역할을 수행할 수 있습니다. 최고 운항 속도는 약 24km/h이고 엄청난 볼러드 견인력은 거의 75톤에 달합니다.[1]

---

[1] 볼러드는 선박 접안 시 계류용 밧줄을 걸기 위한 기둥인 계선주를 말하는 것으로, 볼러드 견인력은 계선주에 밧줄을 건 상태 즉, 배의 속도가 0인 상태에서 배가 당기는 힘을 지칭합니다. 종합하면 프로펠러의 추진력과 프로펠러 회전에 의한 물의 흐름이 선체에 미치는 힘의 합을 이야기합니다.

소금쟁이

셀프로든(slfroden) (2012)

소금쟁이는 독특한 추진 방법을 사용하기 때문에 땅에서는 움직이지 못합니다. 이 생물은 주로 연못이나 강물이 천천히 흐르는 곳처럼 신선한 물이 고여 있는 곳에서 살아갑니다.

작품 소개

소금쟁이를 모델로 한 이 작품은 파워 펑션 M 모터 하나를 중심으로 만들어졌습니다. 이 모터는 복잡한 링크를 구동하여 소금쟁이의 가운데 다리와 뒷다리가 순차적으로 움직이게 만듭니다. 완성된 작품은 진짜 소금쟁이처럼 보이며 보행이 가능할 뿐 아니라 탁구공 같은 부유 장치 네 개를 발끝에 달아주면 실제로 물위를 걸을 수도 있습니다.

도전 과제

가장 힘들었던 것은 모터 하나를 이용하여 소금쟁이의 다리가 정확한 범위에서 움직이도록 작고 조밀한 메커니즘을 만드는 것이었습니다. 파워 펑션 M 모터가 소금쟁이 가슴 아래쪽에 위치했기 때문에 물 위에서 시험하는 것은 상당한 위험을 감수해야 했습니다. 작품은 잘 동작했지만 장애물과 부딪히면 늘 가라앉아버렸고, 연못 바닥에서 건져내야만 했습니다.

참고 모델

소금쟁이는 긴 다리를 이용하여 자신의 무게를 분산시키고 물의 표면 장력을 이용하여 물 위에 떠있을 수 있습니다. 소금쟁이는 뒷다리로 방향을 잡고 가운데 다리를 노처럼 움직여 앞으로 나아가며, 1초에 1미터가 넘는 속도로 움직일 수 있습니다. 앞다리는 수면의 물결을 감지하여 먹이를 사냥하는 데 사용합니다. 몸 길이가 3.5cm까지 자라며 일 년 이상 살 수 있습니다. 종종 물고기와 새들의 먹잇감이 되기도 하지만 소금쟁이의 식단에는 거미를 포함하여 다른 여러 가지 것들이 있습니다.

제원	
길이	**36.6** cm
너비	**62.3** cm
높이	**14.2** cm
부품수	**277** 개

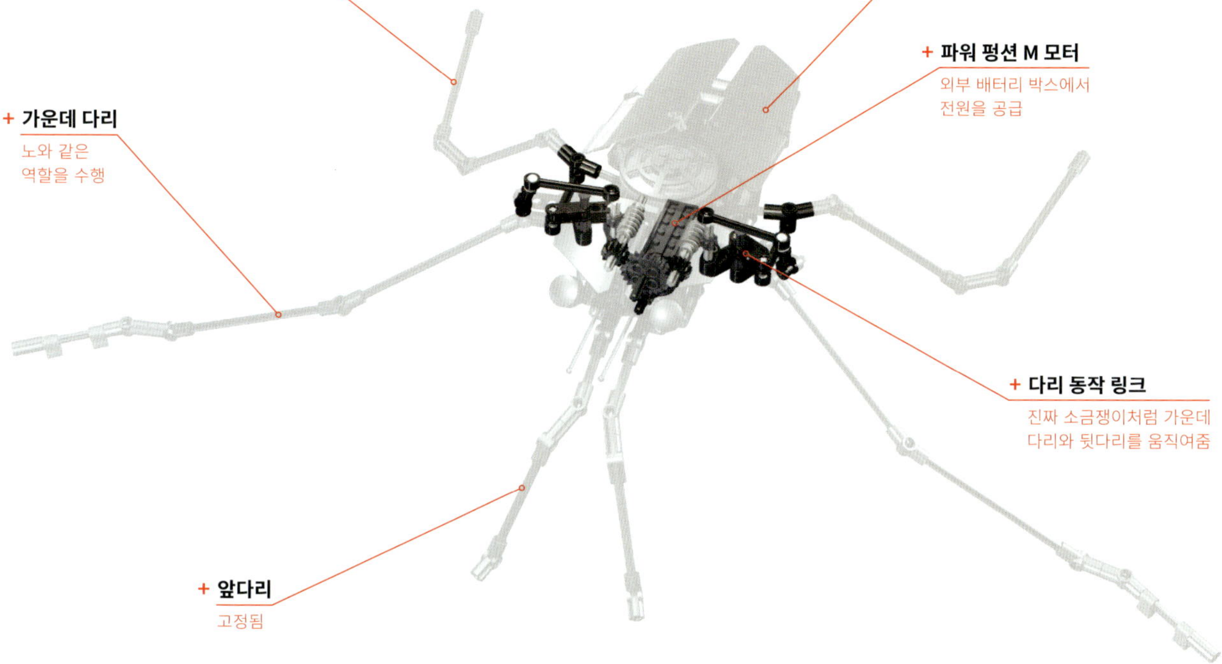

+ **뒷다리**
구동됨

+ **가슴 부**

+ **파워 펑션 M 모터**
외부 배터리 박스에서
전원을 공급

+ **가운데 다리**
노와 같은
역할을 수행

+ **다리 동작 링크**
진짜 소금쟁이처럼 가운데
다리와 뒷다리를 움직여줌

+ **앞다리**
고정됨

창작가

잉말 스파이코벤(네덜란드)
별명: 2LegoOrNot2Lego
창작품: 아메리칸 트럭, 켄워스 953 오일필드 트럭
http://ingmarspijkhoven.blogspot.nl/
http://youtube.com/2LegoOrNot2Lego/

'2LegoOrNot2Lego(투레고오어낫투레고)'라는 별명을 사용하는 '잉말 스파이코벤'은 전업 프리랜서 레고 창작가로서 일상적인 업무에 시달리지 않아도 되는 행운아 중에 한 명입니다.[1] 그는 트레일러와 건설 장비가 달린 1:17.5 스케일의 작품 제작 분야의 전문가입니다. 또한 작품에 믿을 수 없을 만큼 많은 기능을 집어넣는 것으로 유명합니다. 그의 모든 작품들은 벨 중장비 회사와 엘핀스톤 건설 회사 그리고 호주, 유럽, 미국의 개인 수집가들이 소유하거나 전시하고 있으며 집에는 단 한 점의 작품도 남아 있지 않습니다.

안드레아 그라치아(이탈리아)
별명: 6Lovers
창작품: 빅풋 II
http://www.brickshelf.com/cgi-bin/gallery.cgi?m=grazi

'6Lovers(식스러버스)'라는 별명을 사용하는 '안드레아 그라치아'는 많은 이탈리아 스포츠카 메이커들의 고향이기도 한 모데나 시에서 태어났고, 지금은 건설 장비의 기계 부품을 설계하는 엔지니어로 일하고 있습니다. 이렇다 보니 레고 테크닉 창작가가 된 것은 아무래도 필연적인 결과인 것 같습니다. 그는 독특한 방법을 이용하여 작품의 기능을 구현한 창작품들을 꾸준히 만들어 오고 있습니다. 심지어 파워 펑션 모터 시스템이 등장하기 전부터 9V 모터로 동작하는 기능을 만들었습니다. 그는 복잡한 서스펜션 시스템이 장착된 오프로드 자동차와 믿을 수 없을 정도로 자세한 외형을 재현한 트럭 작품들로 유명합니다.

나경배(대한민국)
별명: Amida
창작품: 천마 오토마타
http://amida.kr/

'나경배' 작가는 몇 년간 레고 매장에 전시하는 레고 디오라마를 전문적으로 제작한 경험이 있습니다. 또한 레고 관련 서적 몇 권을 한국어로 번역하기도 하였습니다. 창작가로서 실험적인 창작을 좋아하여 공압 튜브나 특이한 모양의 바이오 니클 부품을 사용하여 작품을 만들곤 합니다. 황금 분할기처럼 놀라운 기능을 갖고 있는 다른 작품들도 있습니다.[2]

마랏 안드리브(러시아)
창작품: 카마즈 다카르 랠리 트럭, 가와사키 발칸 800
http://youtube.com/gothmog6565/

물리 분야의 연구조교로 일하는 '마랏 안드리브'는 기분전환을 위해 레고 테크닉을 시작하게 되었습니다. 테크닉 부품으로 만든 섀시 위에 일반 브릭으로 만든 차대를 얹는 구조로 자동차나 모터사이클을 창작하는 데 일가견이 있습니다. 그는 소형 스케일의 오프로드 차량 만들기와 같은 테마 창작에 도전하고 레고 모터사이클 제품에 모터 구동 기능을 집어 넣는 개조 작업에 성공하면서 유명세를 타게 되었습니다. 또한 그는 스티커를 직접 제작하고 다양한 색을 사용하여 작품을 만드는 데 뛰어난 실력을 지니고 있습니다.

배리 보스만(네덜란드)
별명: Barman76
https://www.flickr.com/photos/50191917@N06/
http://youtube.com/barebos/
창작품: SA-2 삼손 전투 헬기

엔지니어를 생업으로 삼고 있는 '배리 보스만'은 'Barman76(바르만76)'이라는 별명을 사용하고 있으며 테크닉 동호회의 기둥이라는 명성을 갖고 있습니다. 그는 아주 오래 전부터 멋진 작품들을 만들어 오고 있으며 자신의 조립 기법과 비공식 레고 부품의 개념을 무료로 공유하고 있습니다. 네덜란드 레고 동호회의 이벤트 진행을 돕고 있으며 다른 창작가들의 창작품에 대해 조언을 해주고 고화질 사진을 직접 찍어 주는 등 많은 지원을 아끼지 않고 있습니다. 창작가로서 가장 잘 알려진 작품으로는 거대한 크기의 V형 8기통 엔진이 있으며 실제 움직이는 많은 부품들과 32개의 밸브가 재현되어 있습니다. 그리고 그는 홀로 변신이 가능한 보행로봇을 제작하려는 궁극적인 목표를 세워 놓았습니다.

브루노 젠슨(독일)
별명: brunojj1
창작품: 페라리 458 스파이더
http://youtube.com/brunojj1/

'brunojj1(브루노jj1)'이라는 별명을 사용하는 '브루노 젠슨'은 산업 관리자로 일하고 있습니다. 테크닉 빔과 핀을 사용하는 요즘의 테크닉 조립 기법 혹은 스터드가 달린 브릭을 이용하는 클래식한 조립 기법 모두에 능통한 창작가입니다. 탱크와 슈퍼카부터 시작하여 헬기에 이르는 넓은 작품 스펙트럼이 이를 잘 증명해줍니다. 그는 자신이 다른 창작가들에게 영감을 주고 있다는 사실에 감사해하고 있으며 이에 대한 보답으로 자신의 최신 작품과 함께 조립설명서를 함께 공개하기도 하였습니다.

제니퍼 클락(스코틀랜드)
창작품: 데마그 AC50-1, JCB JS220, MAN Hooklift Truck
http://www.genuinemodels.com/
http://youtube.com/jenniferclarklego/

'제니퍼 클락'은 2000년대 초반부터 그 누가 만들었던 어떤 작품보다도 훨씬 뛰어난 수많은 테크닉 작품을 만들어 왔습니다. 광범위한 연구 결과를 토대로 만든 작품들의 차체는 매우 상세하게 묘사되었으며 레고사에 판매하는 제품이 아닌 서드-파티의 원격 조종 및 구동 장치를 사용하여 움직임을 구현하였습니다. 그녀의 놀라운 작품은 수많은 레고 테크닉 창작가들에게 영향을 주었습니다. 레고 창작을 그만 둔 동안 프로 베이스 연주자로 성공하였고 그녀의 작품들은 여전히 전 세계 사람들에게 영감을 주고 있습니다. 파워 펑션 부품의 종류가 다양해지고 있는 오늘날에도 그녀 작품의 반만큼이라도 멋진 외관과 기능을 갖고 있는 작품을 만드는 일은 쉽지 않습니다. 그녀는 외관이 아름다우면서 정확하게 동작하는 작품을 만들고 싶었을 뿐이라고 겸손하게 설명합니다.

---

[1] 작가의 별명은 위대한 고전 중에 하나인 셰익스피어의 햄릿의 명대사를 패러디하여 '레고를 하느냐 마느냐(그것이 문제로다)'라는 의미를 담고 있습니다.

[2] 황금 분할기란 닮음의 성질을 이용하여 주어진 선분이나 물체 등을 황금비(1:1.618)로 나누어 주는 기구입니다.

폴 제임스 보랏코 3세(미국)
별명: Crowkillers
창작품: 람보르기니 가야르도, 몬스터 트럭, 머슬 카, 뱀파이어GT
http://www.crowkillers.com/
http://youtube.com/crowkillers/

'폴 제임스 보랏코 3세'는 'Crowkillers(크로우킬러)'라는 별명으로 활동하며 테크닉 슈퍼카 창작 분야에서 뼈가 굵은 전문가입니다. 실제 그의 직업이 자동차 정비사인 것을 감안하면 그리 놀랄 일이 아니긴 합니다. 실존하는 차량과 가상의 차량 모두를 모델로 하는 그의 작품은 항상 공식 레고 제품이 될 수 있을 정도로 완성도가 높으며 작품의 외형과 작품에 구현된 서스펜션 시스템, 변속장치는 마니아들을 감탄시키고 있습니다. 그는 직접 크롬 부품을 만드는 분야의 개척자이며 자선 경매에 수많은 작품을 내어 놓았습니다. 남는 시간에는 자동차와 관련된 글을 쓰기도 하고 엔진 복제품이나 요청 받은 기계 모듈을 제작하기도 하지만 지난 20년간 레고 공식 제품을 단 세 개 밖에 못 만들어 보았을 정도로 바쁘게 지내고 있습니다.

라세 들르안 (덴마크)
창작품: 만 TGS 6×4 시멘트 트럭, 스카니아 R 4×2 하이라인
http://c-mt.dk/
http://youtube.com/LasseDeleuran/

레고 그룹 본사가 위치한 빌룬트 인근에서 태어난 '라세 들르안'이 레고 창작을 시작한 것은 정말 당연한 일입니다. 그는 네 살 때 레고 트럭에 마음을 빼앗겼고 그 이후로 트럭은 그의 전문 분야가 되었습니다. 그는 작은 스케일의 작품을 선호하는데, 작품 내부에 복잡한 기능을 집어넣어 특별하고 만들기 어려운 작품에 주로 도전하곤 합니다. 지난 몇 년간 라세는 모터를 집어넣을 곳이 없을 정도로 작품 내부가 기능으로 꽉 찬 조밀한 스타일의 작품을 만들어 유명해졌습니다.

한 크릴라드 (네덜란드)
별명: Designer-Han
창작품: 굴절 훌러 6×6, 덤프 트럭 10×4, 프리누스 레이트울프
http://designer-han.nl/
http://youtube.com/wuppiesoft/

'Designer-Han(디자이너-한)'이라는 별명을 사용하는 한 크릴라드는 레고 공식 테크닉 제품을 활용한 인상적인 개조 작품과 레고 공식 제품에 버금가는 트럭 창작품을 선보여 레고 동호회에서 널리 알려진 창작가입니다. 그는 그 유명한 8421 모바일 크레인 세트를 접하면서 레고 창작가의 길로 접어 들었습니다. 시간을 들여 창작하는 것을 선호하다 보니 일 년에 만드는 작품이 몇 점 안 되지만 완벽한 조립 설명서까지 포함된 정말 뛰어난 창작품들을 만들고 있습니다.

디어크 클레인 (네덜란드)
별명: Dikkie
창작품: 맥라렌 MP4-12C, 견인 트럭 XL
http://www.dirkklijn.com/,
http://youtube.com/DikkieKlijn/

'Dikkie(디키)'라는 별명을 사용하는 '디어크 클레인'은 레고 테크닉 동호회에서 가장 젊은 회원 중 한 명이자 이미 상당한 성과를 이루어낸 작가이기도 합니다. 그는 트럭, 슈퍼카 그리고 스키장에서 눈 고르는 기계와 같은 차량 분야의 작품을 통해 자신의 창작 실력과 다재 다능한 능력을 증명해 왔습니다. 또한 14세 때 레고 공식 테크닉 대회에서 우승한 경력도 가지고 있습니다. 갈수록 복잡해지고 수려한 외관을 자랑하는 그의 작품을 보고 있노라면 그가 새롭게 떠오르고 있는 뛰어난 재목임을 의심할 여지가 없습니다.

[3] 진공 흡입 트럭(Suction Excavator)은 건설 장비의 일종으로 진공청소기와 같은 원리로 흡입 호스를 사용하여 공사장의 흙덩어리나 건설 잔해 등을 흡입하는 데 사용합니다. 굴삭기 같은 대형 장비가 들어가지 못하는 좁은 곳에서 발생하는 잔해를 제거하는 데 유용합니다.

마체이 쉬만스키(폴란드)
별명: Dmac
창작품: DT-75 트랙터
https://www.flickr.com/photos/dmaclego/
http://youtube.com/dmaclego/

'Dmac(드마츠)'라는 별명을 사용하는 마체이 쉬만스키는 번역을 생업으로 삼고 있다 보니 여유를 갖고 천천히 창작을 하는 편입니다. 일 년에 한 작품 이상 선보이는 경우는 매우 드물지만 일단 작품을 만들었다 하면 입을 다물지 못할 정도입니다. 건설 장비와 2차 세계 대전 시절의 탱크를 좋아하지만 레고 그룹이 출시하는 공식 시리즈의 모델을 창작하기도 합니다. 거대하고 인상적인 10212 임페리얼 셔틀 제품은 그가 만들었던 임페리얼 셔틀 작품과 거의 흡사하게 출시되었습니다. 이는 레고 그룹에서는 전례가 없는 일이었습니다.

안띠 하깔라(필란드)
별명: Drakmin
창작품: T-47 에어스피더 레벨 스노우스피더, 스타크래프트 시즈 탱크
https://www.flickr.com/photos/drakmin/
http://youtube.com/drakmin/

'Drakmin(드레이크민)'이라는 별명을 갖고 있는 '안띠 하깔라'는 건축물 분야와 3D 모델링의 전문가입니다. 테크닉 빔과 패널을 이용하면서도 진짜처럼 보이는 레고 작품을 만들고 있습니다. 그는 레고 동호회에서 가장 재능이 많은 사진가 중에 한 명으로 알려져 있으며 많은 사람들이 불가능할 거라고 믿고 있었던 스타크래프트 시즈 탱크를 레고로 만들면서 테크닉 창작가로서 자신의 가치를 입증하였습니다. 그는 작품을 만들고 리뷰하는 데 많은 공을 들이기 때문에 일 년에 단 한 작품만 공개하고 있습니다. 앞으로 1.2미터 길이의 엑스-윙을 만들려는 포부도 가지고 있습니다.

미카일 버트(독일)
별명: Efferman
창작품: 연안 지원함
https://www.flickr.com/photos/57623735@N08/
http://youtube.com/3fferman/

'Efferman(에퍼만)'이라는 별명을 갖고 있는 '미카일 버트'는 28년간의 레고 창작 경험을 가지고 있으며 명성 있고 재주가 많은 창작가입니다. 그는 트럭, 자동차, 배, 보행 기계, 무한궤도 차량 그리고 공식 레고 테크닉 제품 개조에 이르기까지 여러 분야의 다양한 모델들을 만들어 왔습니다. 소방차나 진공 흡입 트럭처럼 다소 생소한 기계를 레고로 재현한 작업으로도 유명하지만 이것이 그렇게 이상한 일은 아닙니다. 그는 실제로 진공 흡입 트럭을 제조하는 일을 하고 있습니다.[3]

미하우 스코루프카(폴란드)
별명: Eric Trax
창작품: 홀머 테라 도스 T3, 우르수스 C-360-3P
https://www.facebook.com/pages/Eric-Trax/167670136660216
http://youtube.com/erictrax/

'Eric Trax(에릭 트랙스)'라는 별명을 가진 '미하우 스코루프카'는 진짜 같은 농사 기계를 제작하는 데 일가견이 있지만 군용 오프로드 차량 제작에도 많은 경험을 가지고 있습니다. 그는 모델 팀 스타일로 차체를 만들고 내부에는 테크닉으로 이루어진 복잡한 섀시를 조합하는 창작 방식을 선호합니다. 또한 그가 만든 거대하고 무거운 홀머 테라 사탕무 수확기처럼 작품의 크기와 스케일의 한계를 뛰어넘는 창작을 좋아합니다. 그는 이미 자신의 농기계 작품 몇 점을 가지고 농산물 교역 매거진 측으로부터 상당한 관심을 이끌어 내었습니다. 이를 통해 그의 작품 수준이 어느 정도인지 짐작할 수 있습니다.

김규성(대한민국)
별명: Gyuta
창작품: 백호 T1H1
http://studioplus.ivryo.net
http://www.mocpages.com/home.php/7327
http://youtube.com/Gyuta97/

'Gyuta(규타)'라는 별명을 사용하며 현재 자동차 엔지니어로 일하고 있습니다. 대학 시절 우연히 접한 레고 마인드스톰을 통해 초등학교 이후 잠시 떠나 있던 레고의 세계로 다시 돌아오게 되었습니다. 제한된 부품만을 이용하여 창작하는 '4404 랜드버스터로 10가지 모델 만들기'로 온라인 동호회에서 이름을 알리기 시작하면서 레고 창작의 매력을 알게 된 이후 15년간 레고에 흠뻑 빠져 살았습니다. 주로 자동차, 로봇과 같은 기계 분야의 작품들을 만들며 왕성한 작품 활동을 하였지만 현재는 육아로 인해 잠시 창작 활동을 쉬고 있습니다. 대신 레고 관련 서적을 번역하고 레고 창작 잡지에 테크닉 제품 리뷰를 기고하며 또 다른 방법으로 취미를 지속해 나가고 있는 중입니다. 앞으로 자라나는 아이와 함께 즐겁게 레고 생활을 하고픈 작은 소망을 갖고 있습니다.

브라이언 코퍼(미국)
별명: Klaupacius
창작품: 테크노메카
http://teknomeka.com/

'Klaupacius(클라우페이셔스)'라는 별명의 '브라이언 코퍼'는 3D 소프트웨어 엔지니어로 일하는 시간 외에는 일본 스타일의 거대 로봇을 제작하는 데 모든 시간을 할애하고 있습니다. 그는 대형 작품 하나를 일 년간 공들여 만들곤 하며 모터로 구동하는 작은 전투 로봇 제작을 즐기기도 합니다. 그는 1975년에 발매된 제품 번호 367 달 착륙선 세트를 접하면서 레고의 매력에 빠져들게 되었습니다.

아르얀 아우드 코테(네덜란드)
별명: Konajra
창작품: 캐터필러 7495 HF, 샌드빅 PF300
http://www.konajra.com/
http://youtube.com/konajra/

'Konajra(코나으라)'라는 별명을 갖고 있는 '아르얀 아우드 코테'는 미니 피규어 스케일의 배와 채굴 장비를 만드는 데 전문가입니다. 낮에는 자전거 정비를 하는 터라 레고 작업을 하는 데 상당 부분 CAD에 의존하고 있습니다. 그리고 시간을 들여 작품에 가능한 세부 묘사를 많이 집어넣는 것을 좋아합니다. 그는 가끔 여러 해양 및 채굴 회사로부터 작품 의뢰를 받기도 하는데 2015년 레고 월드 코펜하겐에서 전시할 3.2m 길이의 배를 만들기도 하였습니다.

여헨 크로숍(네덜란드)
창작품: 코닉세그 CCX, 조렉스 굴삭기
http://www.jurgenstechniccorner.com/
http://youtube.com/Rhodeslover1/

'여헨 크로숍'은 슈퍼카와 건설 장비 분야의 창작 전문가입니다. 그는 30년 이상의 제작 경험을 바탕으로 하여 자신의 작품뿐만 아니라 다른 유명한 작가들의 작품들까지 고화질 조립 설명서로 만들어 주는 작업을 주로 하고 있습니다. 또한 그는 공식 레고 제품을 개조하는 작업도 매우 열심히 합니다. 한 제품에 원격으로 조종되는 9개의 개별 기능을 집어넣은 개조 작품을 자랑으로 삼고 있습니다.

프란시스코 하틀리 리온(칠레)
창작품: 람보르기니 아벤타도르
http://www.mocpages.com/home.php/74438
http://youtube.com/channel/UCRqMnbkEpe4buYvoDxjigoA/

전문 건축 설계사인 '프란시스코 하틀리 리온'은 테크닉 슈퍼카 창작의 달인입니다. 그는 창작 대상 모델의 세부 모양과 비율을 파악해내는 놀라운 눈썰미를 가지고 있습니다. 이런 능력은 유명한 슈퍼카의 외형을 정확하게 기억하는 데 도움을 줍니다. 또한 그는 재능 있는 사진가이다 보니 작품 리뷰를 작성하는 데 엄청난 노력을 쏟아 붓습니다. 그는 모터 없이 슈퍼카를 만드는 몇 안 되는 창작가 중에 한 명으로 미적 그리고 기계적 측면에 보다 중점을 두고 작업합니다.

마도카 아라이(일본)
별명: Madoca
창작품: 사륜구동 SUV MK2
https://plus.google.com/photos/117021167471864977943/albums?pageid=101385834756929687130
http://youtube.com/madoca1977/

뼛속까지 테크닉 창작가인 '마도카 아라이'는 내부 구조가 아주 조밀하면서도 아름답고 매끈한 모습의 자동차를 만드는 데 특별한 재주가 있습니다. 좁은 공간에 믿기지 않는 양의 기능을 집어넣는 능력과 얼마 안 되는 부품만으로 실제 차량처럼 보이도록 만드는 기술을 갖고 있었기 때문에 짧은 기간 안에 크나큰 주목을 받게 되었습니다. 그는 재능 있는 사진가이기도 하며 각 작품에 대한 조립 설명서를 무료로 제공하고 있습니다. 자동차부터 버기카 그리고 트럭에 이르기까지 그의 모든 작품은 공식 레고 테크닉 제품으로 출시해도 손색이 없을 정도로 뛰어 납니다.

피어 크루거(네덜란드)
별명: Mahj
창작품: 교량 설치 전차, 다 빈치 비행 기계, 스틸스킨 인드릭, 타치코마
http://vayamenda.com/
http://youtube.com/mahj/

'Mahj(마지)'라는 별명을 사용하는 '피어 크루거'는 잘 사용하지 않는 특수 부품을 기상천외하게 활용하는 재능이 있습니다. 그는 바이오니클과 듀플로 부품뿐만 아니라 심지어 여아들을 위한 프렌즈 부품까지 이용하여 작품의 외형과 기능을 뛰어난 솜씨로 멋지게 버무려냅니다. 또한 테크닉 영상 제작을 선도하는 작가로도 명성을 날리고 있습니다. 작품이 동작하는 것을 필름에 담기 위해 레고를 이용하여 모터로 구동되는 복잡한 카메라 설치대를 개발하기도 하였습니다.

마체이 코롤릭(폴란드)
별명: Makorol
창작품: 립벨 HS 855 HD, 립벨 LTM 1050-3.1
http://youtube.com/makoroll/

'Makorol(마코롤)'이라는 별명의 '마체이 코롤릭'은 기계학과에서 기계 설계를 배우는 학생으로, 그의 전공은 걸출한 작품을 만드는 데 확실한 밑거름이 되고 있습니다. 다양한 재능을 겸비하고 있는 마체이는 성공한 음악가이며 정말 어린 나이임에도 자신의 레고 창작 능력을 인정받은 창작가이기도 합니다. 그는 10살 때 폴란드 성인 창작가들만 활동할 수 있는 레고 동호회에 가입하였습니다. 그 후로 테크닉 부품으로 내부를 구성하고 완벽한 모델 팀 스타일로 외형을 꾸미는 기법을 사용해서 트럭과 건설 장비를 주로 만들어 오고 있습니다. 많은 성인 창작가들과는 다르게 그는 아직까지 단 한 번도 슬럼프를 겪지 않았습니다. 동호회원들은 앞으로도 그에게 슬럼프가 없기를 바라고 있습니다.

마렉 마르키비츠(폴란드)
별명: M_Longer
창작품: 켄워스 W900L 덤프 트럭, 립벨 L 580, 립벨 PR764 리트로닉, 샌드빅 LF 517L
https://www.flickr.com/photos/m_longer/
http://youtube.com/M1longer/

'M_Longer(엠_롱거)'라는 별명을 가진 마렉 마르키비츠는 지하 광산에서 전기 기사로 일하는 덕분에 채굴 장비가 동작하는 모습을 관찰할 기회가 많았습니다. 그는 지하에서 사용하는 독특한 장비들을 재현한 작품으로 잘 알려져 있습니다. 그의 작품 대부분은 미니 피규어 스케일로 제작되었으며 굉장한 기능과 수려한 외관을 가지고 있습니다. 직장 고용주와 동료뿐 아니라 샌드빅 장비 제조사까지도 그의 작품에 큰 관심을 보였습니다. 198cm에 달하는 키 때문에 가끔 키다리라고 불리는 마렉은 네 살 때 받은 첫 번째 레고 제품을 아직도 보관 중이라고 이야기하였습니다.

니콜라 리뿌어(프랑스)
별명: Nico71
창작품: 편조기, CVT 트로피 트럭, 란쯔 불독, 핫 벌브 트랙터, 모건 3 휠러
http://www.nico71.fr/
http://youtube.com/nico71240/

'Nico71(니코71)'이라는 별명의 '니콜라 리뿌어'는 기계 분야 엔지니어로서 2008년부터 레고 테크닉 제품을 즐기기 시작했고 가장 잘 알려진 프랑스 작가 중에 한 사람입니다. 다른 이들이 도전해보지 않은 모델을 창작하려고 항상 노력하고 있으며 기계적으로 동작하는 시계와 계산기, 움직이는 조각상, 땅 넓이를 재는 기계, 실제 동작하는 기계식 베틀 등 수많은 작품을 만들어 왔습니다(한 베틀 제조사로부터 입사 제의를 받기도 하였습니다). 또한 그는 자동차 분야의 창작도 즐기고 있으며 이 창작품에는 놀랍고 신기한 기계적 기능들로 가득합니다. 그가 만든 CVT 트럭 작품처럼 말입니다.

나타나엘 카이퍼스(네덜란드)
별명: NKubate
창작품: 지프 허리케인
http://NKubate.com/

'NKubate(엔쿠베트)'라는 별명을 사용하는 '나타니엘 카이퍼스'는 네덜란드 출신의 디자인 전문가로서 덴마크 레고 그룹에서 몇 년간 제품 개발자로 일한 경력이 있습니다. 그는 8272 스노우모빌, 8282 체리피커 그리고 인상적인 8674 F1 페라리 레이서를 포함하여 주목할 만한 몇 가지 테크닉 제품 개발을 주도한 책임자였습니다. 그는 세컨드 모델을 만드는 데 뛰어난 능력을 가지고 있습니다. 다시 말해 한 제품에 들어 있는 부품으로만 창작을 하는 것입니다. 그는 『The LEGO Built-It Book: Amazing Vehicle(레고로 만드는 놀라운 자동차)』와 2권에 해당하는 『More Amazing Vehicle(더 놀라운 자동차)』(No Starch Press, 2013)'라는 책의 저자이기도 합니다. 이 책에는 5867 슈퍼 스피드스터 세트를 활용하여 조립할 수 있는 모델 10가지의 조립 설명서가 수록되어 있습니다.

첸양장(대만)
별명: Oryx Chen
창작품: 혼다 CBP1000RR 렙솔
http://www.mocpages.com/home.php/96025

'Oryx Chen(오릭스 첸)'이라는 별명을 사용하는 첸양장은 실내 디자인을 공부하는 학생으로 레고 창작품에 붙이는 스티커 제작 기술을 완전히 새로운 수준으로 끌어 올려 놓았습니다. 그는 매우 철저한 창작가로 한 작품을 만드는 데 대략 2년을 소모합니다. 때로는 이미 만들어진 작품을 변경하느라 많은 시간을 들이기도 합니다. 그는 사랑스러운 모델 팀 스타일의 외형에 재미있는 구동 기능이 더해진 작품을 선호합니다. 그리고 많은 시간을 들여 모든 작품 하나하나를 깨끗하게 닦는 것도 좋아하는데, 이런 그를 당해내기란 쉽지 않을 것 같습니다.

루카 루스코니(이탈리아)
별명: RoscoPC
창작품: 이글 웨스트레이크 T1G, 맥라렌 MP4/4
http://www.roscopc.it/

'RoscoPC(로스코PC)'라는 별명을 가지고 있는 '루카 루스코니'는 오직 F1 자동차 창작에만 집중하는 진정한 전문가입니다. 그는 1960년대, 1970년대, 1980년에 등장했던 차량 중에서 가장 흥미로운 차량 몇 점을 선정하여 지난 2006년부터 십여 개의 작품을 만들어 왔습니다. 외형의 모든 세부 모양뿐 아니라 복잡한 서스펜션, 조향장치, 동력 전달 장치까지 정말 세심하게 재현해 내었습니다. 그의 모든 작품은 동일한 스케일로 만들어졌기 때문에 이 경주 자동차 작품들을 한꺼번에 전시해 놓으면 정말 인상적인 장면이 연출됩니다. 그는 이탈리아의 레고 앰버서더를 역임하였으며 로터스 자동차 설립자의 아들인 클리베 챠프만은 그의 작품에 관심을 보였습니다.

친칠라 상원의원(미국)
창작품: 람보르기니 미우라 조타
http://www.mocpages.com/home.php/16304,
http://youtube.com/channel/UCj80jQNQUDChPGS38oYwFag/

자동차 애호가인 친칠라 상원의원은 실제 차량을 모델로 하여 외형을 자세하게 재현한 작품을 만드는 데 대부분의 시간을 할애합니다. 그는 100개 이상의 작품을 만든 다작형 창작가로 가끔 공상 과학 영화에 나오는 차량이나 우주선을 만들어 볼 때도 있습니다. 작품의 기능보다는 외형을 훨씬 더 중요시하며 최신 테크닉 빔을 사용하는 데 별 관심이 없기 때문에 그의 작품은 다소 구식 느낌을 주며 과거의 향수를 불러일으킵니다.

페르난도 베나비데스 디 카를로스(스페인)
별명: Sheepo
창작품: 부카티 베이론 16.4 그랜드 스포츠, 포드 머스탱 쉘비, GT500, 랜드 로버 디펜더 110, 포르쉐 911 (997) 터보 카브리올레 PDK
http://www.sheepo.es/
http://youtube.com/Sheepo86/

'Sheepo(쉬포)'라는 별명의 페르난도 베나비데스 디 카를로스는 세계에서 가장 비싼 자동차들을 모델로 하여 엄청난 기능이 들어간 대형 작품들을 쉴 새 없이 만들어 내는 창작가입니다. 매번 새로운 작품을 선보일 때마다 디스크 브레이크, 원격 조종 다단 변속기 그리고 자동 클러치같은 새로운 메커니즘을 개발하고 기존에 개발한 메커니즘은 개선을 통해 보다 완벽하게 만들어 냅니다. 조립 설명서를 제작하여 많은 동료 창작가들에게 영감을 주고 있으며, 그가 만든 마지막 작품을 능가하는 것은 더 이상 없을 거라는 예상을 뒤엎고 그는 뭔가 새로운 작품을 들고 나타나곤 합니다. 그의 자동차 작품들은 세계의 많은 잡지와 TV 채널에 소개되었고 레고 그룹이 주최한 2011 테크닉 챌린지를 포함하여 수많은 대회에서 그에게 우승의 영예를 안겼습니다. 그는 항상 소매 안에서 최신 작품을 꺼내 보일 것만 같습니다.

스테판 포르든(호주)
별명: slfroden
창작품: 소금쟁이
http://www.splat-design.com/
http://youtube.com/slfroden/

'slfroden(셀프로든)'이라는 별명을 사용하는 스테판 포르든은 관심 있는 모든 메커니즘을 테크닉으로 재현해 보곤 합니다. 이것이 그가 주로 기어박스와 다양한 결합 장치 그리고 제어기와 같은 하위 시스템을 창작하는 이유입니다. 특히 그가 정교한 동작을 수행하는 복잡한 구조의 링크를 좋아하다 보니 이런 메커니즘을 이용하여 소금쟁이를 제작하였고 대회에서 수상까지 거머쥐었습니다. 대부분의 창작가들은 이런 동작 하나만으로도 만족하겠지만 여기서 그치지 않고 모터로 구동되는 대형 작품이 물위에 뜬 채로 움직일 수 있도록 만들어 낸 것을 보면 그가 얼마나 대단한 재주꾼인지 잘 알 수 있습니다.

파블로 알바레즈 에스피노사(코스타리카)
별명: Spiderbrick
창작품: 폴크스바겐 제타
http://www.brickshelf.com/cgi-bin/gallery.cgi?m=spiderbrick
http://youtube.com/pabloalvarezcr/

'Spiderbrick(스파이더브릭)'이라는 별명을 사용하는 '파블로 알바레즈 에스피노사'는 컴퓨터 엔지니어로서 테크닉 슈퍼카와 관련된 일을 하고 있습니다. 그는 스포츠카를 레고로 재현한 경험이 있기는 하지만 이국적이고 값비싼 차를 경쟁하듯 제작하는 대부분의 창작가들과는 다르게 일상에서 사용하는 자동차를 레고로 재현하는 것을 더 선호합니다. 레고 슈퍼카의 모든 기능과 제작 기법을 이용하여 평범한 세단을 만들어 내는 신선한 전략은 다른 창작가들의 관심을 끌기에 충분했습니다.

카일 위그볼디(미국)
별명: Thirdwigg
창작품: 스핏파이어
http://thirdwigg.com/
http://youtube.com/thirdwigg/

'Thirdwigg(써드위그)'라는 별명을 가지고 있는 '카일 위그볼디'는 10년 이상 비행기, 자동차, 트럭과 같이 움직이는 거의 모든 것들을 레고를 이용하여 간단하게 제작해 본 경험을 가지고 있습니다. 그는 다양한 조립 기법들을 자유자재로 사용 할 수 있기에 테크닉 스타일로 만든 내부와 모델 팀 스타일로 만든 외형을 결합하는 창작 기법으로 유서 깊은 대형 비행기를 만들어 동호회원들에게 놀라움을 안겨주었습니다.

에드윈 코르스타이에(네덜란드)
별명: VFracingteam
창작품: 스탠 터그 4011 SL 가봉
https://www.flickr.com/photos/vfracingteam/
http://youtube.com/VFracingteam/

'VFracingteam(VF레이싱팀)'이라는 별명을 갖고 있는 '에드윈 코르스타이에'는 배와 트럭 분야의 전문가입니다. 빔의 핀 구멍이 보이지 않도록 빔을 눕혀 옆면으로 구조물을 만드는 기법은 그의 전매특허입니다. 그는 2011년부터 레고 창작을 시작하였으며 빠른 시간에 널리 알려진 창작가가 되었고 현재는 주로 전 세계에 있는 다양한 회사로부터 의뢰를 받아 작품을 제작하고 있습니다. 거대한 크기와 풍부한 세부 묘사가 일품인 그의 작품은 60개국 이상의 언론 매체를 통해 소개되었고 세계를 견인하는 산업체 중 세 곳에서 그의 작품을 본사에 전시하고 있습니다.

이그낫 클리브니코프(우크라이나)
별명: ZED
창작품: 캐터필러 D9T, 피터빌트 379 플랫탑
http://www.brickshelf.com/cgi-bin/gallery.cgi?m=ZED
http://youtube.com/ZEDDoubleBrick/

교육용 소프트웨어와 로봇 개발 전문가인 '이그낫 클리브니코프'는 1:22 스케일의 레고 트럭 레이싱을 맨 처음 만든 창시자이며 월드 로봇 올림피아드 우크라이나 팀의 전속 코치를 맡고 있습니다. 때에 따라 시간을 내어 평범하게 테크닉을 즐길 때도 있지만 결과물들은 항상 대단합니다. 그는 자세한 세부 형태와 사진처럼 보이는 외형을 재현하는 데 초점을 맞추어 작업을 합니다.

작품 정보

모든 저작권은 개별 저작권자가 소유하고 있습니다. 아래 나열된 링크를 제외한 모든 사진은 각 창작품을 만든 창작자 본인이 직접 제공하였습니다.
아래 실린 링크들은 다음 사이트에 모두 정리되어 있습니다.
http://nostarch.com/techniclinks/

CVT 트로피 트럭
창작가: 니코71
동영상: http://youtu.be/VQC62bwnvE4
조립설명서: http://www.nico71.fr/trophy-truck-with-continuously-variable-transmission/

DT-75 트랙터
창작가: 드마츠

JCB JS220
창작가: 제니퍼 클락
동영상: http://youtu.be/MIcgzhivbjQ
조립설명서: http://mocplans.com/js220-excavator.html
추가정보: http://genuinemodels.com/jcb.htm

K2 흑표 전차
창작가: 사리엘
동영상: http://youtu.be/c0JpkmKajOs
추가정보: http://sariel.pl/2013/03/k2-black-panther/

KZK T-7428 루세치
창작가: 사리엘
동영상: http://youtu.be/Iy40f1aQ-sY
추가정보: http://sariel.pl/2013/05/kzkt-7428-rusich/

SA-2 삼손 전투 헬기
창작가: 바르만76
동영상: http://youtu.be/Nnuv-DGsSWE
조립설명서: http://jurgenstechniccorner.com/instructies.html

T-47 에어스피더 '레벨 스노우스피더'
창작가: 드레이크민
조립설명서: http://mocplans.com/designer/rebel-snowspeeder.html
추가정보: http://mocpages.com/moc.php/378848

가와사키 발칸 800
창작가: 마랏 안드리브

견인트럭 XL
창작가: 디키 클레인
동영상: http://youtu.be/cKzjGypsq60
조립설명서: http://crowkillers.com/instructions.php
추가정보: http://www.dirkklijn.com/towtruck/

교량 설치 차량
창작가: 마지
동영상: http://youtu.be/Mcr5VtM5aEw

굴절 훌러 6×6
창작가: 디자이너-한
그래픽 이미지 제작: 에릭 얼브렉트
동영상: http://youtu.be/PRPho2yLY_Y
조립설명서: http://designer-han.nl/lego

다 빈치 비행 기계
창작가: 마지
동영상: http://youtu.be/-g6U0bWXjto

덤프 트럭 10×4
창작가: 디자이너-한
그래픽 이미지 제작: 에릭 얼브렉트
동영상: http://youtu.be/spdcgaesIds

조립설명서: http://designer-han.nl/lego

데마그 AC50-1
창작가: 제니퍼 클락
동영상: http://youtu.be/F_tMgkuqiS4
조립설명서: http://mocplans.com/demag-ac50-all-terrain-crane.html
추가정보: http://genuinemodels.com/demag_crane.htm

란쯔 불독 핫 벌브 트랙터
창작가: 니코71
동영상: http://youtu.be/rxphaNrF5pA
조립설명서: http://www.nico71.fr/hot-bulb-pneumatic-tractor/

람보르기니 가야르도
창작가: 크로우킬러
조립설명서: http://crowkillers.com/model.php?model=gallardo

람보르기니 미우라 조타
창작가: 친칠라 상원의원
추가정보: http://mocpages.com/moc.php/377397

람보르기니 아벤타도르
창작가: 프란시스코 하틀리
동영상: http://youtu.be/_3I1KSZIaUw
추가정보: http://mocpages.com/moc.php/360466

랜드 레이더
창작가: 제렉
동영상: http://youtu.be/qEx2LQY_1W0

랜드로버 디펜더 110
창작가: 쉬포
동영상: http://youtu.be/aXW-7DVlyU0
조립설명서: http://www.sheepo.es/2013/02/land-rover-defender-110-instructions.html
추가정보: http://www.sheepo.es/2012/05/land-rover-defender-110.html

록히드 SR-71 블랙버드
창작가: 사리엘
동영상: http://youtu.be/BxhrOjY07lY
추가정보: http://sariel.pl/2013/06/sr-71-blackbird/

립벨 HS 855 HD
창작가: 마코롤
동영상: http://youtu.be/zwNfCSLac8c

립벨 L580
창작가: 엠_롱거
동영상: http://youtu.be/Ln-6z8FWG-4
조립설명서: http://mocplans.com/liebherr-l580-front-loader.html

립벨 LTM 1050-3.1
창작가: 마코롤
동영상: http://youtu.be/SY-7mQMUkdk

립벨 PR 764 리트로닉
창작가: 엠_롱거
동영상: http://youtu.be/lpjzQztVdZ0

만 TGS 6×4 시멘트 트럭
창작가: 라세 들르안
동영상: http://youtu.be/HG3OTmA2BjU
조립설명서: http://c-mt.dk/instructions/models_truck-Cement.htm#Cement

만 후크리프트 트럭
창작가: 제니퍼 클락

맥라렌 MP4/4
창작가: 로스코PC
사진 촬영: 마르코 앙게리티
조립설명서: http://mocplans.com/designer/roscopc
추가정보: http://roscopc.it/#/2

맥라렌 MP4-12C
창작가: 디키 클레인
동영상: http://youtu.be/El3p1R00Eu0
조립설명서: http://eurobricks.com/forum/index.php?showtopic=95213

머슬 카
창작가: 크로우킬러
동영상: http://youtu.be/HYz4_SFykjo
조립설명서: http://rebrickable.com/mocs/crowkillers/black-american-muscle-car
추가정보: http://crowkillers.com/model.php?model=2014musclecar

메르세데즈-벤츠 540K 스페셜 로드스터
창작가: 사리엘
동영상: http://youtu.be/bcvt0O2BoGc
조립설명서: http://sariel.pl/downloads/
추가정보: http://sariel.pl/2012/12/mercedes-benz-540k-special-roadster/

모건 3 휠러
창작가: 니코71
동영상: http://youtu.be/3MB0G7UpFUw
조립설명서: http://www.nico71.fr/morgan-three-wheeler/

몬스터 트럭
창작가: 크로우킬러
동영상: http://youtu.be/BMUNIy-FmUM
추가정보: http://crowkillers.com/model.php?model=monster

배트
창작가: 사리엘
동영상: http://youtu.be/xHI_iAsVit_k
추가정보: http://sariel.pl/2013/08/the-bat/

백호 T1H1
창작가: 규타
동영상: http://youtu.be/OcUhWDkQ6sk
추가정보: http://www.mocpages.com/moc.php/244445

뱀파이어 GT
창작가: 크로우킬러
동영상: http://youtu.be/N4YaR8J14q0
조립설명서: http://rebrickable.com/sets/crowkillers/vampire-gt-deluxe-black
추가정보: http://crowkillers.com/model.php?model=vampire-gt

부가티 베이론 16.4 그랜드 스포트
창작가: 쉬포
동영상: http://youtu.be/jHWDSnWk2jU
추가정보: http://www.sheepo.es/2011/03/bugatti-veyron-164-grandsport.html

빅풋 II
창작가: 안드레아 그라치아
조립설명서: http://www.brickshelf.com/cgi-bin/gallery.cgi?f=31042

사륜구동 SUV Mk2
창작가: 마도카
동영상: http://youtu.be/Y-JJgfLKBLM
조립설명서: https://plus.google.com/u/0/photos/117021167471864977943/albums/5901503914497924817

샌드빅 LH 517L
창작가: 엠_롱거
동영상: http://youtu.be/vcj3ld4almM

추가정보: http://eurobricks.com/forum/index.php?showtopic=41097

샌드빅 PF300
창작가: 코나오라
동영상: http://youtu.be/C2hGbNnQ0wE
조립설명서: http://konajra.com/#!latest-projects

소금쟁이
창작가: 셀프로든
동영상: http://youtu.be/ObLSt0DGZDs
조립설명서: http://rebrickable.com/mocs/slfroden/technic-water-strider

스카니아 R 4×2 하이라인
창작가: 라세 들르안
동영상: http://youtu.be/JC9Cgz70p30
조립설명서: http://c-mt.dk/instructions/models_truck-ScaniaHighline2.htm#ScaniaHighline2

스타크래프트 시즈 탱크
창작가: 드레이크민
동영상: http://youtu.be/cpT2eB25NPE
추가정보: http://mocpages.com/moc.php/330127

스탠 터그 4011 SL 가봉
창작가: 에드윈 코르스타이에
추가정보: http://mocpages.com/moc.php/378738

스틸즈킨 인드릭
창작가: 마지
동영상: http://youtu.be/STzYYgJmsoc
조립설명서: http://vayamenda.com/

스핏파이어
창작가: 써드위그
동영상: http://youtu.be/-Jublc1ge1Q

조립설명서: http://thirdwigg.com/building-instructions/
추가정보: http://thirdwigg.com/2012/12/30/spitfire-mk-iia/

아메리칸 트럭
창작가: 투레고오어낫투레고
동영상: http://youtu.be/_O_v0H3CNm8
조립설명서: http://mocplans.com/designer/ingmar-spijkhoven/
추가정보: http://mocpages.com/moc.php/163114

연안 지원함
창작가: 에퍼만
동영상: http://youtu.be/DWRZ2HgYtLA

우르수스 C-360-3P
창작가: 에릭 트랙스
동영상: http://youtu.be/ty4VpEzXR7o
추가정보: http://eurobricks.com/forum/index.php?showtopic=95299

이글 웨스레이크 T1G
창작가: 로스코PC
사진 촬영: Marco Angeretti
조립설명서: http://mocplans.com/designer/roscopc
추가정보: http://roscopc.it/#/2

조렉스 굴삭기
창작가: 여헨 크로숍
사진 촬영: 배리 보스만
동영상: http://youtu.be/pPhrR1ElIR8
조립설명서: http://jurgenstechniccorner.com/instructies.html
추가정보: http://jurgenstechniccorner.com/zorex.html

지프 허리케인
창작가: 엔쿠배트

동영상: http://youtu.be/-sAHW-CR3DM
조립설명서: http://nkubate.com/index.php?option=com_k2&view=item&id=29:jeep-hurricane&Itemid=566

천마 오토마타
창작가: 아미다
동영상: http://vimeo.com/44369308

카마즈 다카르 랠리 트럭
창작가: 마랏 안드리브
동영상: http://youtu.be/znQQMM03cdI

캐터필러 7495 HF
창작가: 코나오라
추가정보: http://www.konajra.com/#!latest-projects

캐터필러 D9T
창작가: 제드
동영상: http://youtu.be/FH1bTvQukpA
조립설명서: http://www.brickshelf.com/cgi-bin/gallery.cgi?f=404695

켄워스 954 오일필드 트럭
창작가: 투레고오어낫투레고
동영상: http://youtu.be/NiTeiKLfpIk
조립설명서: http://mocpages.com/moc.php/282973

켄워스 W900L 덤프 트럭
창작가: 엠_롱거
동영상: http://youtu.be/nupnwQxKsTU

코닉세그 CCX
창작가: 여헨 크로숍
사진 촬영: 배리 보스만
동영상: http://youtu.be/HDo2iNS6V2A
조립설명서: http://jurgenstechniccorner.com/instructies.html

추가정보: http://jurgenstechniccorner.com/koenigsegg.html

타치코마
창작가: 마지
동영상: http://youtu.be/dargOslomMA
조립설명서: http://vayamenda.com/

텀블러
창작가: 사리엘
동영상: http://youtu.be/yUTD9z-aiHU
추가정보: http://sariel.pl/2012/12/tumbler/

테크노메카
창작가: 클라우페이셔스
조립설명서: http://teknomeka.com/

파가니 존다
창작가: 사리엘
동영상: http://youtu.be/DAMb7t1DyZ8
추가정보: http://sariel.pl/2012/09/pagani-zonda/

페라리 458 스파이더
창작가: 브루노jj1
동영상: http://youtu.be/33ZVMv5KPnk
조립설명서: http://mocplans.com/red-spider.html

편조기
창작가: 니코71
동영상: http://youtu.be/I9B1hqcAt1s
조립설명서: http://www.nico71.fr/braiding-machine-makes-wristband/

포드 머스탱 셸비 GT500
창작가: 쉬포
동영상: http://youtu.be/fMKe89zcvHU
조립설명서: http://www.sheepo.es/2014/01/ford-mustang-shelby-gt500-instructions.html

추가정보: http://www.sheepo.es/2013/10/ford-mustang-shelby-gt500-14.html

포르쉐 911(997) 터보 카브리올레 PDK
창작가: 쉬포
동영상: http://youtu.be/ZXK5a6IcjLE
추가정보: http://www.sheepo.es/2011/05/porsche-911-997-turbo-cabriolet-pdk_04.html

폭스바겐 제타
창작가: 스파이더브릭
동영상: http://youtu.be/IcrCsOHRlJI

프리노스 레이트 울프
창작가: 디자이너-한
그래픽 이미지 제작 : 에릭 얼브렉트
동영상: http://youtu.be/2IrVsBoRBCI
조립설명서: http://designer-han.nl/lego

피터빌트 379 플랫탑
창작가: 제드
동영상: http://youtu.be/CAAegdhNYN8

허머 H1 왜건
창작가: 사리엘
동영상: http://youtu.be/P48MXed3EOw
조립설명서: http://sariel.pl/2014/06/hummer/

혼다 CBR1000RR 렙솔
창작가: 첸양장[Oryx Chen]
추가정보: https://ideas.lego.com/projects/30154

홀머 테라 도스 T3
창작가: 에릭 트랙스
동영상: http://youtu.be/4gbtwEP6d3E
추가정보: http://www.eurobricks.com/forum/index.php?showtopic=89949